DIE FLACHE ERDE VERSCHWÖRUNG

Eric Dubay

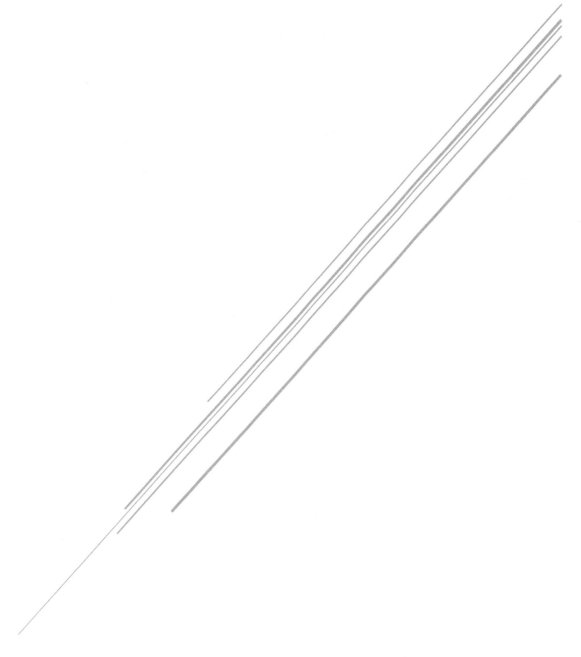

übersetzt von Hannes Axtmann

Inhaltsverzeichnis

EINLEITENDE WORTE

Das Studium der Originalversion des Buches „Flat Earth Conspiracy" von Eric Dubay war ein einschneidendes Element in meinem Leben. Es hat mich einige schlaflose Nächte gekostet, bis ich die neuen Erkenntnisse verarbeiten und vor allem akzeptieren konnte.

Den Lesern kann ich nur empfehlen sämtliche Informationen selbstständig auf den Wahrheitsgehalt zu überprüfen. Es gibt ein schönes Sprichwort: Vertrauen ist gut, Kontrolle ist besser. Kontrolliere die erhaltenen Informationen selbstständig. Versuche sie zu widerlegen und Du wirst erkennen – wie jeder andere „Flacherdler" – es ist nicht möglich, ohne sich auf Theorien mächtiger Institutionen verlassen zu müssen. Ich möchte, dass der Leser mir kein Wort glaubt, sondern in Eigenverantwortung handelt und selbstständig die offensichtliche Wahrheit erkennt: Unsere Kosmologie ist alles andere als das, was uns seit dem Kindesalter einprogrammiert wurde.

Viel Spaß auf dieser Reise der Erkenntnis.

Einzelne Abschnitte wurden nicht übersetzt, sondern in ihrer englischen Originalversion belassen. Diese sind für den Gesamtkontext nicht allzu relevant, so dass dem Leser keine bedeuten den Informationen entgehen, falls dieser des Englischen nicht mächtig ist.

Ein Abschnitt wurde in beiden Sprachen gedruckt. Hierbei handelt es sich um Frage „Warum". Dies ist eine der wichtigsten Fragen, die sich Menschen stellen, wenn sie erstmalig mit diesem Thema konfrontiert werden. Die Antwort darauf vom Originalautor Eric Dubay hat mich sehr berührt. Er hat es treffend beschrieben in seiner gewohnt sprachgewandten Art. Aus diesem Grund gibt es diesen Abschnitt sowohl auf Englisch als auch auf Deutsch.

Bedanken möchte ich mich vor allem bei Reto Zaugg, der mich ermutigt hat dieses Projekt durchzuziehen, auch wenn er sich dessen nicht bewusst war. Danke Reto!

THE GLOBE EARTH LIE – DIE ERDKUGEL-LÜGE

Wölfe im Schafspelz haben uns das Fell über die Ohren gezogen. Seit fast 500 Jahren werden die Massen durch ein kosmisches Märchen astronomischen Ausmaßes gründlich getäuscht. Uns wird eine so gigantische und teuflische Lüge aufgetischt, dass sie uns von unserer eigenen Erfahrung und unserem gesunden Menschenverstand ablenkt und uns daran hindert die Welt und das Universum so zu sehen, wie sie tatsächlich sind. Die gesamte Welt wurde durch pseudowissenschaftliche Bücher und Programme, Massenmedien und öffentliches Bildungswesen, Universitäten und Regierungspropaganda systematisch

Abb. 1: Wolf im Schafspelz

einer Gehirnwäsche unterzogen und über Jahrhunderte hinweg langsam zum bedingungslosen Glauben an die größte Lüge aller Zeiten indoktriniert.

Abb. 2: CGI - Sonne und Erde im Weltall

„Wenn Kinder zu jung sind, um die Bedeutung solcher Dinge zu begreifen, wird ihnen in den Geografie-Büchern vermittelt, dass die Welt ein großer Globus ist, der sich um die Sonne dreht. Diese Erzählung wird Jahr für Jahr wiederholt, bis sie das Erwachsenenalter erreicht haben; zu diesem Zeitpunkt sind sie im Allgemeinen so sehr in andere Dinge vertieft, dass es ihnen gleichgültig ist, ob diese Lehre der Wahrheit entspricht oder nicht. Da sie von niemandem Widersprüche hören, gehen sie davon aus, dass es richtig sein muss, und auch wenn sie es selbst nicht glauben, so nehmen sie es doch als Tatsache an. Auf diese Weise stimmen sie stillschweigend einer Theorie zu, die sie sofort abgelehnt hätten, wenn diese ihnen zum ersten Mal in den so genannten "Jahren der Besonnenheit" dargeboten worden wäre. Die Folgen einer solchen Irrlehre, sei es in der Religion oder in der Wissenschaft, sind weitaus verheerender, als allgemein angenommen wird, vor allem in einem Laissez-faire-Zeitalter, wie dem gegenwärtigen. Der Intellekt wird geschwächt und das Bewusstsein ausgedörrt."
-David Wardlaw Scott – „Terra Firma", Seite 26

Seit 500 Jahren verbreitet ein elitärer Kabal von Sonnenanbetern eine nihilistische, atheistische Kosmologie/Kosmogonie, die von der überwiegenden Mehrheit der Weltbevölkerung widerspruchslos angenommen wird. Entgegen dem gesunden Menschenverstand und jedweder Erfahrung wird uns beigebracht, dass die scheinbar bewegungslose, flache Erde unter unseren Füßen in Wirklichkeit ein massiver, sich bewegender Ball ist, der sich mit über 1.000 Meilen pro Stunde (mph) durch den Weltraum dreht, schlingert und um 23,5° um ihre vertikale Achse geneigt ist, während sie die Sonne mit einer blendender Geschwindigkeit von 67.000 mph umkreist, im Gleichklang mit dem gesamten Sonnensystem, das sich mit 500.000 mph um die Milchstraße dreht und mit unglaublichen 670.000.000mph durch das sich stetig ausdehnende Universum als Folge des „Big Bang" rast. Jedoch spüren und erleben wir nichts von all dem!
Uns wird gesagt, dass eine geheimnisvolle Kraft namens „Gravitation", eine magische Magnetkraft, dafür verantwortlich ist, dass nichts von der sich drehenden Kugel Erde herunterfällt oder wegfliegt. Sie ist gerade stark genug, um Menschen, Ozeane und die gesamte Erdatmosphäre fest an der Oberfläche zu halten, aber gleichzeitig gerade schwach genug, damit Käfer, Vögel und Flugzeuge mit Leichtigkeit abheben können!

„Während wir dasitzen und unsere Tasse Tee oder Kaffee trinken, dreht sich die Erdkugel angeblich mit 1.039 mph am Äquator, rauscht mit 66.500 mph um die Sonne, schießt mit 20.000 mph auf Lyra zu,

kreist mit 500.000 mph um das Zentrum der Milchstraße und fliegt munter mit Gott weiß was für einer Geschwindigkeit als Folge des "Big Bang". Und nicht einmal der Hauch einer Welle auf der Oberfläche unseres Tees, doch klopfe mit dem Finger leicht auf den Tisch und ...!" -Neville T. Jones

„Ich erinnere mich, wie mir in meiner Kindheit beigebracht wurde, dass die Erde eine große Kugel ist, die sich mit sehr hoher Geschwindigkeit um die Sonne dreht. Als ich meinem Lehrer gegenüber, meine Besorgnis zum Ausdruck brachte, dass das Wasser der Ozeane wegstürzen würde, wurde mir erklärt, dass dies durch das große Newton'sche Gesetz der Gravitation, das alles an seinem Platz hält, verhindert wird. Ich vermute, dass meine Miene Anzeichen von Ungläubigkeit erkennen ließ, denn mein Lehrer fügte sofort hinzu: „Ich kann dir einen direkten Beweis dafür liefern: Ein Mann kann einen mit Wasser gefüllten Eimer um seinen

Abb. 3: Timelapse - Sterne drehen sich um Polaris

Kopf herumwirbeln, ohne dass es verschüttet wird. Auf dieselbe Weise werden die Ozeane auf der Erde gehalten, während sie sich um die Sonne dreht." Ich war noch ein Kind und war mit dieser Erklärung zufrieden gestellt. Da diese Veranschaulichung offensichtlich die Angelegenheit klären sollte, sagte ich nichts mehr zu diesem Thema. Wäre mir jene Begebenheit jedoch zu einem späteren Zeitpunkt, als erwachsener Mann vorgetragen worden, hätte ich in etwa wie folgt geantwortet: Sir, ich möchte sagen, dass das von Ihnen angeführte Beispiel eines Mannes, der einen Wassereimer um seinen Kopf herumwirbelt, Ihr Argument in keiner Weise bestätigt, weil das Wasser in den beiden Fällen unter völlig unterschiedlichen Bedingungen steht. Um jedoch von irgendeinem Wert zu sein, müssen die Bedingungen in jedem Fall die gleichen sein, was hier nicht der Fall ist. Der Eimer ist ein hohles Gefäß, das das Wasser in sich aufnimmt, während die Erde gemäß Ihrer Lehre eine Kugel ist, die außen eine stetige Krümmung aufweist und auf Grund der Naturgesetze kein Wasser auf der Oberfläche halten könnte." -David Wardlaw Scott – „Terra Firma", Seite 1 und 2

Abb. 4: Planeten

Uns wird gesagt, die Erdkugel drehe sich mit konstanter Geschwindigkeit und ziehe die Atmosphäre perfekt mit sich, so dass wir nicht die geringste Bewegung oder Turbulenz, keinen Wind oder Luftwiderstand fühlen können. Sie sagen wir könnten diese Bewegung nicht spüren, da die magische Anziehungskraft der Gravitation die Atmosphäre präzise mit sich zieht. Außerdem können wir diese Bewegung nicht messen, da die Sterne so unglaublich weit entfernt sind, dass mehr als 100 Millionen Meilen einer angeblichen jährlichen Umlaufbahn um die Sonne, nicht einen einzigen Zentimeter einer relativen Parallaxenveränderung ausmachen! Wie praktisch!?

Uns wird gesagt, dass die scheinbare Umlaufbahn der Sonne, der Planeten und der Sterne (aber nicht des Mondes!) um die Erde eine optische Täuschung ist, und dass sich in Wirklichkeit die Erde unter unseren Füßen bewegt, unsere Augen uns also täuschen. Eine spezielle Ausnahme bildet jedoch der Mond, von dem es heißt, dass er sich so um die Erde bewegt, wie es den Anschein hat. Da wir immer nur eine Seite des Mondes sehen, wurde uns beigebracht, dies läge daran, dass die angebliche Rotation des Mondes von West nach Ost mit 10,3 mph, in Kombination mit dessen Umlaufbahn um die Erde mit 2.288 mph, die EXAKTE Bewegung und Geschwindigkeit sei, die notwendig ist, um die Rotation der Erde von Ost nach West mit 1.000 mph und die Umlaufbahn der Sonne mit 67.000 mph perfekt auszugleichen. Dadurch wird die immerwährende Illusion der dunklen Seite des Mondes erzeugt. Ach wirklich!?

Abb. 5: Sonne und Mond aufgenommen mit identischer Zoomstärke

Obwohl Sonne und Mond als relativ kleine, gleichgroße Körper erscheinen, die sich um eine stationäre Erde kreisen, wird uns beigebracht, dass dies ebenfalls eine optische Täuschung ist und ihre Durchmesser in Wirklichkeit Tausende von Meilen auseinander liegen! Es heißt, die Sonne habe einen Durchmesser von 865.374 Meilen, also 109-mal größer als die Erde, und entgegen aller Erfahrungen, Experimente und des gesunden Menschenverstandes drehen wir uns um sie! Sie sagen, der Mond hat einen Durchmesser von 2.159 Meilen, ein Viertel der Größe der Erde. Der Grund, warum sie gleich groß erscheinen ist, dass der Mond "nur" 238.000 Meilen, während die Sonne unfassbare 93.000.000 Meilen von der Erde entfernt sein sollen. Das sind die EXAKTEN Durchmesser und Entfernungen, die notwendig sind, damit ein Betrachter von der Erde aus sie „fälschlicherweise" als gleich groß wahrnehmen kann! Was du nicht sagst!?

„Eine Kugel, auf der die Menschen mit den Füßen über dem Kopf leben, wo Regen, Schnee und Hagel aufwärts fallen, wo Bäume und Pflanzen umgekehrt wachsen und der Himmel tiefer ist als der Boden? Das antike Wunder der hängenden Gärten von Babylon ist nichts im Vergleich zu den Feldern, Meeren, Städten und Bergen, die laut heidnischen Philosophen von der Erde runterhängen."
-Lactantius – "On the false wisdom of the philosophers"

„Ich gebe zu, dass ich es mir nicht vorstellen kann, wie ein Mensch, der seine Sinne beisammenhat, glauben kann, dass die Sonne ruht, wenn er doch mit eigenen Augen sehen kann, wie sie am Himmel ihre Bahnen zieht. Wie kann er außerdem glauben, dass die Erde, auf der er steht, mit „Lichtgeschwindigkeit" um die Sonne wirbelt, wenn er nicht die kleinste Bewegung spürt."
-David Wardlaw Scott – „Terra Firma", Seite 66

Abb. 6: Kopfüber auf einer Kugel

Uns wird gesagt, dass diese winzigen Lichtpunkte am Nachthimmel, die als Planeten oder Wandersterne bekannt sind, in Wirklichkeit physische, kugelförmige, erdähnliche Gebilde sind, die Millionen von Meilen entfernt sind. Uns wurde sogar angebliches Videomaterial von einem Planeten namens Mars gezeigt. Uns wird gesagt, dass die winzigen Lichtpunkte am Nachthimmel, die als Fixsterne bekannt sind, in Wirklichkeit weit entfernte Sonnen sind, die Billionen von Kilometern entfernt sind. Jede von ihnen verfügt über ein eigenes Sonnensystem, Monde, die sie umkreisen, und erdähnliche Planeten, die möglicherweise außerirdisches Leben aufweisen!

Uns wird gesagt, dass der Mond nicht sein eigenes Licht ausstrahlt, sondern ein Reflektor des Sonnenlichts ist, dass einige Freimaurer der NASA tatsächlich auf dem Mond umhergelaufen sind, dass andere Freimaurer der NASA einen Rover auf Mars gesendet haben, dass Satelliten und Raumstationen über der Erde schweben und sich mitdrehen und dass ein Hubble Teleskop Schnappschüsse von entfernten Planeten, Galaxien, Sternen, Quasaren, Wurmlöchern und anderen fantastischen Himmelserscheinungen aufnehmen würde. Uns wird gesagt, dass unsere einfältigen Vorfahren über tausende von Jahren fälschlicherweise glaubten die Erde sei flach, unbeweglich und das Zentrum des Universums. Dank der modernen

Abb. 7: Astronaut Buzz Aldrin präsentiert seinen Freimaurer-Ring

„Wissenschaft" und ihren freimaurerischen Propheten, wie Kopernikus, Galileo, Newton, Collins, Aldrin oder Armstrong jedoch, glauben wir jetzt, die Welt sei ein riesiger, wirbelnder Globus, der durch den unendlichen Raum rast.

Abb. 8: Absurdität Erdkugel

„Die moderne astronomische Lehre besagt, dass wir auf einer Kugel leben, die sich im Weltraum in einer atemberaubenden Geschwindigkeit dreht und rotiert, dass das Volumen der Sonne 1,5 Millionen Mal größer ist als das Volumen unserer Erdkugel und wir 150 Millionen km von ihr entfernt sind. Des Weiteren wird behauptet, dass der Mond ein Viertel der Größe der Erde aufweist, dass er dessen Licht von der Sonne erhält und somit ein Reflektor ist und nicht etwa sein eigenes Licht ausstrahlt; dass es Erdkörper anzieht und dadurch die Gezeiten erzeugt. Außerdem werden wir im Glauben gelassen, dass Sterne Welten und Sonnen darstellen, einige von ihnen gleichbedeutend mit unserer eigenen Sonne und andere sogar noch bedeutender. Diese Welten, die von empfindungsfähigen Wesen bewohnt werden, sind unzählbar und nehmen einen Raum ein, der in seiner Ausdehnung grenzenlos und in seiner Dauer unendlich ist. Die Gesamtheit dieser miteinander verflochtenen Körper unterliegt und wird gestützt von der universellen Gravitation, dem Fundament und Vater des ganzen Gefüges. Für phantasievolle Geister und Theoretiker bereitet die sogenannte „Wissenschaft" der modernen Astronomie ein Feld, dass in Bezug auf die Vorstellungskraft sowie dem komplizierten Aufbau von Absurditäten, keiner anderen Wissenschaft das Wasser reichen kann. Das beeindruckt den Einfallspinsel und lässt ihn staunen. Das Konzept ist so ausgereift, dass es sogar jene täuscht, die ihre eigenen Erfahrungen und Annahmen für Fakten halten."
-Thomas Winship – "Zetetic Cosmogeny", Seite 3

Abb. 9: Evolution oder doch Schöpfung?

Uns wird gesagt, dass wissenschaftliche Bücher, wie Newton's „Principia Mathematica", die die Heliozentrik vertreten, die Wahrheit darstellen, während hinterwäldlerische „religiöse" Bücher, wie die Bibel, die die Geozentrik vertreten, längst überholte Mythen sind.
Uns wird gesagt, dass das Universum geistlos und willkürlich als kosmischer Zufall entstanden ist, bei dem wortwörtlich aus Nichts plötzlich Alles entstanden ist.
Uns wird gesagt, dass das Universum durch Millionen und Abermillionen von Jahren zufälliger Evolution und glücklicher Fügungen begann Sonnen, Monde, Planeten und Wasser zu manifestieren; und dass dann irgendwie aus toten, inerten Elementen bewusstseinsfähige Einzeller zum Leben erwachten, wuchsen, sich vervielfältigten und zu größeren, anderen Organismen mutierten. Diese wuchsen, vermehrten sich und mutierten zu größeren, andersartigen Organismen, die wiederrum wuchsen, sich vermehrten und mutierten. Die Diversität und Komplexität der Lebewesen nahm stetig zu, bis zu dem Punkt, an dem Amphibien an Land gekrochen sind, Kiemen mit Lungen ersetzten, anfingen Luft zu atmen, zu Säugetieren reiften, bipedal wurden, opponierbare Daumen bekamen und sich zum Affen entwickelten. Dann in einer letzten glücklichen Adaption entstanden die ersten Affenmenschen und der Rest ist die Geschichte des Homo Sapiens.

Abb. 10: Evolution die Realität?

„Nehmen Sie alle imaginären Heldentaten in der Luft zusammen, die speziell für die Jugend geschrieben wurden, fügen Sie alle wunderbaren Luftschiff-Abenteuer hinzu, die in der "Tochter der Revolution" niedergeschrieben wurden, und fügen Sie all die wilden und unmöglichen Dinge hinzu, die in den heutigen

Abb. 11: Kosmologie alter Kulturen

Bibliotheken unter der Rubrik Belletristik zu finden sind, und ich wage zu behaupten, dass die Gesamtsumme nichts so völlig Unmögliches oder so überaus Lächerliches enthalten wird, wie diese neuzeitliche wissenschaftliche Wahnvorstellung von einem Globus, der sich im Weltraum in mehrere verschiedene Richtungen gleichzeitig fortbewegt, und zwar mit Geschwindigkeiten, die kein Mensch zu begreifen vermag: mit ihren Bewohnern, einige kopfüber hängend und andere schräg, wie es der Neigung entspricht. Schreiben Sie alle Betrügereien auf, die jemals begangen wurden; nennen Sie alle Hoaxes, von denen Sie jemals gehört oder gelesen haben; zählen Sie alle Gaunereien und Täuschungen auf, die jemals aufgedeckt wurden; Machen Sie eine Liste aller Fallstricke, denen die Leichtgläubigkeit des Volkes jemals ausgesetzt sein könnte, und Sie werden nicht in die Nähe eines so groben Betrugs, eines so raffinierten Schwindels oder einer Luftblase von so gigantischen Ausmaßen kommen, wie sie von den Vertretern der modernen Astronomie im Namen der Wissenschaft und als unumstößliche Tatsache verübt und unbedachten Menschenmassen aufgezwungen wurden. Immer wieder sind deren Theorien bekämpft und entlarvt worden, aber ebenso oft hat die Mehrheit, die nicht für sich selbst denken kann, die verbreitete Sache akzeptiert." -Thomas Winship – "Zetetic Cosmogeny", Seite 66

Uns wird gesagt, der Gipfel der Dummheit und Naivität sei gewesen, als unsere unwissenden Vorfahren glaubten, die Erde sei flach, und dass jeder Mensch, der immer noch glaubt, die Erde sei der unbewegliche Mittelpunkt des Universums, die primitivste Art von Ignoranz sein müsse. Heutzutage ist die Bezeichnung „Flat-Earther" buchstäblich gleichbedeutend mit „Idiot oder Spinner" und ein gängiges Klischee für die Beleidigung der Intelligenz eines Menschen. Wenn du ein Buch mit dem Titel „Die Flache-Erde-Verschwörung" siehst, wirst du wahrscheinlich lachen, dich über den Botschafter lustig machen und die bloße Existenz dieser Möglichkeit negieren.

„Was wäre eigentlich, wenn – in einem kurzen Zeitraum von wenigen Wochen – die weltweit verbreitete Überzeugung, die Erde rotiere um ihre eigene Achse und umkreise jährlich die Sonne in einer speziellen Umlaufbahn, als unwissenschaftlicher Betrug entlarvt wird? Bedenken Sie folgendes: Die rotierende, im Weltall kreisende Erde wird weltweit nicht als Hypothese,

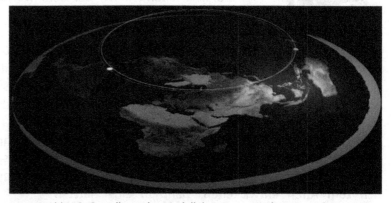

Abb. 12: Grundlegendes Modell der geozentrischen Kosmologie

Annahme oder gar Theorie betrachtet. Oh Nein, vielmehr wird dieses Konzept in sämtlichen Büchern oder anderen Medienoutlets (inklusive Kirche) als unmissverständliche, nicht zu hinterfragende Wahrheit oder als etablierte Tatsache angesehen. Das kopernikanische Konzept wird von einer meterdicken Decke aus massiven „wissenschaftlichen" Beton geschützt. Es sollte undurchdringbar sein. Es ist ein Konzept, das als unzerstörbarer Eckpfeiler im Wissensstand eines jeden aufgeklärten, modernen Menschen verankert wurde. Buchstäblich allen Menschen wird beigebracht zu glauben, dass dieses Konzept auf objektiver Wissenschaft und einer unvoreingenommenen Denkweise basiert."
-Marshall Hall – "Fixed Earth - Exposing the Copernican Deception"

„Von Hundert Menschen würden 99 die gleiche Antwort auf die Frage nach der Form der Erde geben, und diese Antwort würde lauten: „Die Erde ist eine Kugel, die sich um die Sonne dreht". 99 Menschen, die diese Antwort geben, würden dies tun, weil sie „wissen, dass dies der Fall ist". (!!!)
Woher aber wissen sie es? Wenn ihnen diese Frage gestellt wird, werden sie dir ein vernichtendes, mitleidiges Lächeln schenken, weil sie bei dir einen Mangel an Sachverstand wähnen und werden in etwa auf folgende Art und Weise antworten: „Es war schon immer so. Wir haben es in der Schule gelernt. Schlaue Leute sagen das und schau mal, wie Astronomen die Sonnenfinsternis exakt voraussagen können." Dann würden sie womöglich ihre Fassung verlieren schon beim bloßen Gedanken daran, dass die Globus Theorie falsch sein könnte. Ein hochmütiges „Es gibt keinen Zweifel daran" beendet dann die Konversation zu diesem Thema. Wären diese 99 Leute nur ein wenig empfänglich bezüglich dieser Angelegenheit, dann könnte ihnen unwiderruflich klargemacht werden, dass die Philosophie einer runden, sich drehenden Erdkugel eine irrtümliche Philosophie ist."
-B. Chas. Brough – The Zetetic Journal – Volume 1, Juli 1872, Seite 6

Abb. 13: Mapa Mundi en La Fleur des Histoires. J. Mansen: 1459-1463

DIE STARRE UNBEWEGLICHE RUHENDE ERDE

Alte Zivilisationen auf der ganzen Welt glaubten, die Erde sei das flache, unbewegliche Zentrum des Universums, um das sich der Himmel täglich in perfekten Kreisen drehte. Dieses solide geozentrische Universum, das sich durch Erfahrung und Experimente als Wahrheit erwiesen hatte; das Tausende von Jahren unangefochten herrschte und alle irdischen und himmlischen Phänomene adäquat erklärte, wurde von einer Kabale sonnenanbetender und theoretischer Astronomen gewaltsam entwurzelt, herumgewirbelt und durch den unendlichen Weltraum fliegen gelassen. Frühe freimaurerische Hexenmeister, wie Kopernikus, Kepler, Galilei und Newton, sowie ihre modernen freimaurerischen Astro-Not-Gegenspieler, wie Armstrong, Aldrin und Collins, haben gemeinsam mit der NASA und der weltweiten Freimaurerei den größten Schwindel abgezogen, die phänomenalste Lüge verbreitet und die umfassendste Indoktrination der Geschichte aufrechterhalten.

Im Verlauf von 500 Jahren ist es einer generationenübergreifenden Verschwörung gelungen, mit Hilfe von Büchern, Magazinen, Fernsehen bis hin zu computergenerierten Bildern, in den Köpfen der Massen die feste Erde aufzugreifen, sie zu einem Ball zu formen, sie im Kreis zu drehen und sie um die Sonne zu werfen!

Abb. 14: Galileo – Zeichnung von Mary Evans

In Schulen, in denen jeder Schreibtisch eines Lehrers mit einem drehbaren Globus bestückt ist, werden wir über die „heliozentrische" Theorie des Universums unterrichtet und bekommen Bilder von Kugelplaneten sowie Videos von im Weltraum schwebenden Menschen präsentiert. Die Illusion, die hier geschaffen wurde, ist so bestechend überzeugend, dass die Weltbevölkerung einem bösartigen Mythos blindlings erlegen ist. Die größte Verschleierung aller Zeiten, das größte Geheimnis der NASA und der Freimaurerei, besteht darin, dass wir auf einer flachen Ebene (engl. plane) und nicht auf einem Planeten leben; dass die Erde das flache, unbewegliche Zentrum des Universums ist.

„Es wird uns gesagt, dass obwohl die Erde den Anschein hat, eine riesige Ebene zu sein und die Sonne sich weit über der Erde bewegt, dass das, was wir sehen, eine Täuschung ist. Es ist eine optische Täuschung - denn es ist nicht die Sonne, die sich bewegt, sondern die Erde, mit „dem Meer und allem, was darin enthalten ist", in Form eines Globus, der mit unglaublicher Geschwindigkeit um die Sonne kreist. Es wird angenommen, dass die mittlere Entfernung 91 Millionen Meilen beträgt und dass die Erde sich mit einer Geschwindigkeit von 68.000 mph bewegt, oder 19 Meilen pro Sekunde."
-Lady Blunt – "Clarion's science vs. God's truth", Seite 13

Abb. 15: Kartenspiel Illuminati

„Wenn die Regierung oder die NASA sagen würde, dass die Erde sich nicht bewegt, stell dir das mal vor. Und dann stell dir vor, wie wir die Leute überzeugen wollten: „Nein nein, sie bewegt sich doch, sie bewegt sich mit der 32-fachen Geschwindigkeit einer Gewehrkugel und dreht sich mit 1.000 mph." Wir würden ausgelacht werden! So viele Leute würden uns sagen: „Ihr seid verrückt, die Erde bewegt sich nicht!" Wir würden dafür, keine wissenschaftlichen Beweise für die verworrene Erdbewegungstheorie zu haben, lächerlich gemacht werden. Und nicht nur das, die Leute würden sagen: „Oh und wie erklärt ihr die starre, ruhige Atmosphäre und die zu beobachtende Bewegung der Sonne, wie erklärt Ihr das?" Stellt euch vor, wie wir den Leuten sagen: „Nein nein, die Atmosphäre bewegt sich mit der Erde, aber sie ist irgendwie durch einen Zauber mit ihr verbunden. Der Grund dafür ist nicht, dass sie einfach nur stillsteht."
Was wir also tun, ist eigentlich das, was Sinn macht. Wir sagen, dass die Theorie der sich bewegenden Erde Blödsinn ist. Die Theorie der stationären Erde macht Sinn und wir werden belächelt. Man muss sich das umgekehrt vorstellen, um zu erkennen, wie lächerlich diese Situation ist. Diese von der Regierung und der NASA aufgestellte Theorie, wonach sich die Erde dreht, in einer Umlaufbahn befindet, sich neigt und wackelt ist absoluter Unsinn, und doch klammern sich die Menschen daran wie Kleinkinder an einen Teddybären. Sie können sich einfach nicht mit der Möglichkeit abfinden, dass die Erde unbeweglich ist, obwohl ALLE Beweise dafürsprechen: Wir spüren keine Bewegung; die Atmosphäre ist nicht weggeweht worden; wir sehen, wie sich die Sonne von Ost nach West bewegt;

Alles kann mit einer bewegungslosen Erde erklärt werden, ohne all diese Annahmen aufzustellen, um vorangegangene fehlerhafte Annahmen zu verschleiern." -Allen Daves

Abb. 16: Tycho Brahe - Astronom und Geozentriker

Wäre die Erde wirklich ein sich drehender Ball, der die Sonne umkreist, gäbe es etliche Versuchsreihen und Experimente, die durchgeführt werden könnten und auch durchgeführt wurden, um den Wahrheitsgehalt einer solchen Behauptung zu beweisen oder zu widerlegen. Der dänische Astronom Tycho Brahe beispielsweise argumentierte zu seiner Zeit gegen die heliozentrische Theorie, indem er behauptete, dass, wenn die Erde in einer Umlaufbahn um die Sonne kreisen würde, die Veränderung der relativen Position der Sterne nach sechs Monaten Umlaufzeit unübersehbar wäre. Er argumentierte, dass die Abstände der Sterne größer werden sollten, wenn wir uns ihnen nähern und wenn wir uns wieder entfernen, sollten die Abstände sich wieder verkleinern. In Wirklichkeit jedoch, kann kein einziger Millimeter an Parallaxe bei den Sternen nach über 200 Millionen Meilen angeblicher Umlaufbahn um die Sonne beobachtet werden!

*„Wenn sich die Erde sagen wir mal am 1. Januar an einem bestimmten Punkt im Weltraum befindet und nach heutiger Wissenschaft sechs Monate später 190.000.000 Meilen von diesem Punkt entfernt ist, dann folgt daraus, dass sich die relative Position der Sterne stark verändert haben muss, egal wie klein der Winkel der Parallaxe auch sein mag. **Die Tatsache, dass diese bedeutenden Veränderungen nirgends zu sehen sind und noch nie beobachtet wurden**, beweist unbestreitbar, dass die Erde ruht und sich nicht um die Sonne dreht."*
-Thomas Winship – "Zetetic Cosmogeny", Seite 67

„Nehmen Sie zwei sorgfältig verbohrte Metallrohre von nicht weniger als sechs Fuß Länge und legen Sie sie ein Yard voneinander entfernt auf die gegenüberliegenden Seiten eines hölzernen Rahmens oder eines massiven Holz- oder Steinblocks: Richten Sie sie so aus, dass ihre Sichtachsen vollkommen parallel zueinander sind. Nun richten Sie sie auf die Ebene eines markanten Fixsterns, einige Sekunden vor dessen Meridianzeit. An jedem Rohr soll ein Beobachter stehen, und in dem Augenblick, in dem der Stern im ersten Rohr erscheint, möge ein lautes Klopfen oder ein anderes Signal gegeben werden, das der Beobachter am zweiten Rohr wiederholt,

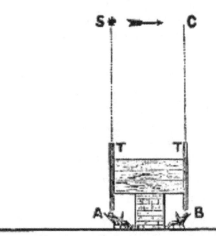

Abb. 17: Metallrohr Experiment - S. Rowbotham

wenn er denselben Stern erblickt. Zwischen den Signalen wird eine bestimmte Zeitspanne vergehen. Die Signale werden in sehr schneller Folge aufeinander folgen, aber dennoch ist die Zeit dazwischen ausreichend, um zu zeigen, dass derselbe Stern nicht im selben Moment durch zwei parallele Sichtlinien sichtbar ist, obwohl sie nur ein Yard voneinander entfernt sind.
Eine leichte Neigung des zweiten Rohres in Richtung des Ersten würde genügen, um den Stern durch beide Rohre im gleichen Augenblick sehen zu können. Lassen wir die beiden Rohre ein halbes Jahr lang in ihrer Lage verbleiben, so wird nach Ablauf dieser Zeit dieselbe Beobachtung oder dasselbe

*Experiment zu denselben Ergebnissen führen - der Stern wird zur selben Meridianzeit sichtbar sein, ohne dass die geringste Änderung in der Richtung der Rohre erforderlich wäre: daraus lässt sich schließen, dass wenn die Erde sich auch nur einen Meter in einer Umlaufbahn durch das Weltall bewegt hätte, zumindest eine kleine Neigung des Rohres erforderlich gewesen wäre. Da jedoch keine Veränderung der Position des zweiten Rohres erforderlich ist, ist **die Schlussfolgerung unvermeidlich, dass sich ein bestimmter Meridian auf der Erdoberfläche in sechs Monaten nicht um einen einzigen Meter bewegt, und dass die Erde daher nicht den geringsten Grad an orbitaler Bewegung hat.***"
-Dr. Samuel Rowbotham – "Zetetic Astronomy", Seite 69

Als Tycho Brahe nachwies, dass nach 190.000.000 Meilen angeblicher Umlaufbahn um die Sonne kein einziger Zentimeter Parallaxe festgestellt werden konnte, geschah folgendes: Anstatt dies einzugestehen, behaupteten sie, die Sterne seien in Wirklichkeit Billionen über Billionen von Meilen von uns entfernt, so weit entfernt, dass keine nennenswerte Parallaxe festgestellt werden könne! Diese praktische Erklärung, an die sich die Heliozentriker jahrhundertelang geklammert haben, hat sich zwar als zufriedenstellend erwiesen, um die uninteressierten Gemüter der Massen zum Schweigen zu bringen, kann jedoch zahlreiche beobachtbare Sachverhalte oder

Abb. 18: Timelapse-Foto - Sternenbewegung

Phänomene, wie unsere äußerst unplausible Synchronität mit dem Polarstern sowie andere Unwägbarkeiten, auf die wir später noch eingehen werden, nicht angemessen erklären.

„Die Auffassung, dass die angebliche Erdkugel sich auf einer Umlaufbahn von Hunderten von Millionen Meilen so exakt fortbewegen könnte, dass das Fadenkreuz eines auf der Erdoberfläche fixierten Teleskops sanft über einen "Millionen von Millionen" Meilen entfernten Stern zu gleiten scheint, ist schlichtweg ungeheuerlich; Bei einem FESTSTEHENDEN Teleskop hingegen spielt die Entfernung der Sterne keine Rolle, selbst wenn wir annehmen, dass sie so weit entfernt sind, wie es die Astronomen vermuten; denn, wie Mr. Richard Proctor selbst sagt, "the further away they are, the less they will seem to shift".
Warum, um des gesunden Menschenverstandes willen, sollten die Sternenbeobachter ihre Teleskope auf festen Steinsockeln befestigen müssen, damit sie sich um keine Haaresbreite bewegen, - wenn sich die Erde, auf der sie sie befestigen, mit einer Geschwindigkeit von neunzehn Meilen pro Sekunde bewegt? Wahrlich zu glauben, dass Mr. Proctor's Masse von „6.000 Millionen Millionen Millionen Tonnen" mit einer Geschwindigkeit durch das Weltall „schießt, rauscht, fliegt und rast", im Vergleich zu welcher ein Kanonenschuss lediglich einer „sehr langsamen Kutsche" gleicht, und zwar mit einer derartigen Genauigkeit, dass ein auf Granitsäulen in einem Observatorium befestigtes Teleskop es einem luchsäugigen Astronomen nicht ermöglicht, auch nur die Abweichung von einem Tausendstel einer Haarbreite in seiner Vorwärtsbewegung festzustellen, ist ein Wunder, mit dem alle bekannten Wunder zusammengenommen völlig unbedeutend wären. Captain R.J. Morrisson, der kürzlich verstorbene Verfasser von „Zadkiel's Almanach" sagt: „Wir erklären hiermit, dass diese Bewegung reiner Unsinn ist und die Argumente, die sie untermauern sollen, nach eingehender Prüfung nichts als Nonsens und kindische Albernheit sind."
-William Carpenter – "100 proofs the earth is not a globe", proof No. 98

Ein weiteres mehrfach wiederholtes Experiment, um die angebliche Rotation der Erde zu unseren Füßen zu widerlegen, ist der Abschuss von waagerecht und senkrecht ausgerichteten Kanonen in alle Himmelsrichtungen. Wenn sich die Erde unter uns wirklich ostwärts drehen würde, wie es das heliozentrische Modell suggeriert, dann müssten vertikal abgefeuerte Kanonenkugeln signifikant in

Richtung Westen fallen. Wann immer dieser Versuch durchgeführt wird, passiert in Wirklichkeit folgendes:

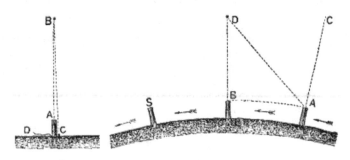

Abb. 19: Experiment Kanonenkugel - S. Rowbotham

Eine vertikal abgefeuerte Kanonenkugel, lotrecht aufgestellt und mit einer Zündschnur versehen, steigt etwa 14 Sekunden, fällt etwa 14 Sekunden und landet tatsächlich nie mehr als 2 Fuß von der Kanone entfernt. Manchmal fällt die Kugel sogar direkt wieder in die Mündung. Wenn sich die Erde in den mittleren Breitengraden Englands und Amerikas, wo die Tests durchgeführt wurden, tatsächlich mit der angenommenen Geschwindigkeit von 600-700 mph drehen würde, müssten die Kanonenkugeln volle 8.400 Fuß oder mehr als eineinhalb Meilen hinter der Kanone einschlagen!

„The following experiment has been tried many times, and the reasonable deductions from it are entirely against any theory of earth's motion: A loaded cannon was set vertical by a plumb-line and spirit-level and fired. The average the ball was in the air was 28 seconds. On several occasions, the ball returned to the mouth of the cannon and never fell more than 2 feet from its base.
Now, let us see what the result would be if the earth were a rapidly rotating sphere. The ball would partake of two motions: the one from the cannon vertical and the other from the earth from west to east. While it had been ascending, the earth with the cannon would have moved significantly. In descending it would have no impulse from the earth's motion or from the cannon and would fall in a straight line, but during the time it were falling, the earth with the cannon would have travelled on and the ball would fall more than a mile and a half behind the cannon. (Earth's rotation: 600 miles per hour in England)" -A. E. Skellam

Anstatt nachzugeben, setzen die verzweifelten Heliozentriker an dieser Stelle nochmals einen drauf und behaupten, der Grund dafür, dass Kanonenkugeln gerade zurückfallen, sei folgender: Die magischen Eigenschaften der Gravitation ermöglichen es der Erde, die gesamte untere Atmosphäre in perfekter Synchronisation mit ihrer Axialdrehung mitzuziehen, so dass selbst solche halsbrecherischen Geschwindigkeiten für den Beobachter völlig unbemerkt bleiben und durch Experimente nicht gemessen werden können!

Abb. 20: Kanonen

Diese höchst unplausible, jedoch geschickte und praktische Erklärung würde jedoch nur für senkrecht abgefeuerte Kanonen gelten. Werden stattdessen Kanonen in alle Himmelsrichtungen abgefeuert und gemessen, wird selbst die atmosphärische Velcro-Trumpfkarte der Heliozentriker unbespielbar. Von Norden und Süden abgefeuerte Kanonenkugeln dienen der Kontrolle; dann sollten die nach Osten abgefeuerten Kanonenkugeln eine deutlich größere Strecke zurücklegen als alle anderen. Die nach Westen abgefeuerten Kanonenkugeln sollten, aufgrund der angenommenen Ostdrehung der Erde von 19 mps, entsprechend kürzer fliegen. Tatsächlich aber ist die zurückgelegte Entfernung immer gleich, unabhängig davon, in welche Richtung die Kanonen abgefeuert werden: Norden, Süden, Osten oder Westen.

„Wenn Sie in einem schnell fahrenden Eisenbahnwagen sitzen, lassen Sie ein Federdruckgewehr nach vorne oder in die Richtung abfeuern, in die sich der Zug bewegt. Wird nun die gleiche Kanone in die entgegengesetzte Richtung abgefeuert, so kann festgestellt werden, dass das Geschoss im ersten Fall immer weiterfliegt als im letzteren. Wenn jemand rückwärts von einem galoppierenden Pferd springt, kann er nicht so weit springen, als wenn er vorwärts springt. Der Absprung von einem fahrenden Schlitten, einer Kutsche oder einem anderen Gegenstand, ob rückwärts oder vorwärts, führt zu den gleichen Ergebnissen. Viele andere praktische Fälle könnten angeführt werden, um zu zeigen, dass ein Körper, der von einem anderen Körper in Bewegung weggeschleudert wird, nicht das gleiche Verhalten zeigt, als wenn er von einem ruhenden Körper abgeworfen wird.

Die Ergebnisse sind weiterhin nicht dieselben, wenn sie von sich bewegenden Körpern einmal in Richtung ihrer Bewegung, und einmal entgegen ihrer Bewegung abgefeuert werden, weil sie - wie im ersten Fall - ihren Schwung von der Abschusskraft und ZUSÄTZLICH von dem sich bewegenden Körper erhalten und im letzten Fall den Abschussschwung ABZÜGLICH des Impulses des sich bewegenden Körpers. Wenn sich die Erde also schnell von Westen nach Osten bewegt, würde eine Kanone, die in östlicher Richtung abgefeuert wird, eine Kugel über eine größere Entfernung schicken, als wenn sie in westlicher Richtung abgefeuert würde. Selbst die erfahrensten Artilleristen - von denen viele sowohl im In- als auch im Ausland in fast allen Breitengraden viel Übung hatten - haben jedoch erklärt, dass kein Unterschied festzustellen ist.

Kanoniere auf Kriegsschiffen konnten einen beträchtlichen Unterschied in den Ergebnissen ihrer Schüsse aus Kanonen am Bug feststellen, wenn sie schnell auf das zu beschießende Objekt zufahren, und wenn sie aus Kanonen am Heck schießen, während sie vom Objekt wegfahren: In beiden Fällen unterscheiden sich die Ergebnisse von denen, die beim Schießen von einem Schiff in vollkommener Ruhe zu beobachten sind.

DIESE BEISPIELE DER PRAKTISCHEN ANWENDUNG SIND VÖLLIG UNVEREINBAR MIT DER THEORIE DER SICH DREHENDEN ERDE."-Dr. Samuel Rowbotham – "Zetetic Astronomy", Seite 66

Abb. 21: Flat Earth Brewing

„Es ist erwiesen, dass ein Geschoss, das von einem sich schnell bewegenden Körper in eine Richtung abgefeuert wird, die der Bewegungsrichtung des Körpers entgegengesetzt ist, eine kürzere Strecke zurücklegt als ein Geschoss, wenn es in die Bewegungsrichtung abgefeuert wird. Da sich die Erde mit einer Geschwindigkeit von 19 Meilen/Sekunde von West nach Ost bewegt, würde es einen großen Unterschied machen, wenn die Waffe in die entgegengesetzte Richtung abgefeuert würde. In der Praxis gibt es jedoch nicht den geringsten Unterschied."
-William Carpenter – "100 Proofs the earth is not a globe", proof No. 44

Während des Krimkrieges wurde das Thema der Erdrotation bezüglich des Artilleriefeuers von Militär, Wissenschaftlern, Philosophen und Politikern heiß diskutiert. Ungefähr zu dieser Zeit, am 20.12.1857, schrieb der britische Premierminister Lord Palmerston an den Kriegsminister Lord Panmure folgende Nachricht:

„Es gibt eine Studie, die wichtig und gleichzeitig einfach zu machen wäre, nämlich ob die Rotation der Erde um ihre Achse irgendeinen Einfluss auf die Flugkurve einer Kanonenkugel hat. Es ist anzunehmen, dass dies der Fall ist und dass die Kanonenkugel, während sie in der Luft ist, angetrieben durch das Schießpulver in einer geraden Linie von der Mündung der Kanone aus, der Erdrotation nicht in der gleichen Weise folgt, wie sie es tun würde, wenn sie auf der Erdoberfläche ruhen würde. Wenn das so ist, müsste eine Kugel, die in meridionaler Richtung abgefeuert wird - also genau in Richtung Süden oder Norden -, von dem Objekt, auf das sie zielt, nach Westen abweichen, weil sich dieses Objekt während der Flugzeit etwas schneller nach Osten bewegt hat als die Kanonenkugel...

Der Versuch könnte leicht an jedem Ort durchgeführt werden, an dem ein offener Umkreis mit einem Radius von einer Meile oder mehr zur Verfügung steht. Eine Kanone, die in der Mitte dieses Kreises *platziert und abwechselnd nach Norden, Süden, Osten und Westen mit gleichen Ladungen abgefeuert wird, würde die Möglichkeit bieten, festzustellen, ob jeder Schuss die gleiche Entfernung zurücklegt oder nicht."*

Mehrere derartige Experimente wurden inzwischen durchgeführt und haben gezeigt, dass Geschosse, die in verschiedene Richtungen auf der Erdoberfläche abgefeuert werden, stets vergleichbare Entfernungen ohne nennenswerte Unterschiede zurücklegen. Diese Ergebnisse widersprechen völlig der Theorie einer rotierenden, sich drehenden Welt und dienen als direkter empirischer Beweis für eine stationäre Erde.

Abb. 22: Foto - Heißluftballons

Ein weiterer Beweis, der dem Kanonenkugel-Experiment ähnelt, sind Hubschrauber und Flugzeuge. Wenn sich die Erde unter unseren Füßen mit mehreren hundert Meilen pro Stunde drehen würde, müssten Hubschrauberpiloten und Heißluftballonfahrer einfach geradeaus aufsteigen, schweben und darauf warten, dass ihre lateralen Ziele sie erreichen! Da so etwas in der Geschichte der Luftfahrt jedoch noch nie vorgekommen ist, müssen sich die hochnäsigen Heliozentriker wieder einmal auf Newton's magischen atmosphärischen Klebstoff verlassen und argumentieren, dass die untere Atmosphäre (bis zu einer unbestimmten Höhe, irgendwo oberhalb der Reichweite von Hubschraubern, Heißluftballons und allem, was nicht von der NASA konstruiert wurde) perfekt mit der rotierenden Erde mitgezogen wird, was solche Experimente überflüssig macht.

Gewährt man den Heliozentrikern ihre Hypothese des atmosphärischen Klebstoffes, so hilft ihnen dies, die Ergebnisse der Experimente mit vertikal abgefeuerten Kanonenkugeln zu verwerfen, aber es hilft ihnen nicht die Resultate bei horizontalen, in alle Himmelsrichtungen abgefeuerten Kanonenkugeln zu erklären. In ähnlicher Weise hilft ihnen ihre magische Gravitation, die Ergebnisse von Hubschrauber- und Heißluftballonexperimenten im Schwebeflug zu entkräften, aber sie kann nicht die Ergebnisse von Flugzeugen erklären, die in alle Himmelsrichtungen fliegen.

Wenn zum Beispiel die Erde samt ihrer unteren Atmosphäre am Äquator angeblich mit einer Geschwindigkeit von 1.038 Meilen pro Stunde ostwärts rotiert, dann müssten Flugzeugpiloten eine zusätzliche Ausgleichsbeschleunigung von 1.038 Meilen pro Stunde vornehmen, wenn sie nach Westen fliegen! Piloten, die in Richtung Norden und Süden fliegen, müssten zwangsläufig diagonale Kurse setzen, um dies auszugleichen! Da solche Kompensationen niemals notwendig sind, außer in der Phantasie der Astronomen, folgt daraus, dass sich die Erde nicht bewegt.

Abb. 23: Video YouTube - Eric Dubay - Proof Earth is Not Spinning, Rotating, Revolving or Wobbling

„Wäre die Fliegerei zur Zeit von Kopernikus erfunden worden, so hätte er zweifellos schnell erkannt, dass seine Behauptung hinsichtlich der Erdrotation falsch war, aufgrund des Zusammenhangs zwischen der Geschwindigkeit eines Flugzeugs und der Geschwindigkeit der Erdrotation. Die von einem Flugzeug zurückgelegte Strecke würde durch die Geschwindigkeit der Erdrotation verringert oder vergrößert, je nachdem, ob das Flugzeug in oder entgegen der Richtung der Erdrotation fliegt. Wenn sich die Erde also mit 1.000 Meilen pro Stunde dreht und ein Flugzeug in dieselbe

Richtung mit nur 500 mph unterwegs ist, dann ist es offensichtlich, dass sich der Zielort jede Minute weiter entfernt. Würde man hingegen in die der Rotation entgegengesetzte Richtung fliegen, so würde man in einer Stunde statt 500 Meilen eine Strecke von 1.500 Meilen zurücklegen, da die Geschwindigkeit der Rotation zu der des Flugzeugs addiert werden muss.

Man könnte auch darauf hinweisen, dass eine solche Fluggeschwindigkeit von 1.000 Meilen pro Stunde, die der Erdrotation entsprechen soll, vor kurzem erreicht worden ist, so dass ein Flugzeug, das mit dieser Geschwindigkeit in der gleichen Richtung der Erdrotation fliegt, überhaupt keinen Boden zurücklegen könnte. Es würde mitten in der Luft über dem Ort schweben bleiben, da die beiden Geschwindigkeiten identisch sind. Außerdem wäre es nicht nötig, von einem Ort zu einem anderen zu fliegen, der auf demselben Breitengrad liegt. Das Flugzeug könnte einfach aufsteigen und warten, bis das gewünschte Land entsprechend der normalen Rotation erscheint, um dann zu landen."

-Gabrielle Henriet – "Heaven and Earth", Seite 10

Abb. 24: Video YouTube - Eric Dubay - Proof Earth is Not Spinning, Rotating, Revolving or Wobbling

Die heliozentrische Theorie, die im wahrsten Sinne des Wortes allen direkten Beobachtungen, experimentellen Beweisen und dem gesunden Menschenverstand entgegensteht, besagt, dass sich die Erdkugel mit einer Geschwindigkeit von 1.000 Meilen pro Stunde um ihre Achse dreht und mit 67.000 mph um die Sonne kreist, während das gesamte Sonnensystem mit 500.000 mph um die Milchstraßen-Galaxie rotiert und die Milchstraße mit einer Geschwindigkeit von über 670.000.000 mph durch das sich ausdehnende Universum rast, und dennoch hat niemand in der Geschichte jemals etwas gespürt! Wir können zwar die kleinste Brise an einem Sommertag spüren, aber niemals auch nur ein Jota Luftverdrängung infolge dieser unglaublichen Geschwindigkeiten! Heliozentriker behaupten ohne Umschweife, ihre Kugel-Erde drehe sich mit konstanter Geschwindigkeit und ziehe die Atmosphäre auf eine Weise mit sich, dass alle Zentrifugal-, Gravitations- und Trägheitskräfte perfekt aufgehoben werden, wodurch wir nicht das kleinste Quäntchen an Bewegung, Turbulenzen, Wind oder Luftwiderstand spüren! Solche "back-peddling", "damage-control" und "reverse-engineered" Erklärungen sprengen zweifellos die Grenzen der Glaubwürdigkeit und der Vorstellungskraft aller kritisch denkenden Individuen und lassen viel zu wünschen übrig.

„Lieber Leser, spüren Sie die Bewegung? Ich glaube nicht, denn sonst würden Sie nicht so ruhig mein Buch lesen. Ich bezweifle nicht, dass Sie wie ich schon einmal auf einem Bahnsteig gestanden haben, als ein Schnellzug mit 65 mph vorbeirauschte, und die Erschütterung der Luft Sie fast umgeworfen hat. Wieviel schrecklicher aber wäre der Schock, den die Erde mit einer berechneten Geschwindigkeit von 66.000 mph auslöst. Eine Geschwindigkeit, die Tausend Mal schneller ist als die des Railway Express.?"

-David Wardlaw Scott – „Terra Firma", Seite 109

Abb. 25: Spinning Earth Face

„Man stelle sich vor, welche Kraft die Luft hätte, die durch einen kugelförmigen Körper in Bewegung gesetzt wird, dessen Durchmesser 8.000 Meilen beträgt, der mit 1.000 mph rotiert und mit 65.000 mph durch das Weltall rast. Dann lass uns Vermutungen anstellen, um herauszufinden, ob die Bewohner eines solchen Globus ihre Frisur *aufrechterhalten könnten? Wenn sich die Erdkugel mit der ungeheuren Geschwindigkeit von 1.000 Meilen pro Stunde um ihre Achse dreht, würde eine solch immense Masse zwangsläufig einen gewaltigen Windschub in dem von ihr eingenommenen Raum auslösen. Der Wind würde nur in eine Richtung wehen, und alles, was wie Wolken in den "Einflussbereich" der rotierenden Kugel gerät, müsste in dieselbe Richtung strömen. **Die Tatsache, dass die Erde stillsteht, wird durch das Drachenfliegen bewiesen.**"* -Thomas Winship – "Zetetic Cosmogeny". Seite 68

Wenn sich die Erde mit ihrer Atmosphäre konstant mit 1.000 mph in östlicher Richtung dreht, wie kommt es dann, dass Wolken, Wind und Wetterstrukturen zufällig und unvorhersehbar in alle möglichen Richtungen ziehen und sich oftmals gleichzeitig in entgegengesetzte Richtungen fortbewegen? Warum können wir die kleinste Brise aus Richtung Westen spüren, aber nicht die unglaubliche angebliche Drehung der Erde mit 1.000 Meilen pro Stunde in Richtung Osten? Und wie kommt es, dass die magische Schwerkraft stark genug ist, um die vielen Kilometer der Erdatmosphäre mit sich zu ziehen, aber schwach genug, um es kleinen Käfern, Vögeln, Wolken und Flugzeugen zu ermöglichen, ungehindert in alle Richtungen zu fliegen?

„Was ist mit der Lerche, die sich am frühen Morgen in die Lüfte erhebt und ihre lieblichen Melodien trällert? Warum wurde sie nicht von der turbulenten Atmosphäre weggefegt? Sie singt weiter, ohne sich um die Aufregung zu kümmern, die am Himmel herrscht. Wer hat nicht schon an einem ruhigen Sommertag Samen der Pusteblumen, die scheinbar schwerelos in der Luft schweben, gesehen oder den Rauch, der pfeilgerade aus der Bauernkate aufsteigt? Müssten nicht auch solche leichten Dinge dem Impuls gehorchen und mit der Erde mitgehen? Sie tun es aber nicht." -David Wardlaw Scott – „Terra Firma", Seite 110

Abb. 26: No motion – Rauch steigt gerade auf

„Wenn die Atmosphäre kontinuierlich von West nach Ost vorwärts rauscht, sind wir wiederum gezwungen zu konstatieren, dass alles, was in ihr treibt oder in irgendeiner Höhe schwebt, notwendigerweise an ihrer ostwärts gerichteten Bewegung partizipieren muss. Ein Stück Kork oder ein anderer Körper, der in ruhigem Wasser herumschwimmt, wird unbeweglich sein, aber wenn man das Wasser in Bewegung setzt, egal in welche Richtung, werden sich die schwimmenden Körper mit dem Wasser bewegen, in der gleichen Richtung und mit der gleichen Geschwindigkeit. Lassen Sie das Experiment auf jede mögliche Weise durchführen, und diese Ergebnisse werden unweigerlich eintreten.
Wenn also die Erdatmosphäre sich konstant von West nach Ost bewegt, müssen sich die verschiedenen Schichten, die bekanntermaßen in ihr existieren, sowie die verschiedenen Arten von Wolken und Dämpfen, die in ihr schweben, automatisch nach Osten bewegen. Aber was ist die Realität? Wenn wir einen beliebigen Stern als Bezugspunkt außerhalb der sichtbaren Atmosphäre nehmen, können wir manchmal eine Wolkenschicht beobachten, die sich stundenlang in eine Richtung bewegt, die der vermeintlichen Bewegung der Erde gerade entgegengesetzt ist. Wir beobachten nicht nur eine einzige Wolkenschicht, die sich rasch von Ost nach West bewegt, sondern oft auch weitere Schichten, die sich von Norden nach Süden oder von Süden nach Norden ziehen. Eine den Aeronauten wohlbekannte Tatsache ist, dass sich mehrere Schichten der atmosphärischen Luft häufig gleichzeitig in ebenso viele verschiedene Richtungen bewegen ... In fast jeder mondhellen und wolkenreichen Nacht kann man sehen, wie sich die verschiedenen Schichten nicht nur in verschiedene Richtungen, sondern auch mit unterschiedlichen Geschwindigkeiten bewegen; einige schweben schnell und gleichmäßig am Mondgesicht vorbei, andere ziehen sanft dahin, werden manchmal still, setzen sich dann wieder unruhig in Bewegung und stehen oft minutenlang still."
-Samuel Rowbotham – "Zetetic Astronomy – Earth not a globe", Seite 70

In seinem Buch „South Sea Voyages" beschreibt der Arktis- und Antarktisforscher Sir James Clarke Ross sein Erlebnis in der Nacht des 27.11.1839. Seine Schlussfolgerung daraus: die Erde bewegt sich nicht!

Abb. 27: Über den Wolken

„Da der Himmel sehr klar war, konnte die Venus trotz der Helligkeit der Meridiansonne nahe dem Zenit gesehen werden. Dies ermöglichte es uns, höhere Wolkenschicht, die sich in genau entgegengesetzter Richtung zum Wind bewegten, zu beobachten - ein Umstand, der in unserem meteorologischen Tagebuch sowohl in den Nordost- als auch in den Südostpassagen häufig verzeichnet ist und auch von früheren Reisenden oftmals observiert worden ist.

*Kapitän Basil Hall war Zeuge dieser Erscheinung vom Berggipfel Teneriffas aus; Graf Strzelechi, der den Vulkan Kiranea in Owhyhee bestieg, erlebte auf einer Höhe von 4.000 Fuß den Einfluss einer entgegengesetzten Luftströmung mit einer abweichenden hygrometrischen und thermometrischen Beschaffenheit ... Graf Strzelechi teilte mir ferner den folgenden scheinbar ungewöhnlichen Sachverhalt mit: In einer Höhe von 6.000 Fuß bemerkte er einen Luftstrom, der im rechten Winkel zu den beiden unteren Schichten wehte und ebenfalls einen anderen hygrometrischen und thermometrischen Zustand aufwies, aber wärmer war als die dazwischenliegende Schicht. **Ein solcher Zustand der Atmosphäre ist nur mit der Tatsache vereinbar, dass die Erde ruht, wie auch andere Beweise gezeigt haben.**"*

„Es ist eine bekannte Tatsache, dass sich Wolken ständig in alle möglichen Richtungen bewegen - ja, und häufig in verschiedene Richtungen gleichzeitig - von Westen nach Osten ist eine dabei Richtung, wie jede andere. Wäre die Erde eine Kugel, die sich mit einer Geschwindigkeit von 19 Meile pro Sekunde von West nach Ost dreht, müssten sich die Wolken, die sich nach Osten zu bewegen scheinen, schneller als 19 mps bewegen, um auf diese Weise gesehen zu werden. Diejenigen hingegen, die sich in die entgegengesetzte Richtung zu bewegen scheinen, müssten sich überhaupt nicht bewegen, da die Bewegung der Erde mehr als ausreicht, um diese Erscheinung zu verursachen. Es braucht jedoch nur ein wenig gesunden Menschenverstand, um zu erkennen, dass es die Wolken sind, die sich so bewegen, so wie es auch den Anschein hat, und dass die Erde daher unbeweglich ist."
-William Carpenter – "100 proofs the earth is not a globe", proof No. 49

Abb. 28: Unsere Erde - eine sich drehende Kugel?

Heliozentriker glauben, dass sich die Welt unter ihren Füßen am Äquator mit atemberaubenden 1.038 mph dreht und dabei die gesamte Atmosphäre perfekt mitzieht. In den mittleren Breitengraden der USA und Europas glauben sie, dass sich die Erde mit einer Geschwindigkeit von 900 bis 700 mph dreht. Am Nord- bzw. Südpol nimmt die Geschwindigkeit allmählich bis auf 0 mph ab, wo sich die stagnierende Atmosphäre anscheinend niemals vollständig aus den Fängen der magischen Anziehungskraft der Gravitation befreit. Das bedeutet, dass die Atmosphäre in allen Breitengraden auf Schritt und Tritt perfekt mit der angeblichen Geschwindigkeit der Erde harmoniert. Die Kompensation reicht von 0 mph an den Polen bis hin zu 1.038 mph am Äquator und jeder Geschwindigkeit dazwischen. Dies sind alles hochtrabende Annahmen der Heliozentriker, die durch keinerlei experimentelle Beweise gestützt werden.

„Kurz gesagt, die Sonne, der Mond und die Sterne tun genau das, was jeder im Laufe der Geschichte von ihnen gesehen hat. Wir glauben nicht, was unsere Augen uns sagen, weil wir ein erfundenes System gelehrt bekommen haben, das von uns verlangt, etwas anzunehmen, was niemals durch Beobachtungen oder Experimente bestätigt worden ist. Dieses falsche System erfordert es, dass sich die Erde alle 24 Stunden mit einer Geschwindigkeit von über 1.000 mph am Äquator um eine „Achse" dreht. Niemand hat jemals eine solche Bewegung gesehen oder gefühlt (ebenso wenig wie die Geschwindigkeit von 67.000 mph der angeblichen Umlaufbahn der Erde um die Sonne oder die 500.000 mph um eine Galaxie oder ihr Zurückweichen im Anschluss an einen angeblichen „Urknall" mit über 670.000.000 mph). Denken Sie daran, kein Experiment hat jemals gezeigt, dass sich die Erde bewegt. Fügen Sie noch die Tatsache hinzu, dass die angebliche Rotationsgeschwindigkeit, die uns allen als wissenschaftliche Tatsache beigebracht wurde, mit jeder Meile, mit der man sich nördlich oder südlich vom Äquator entfernt, abnehmen MUSS. Es wird leicht ersichtlich, dass Dinge wie präzise Luftangriffe im 2. Weltkrieg (aus 25.000 Fuß Höhe mit einem Flugzeug, das mit hoher Geschwindigkeit in eine beliebige Richtung fliegt, einen Schornstein hinunter) unmöglich gewesen wären, würde man von einer Erde ausgehen, die sich mit mehreren hundert mph unter den Piloten bewegt und die Geschwindigkeit sich gemäß dem Breitengrad ständig ändert."
-Marshall Hall – "A small young universe after all"

Vor der heliozentrischen Indoktrination wird jedes Kind in den Himmel schauen und feststellen, dass Sonne, Mond und Sterne sich alle um eine feststehende Erde drehen. Aus unserer Perspektive sprechen alle Indizien eindeutig dafür, dass wir uns nicht bewegen und dass sich die Himmelskörper um uns drehen. Wir empfinden die Erde als unbeweglich und empfinden die Sonne, den Mond, die Sterne und die Planeten als sich bewegende Elemente. Diesen gesunden Menschenverstand außer Kraft zu setzen und anzunehmen, dass sich die Erde unter uns täglich dreht, während sie sich jedes Jahr um die Sonne kreist, ist ein ziemlich großer theoretischer Ansatz, für den es keine empirischen Beweise gibt, auf den man sich stützen könnte.

Abb. 29: Future Boy - Indoktrination

„Ignorante Menschen denken, dass durch Minderheiten vertretene Meinungen, wie die Geozentrik, „Verschwörungstheorien" sind. Es gibt in der Tat eine Verschwörung, aber die traurige Tatsache ist, dass sie (aus mehreren Gründen) meist eine Verschwörung der bewussten und apathischen Ignoranz ist. Genau die Leute, die Geozentriker als "Quacksalber-Verschwörungstheoretiker" bezeichnen würden, sind entweder selbst völlig unwissend, was die modernen kosmologischen Axiome und Prinzipien der Gravitation und Mechanik angeht, oder sie stellen sich einfach nur „dumm" und hoffen, dass niemand es bemerkt oder ihren Bluff durchschaut ... Noch lustiger ist die Tatsache, dass sogar Leute wie Steven Hawking oder andere aufrichtige Physiker und Kosmologen, imstande zu verstehen, was wir sagen, ganz genau wissen, dass das, was wir gesagt haben, absolut wahr ist. Sie geben das nicht nur zu, sondern "kichern" auch noch untereinander darüber. Sie wagen es aber nicht, das gegenüber der uninformierten, unwissenden Masse zu offen anzusprechen ... am besten, man verwirrt das gemeine Volk nicht mit unnötigen Informationen und Fakten. Noch trauriger sind all die anderen da draußen, die keine Ahnung haben, was ich hier erzähle und den Kopf schütteln, weil sie meinen, sie wüssten etwas über Physik, die ihnen sagt, dass die Erde sich bewegt. Wenn sie nur die Lehrbücher und die Peer-Reviewed Papers etwas genauer studieren würden, würden sie erkennen, wie absolut ignorant mit einem großen "I" dieses Argument wirklich ist."
-Allen Daves

Zu den natürlichen physikalischen Eigenschaften von Wasser und anderen Flüssigkeiten zählt, dass es sich immer wieder nivelliert und flach bleibt. Wenn es auf irgendeine Weise beeinflusst wird, kommt es so lange zu Bewegungen, bis das flache Niveau wiederhergestellt ist. Wenn Wasser aufgestaut und dann wieder freigegeben wird, liegt es in der Natur aller Flüssigkeiten, unverzüglich auszuströmen und den einfachsten Weg zu ihrem neuen Pegel einzuschlagen.

Abb. 30: Stehendes Gewässer

„Die Oberfläche einer sich in Ruhe befindenden Flüssigkeit ist eine waagrechte Fläche. Denn wenn ein Teil der Oberfläche höher wäre als der Rest, würden die Teile der Flüssigkeit, die sich darunter befinden, einen größeren Druck auf die umliegenden Teile ausüben, als sie von diesen erhalten, so dass eine Bewegung zwischen den Teilchen stattfinden würde. Diese Bewegung würde sich fortsetzen, bis keine Teilchen mehr auf einem höheren Pegel als der Rest wären, d.h. bis die Oberfläche der gesamten Wassermasse eine horizontale Ebene wäre." -W.T. Lynn – "First Principles of Natural Philosophy 1863"

Abb. 31: Stehendes Gewässer

Wenn die Erde eine ausgedehnte flache Ebene ist, dann ist die fundamentale physikalische Eigenschaft von Flüssigkeiten, einen gleichmäßigen, horizontalen Pegel zu erreichen und zu halten, mit der Praxis und dem gesunden Menschenverstand vereinbar. Wenn die Erde jedoch eine riesige, um ihre vertikale Achse gekippte Kugel wäre, die sich im unendlichen Weltraum dreht, dann folgt daraus, dass es hier keine wirklich flachen, gleichmäßig ebenen Oberflächen geben kann! Wenn die Erde kugelförmig wäre, dann müsste die Oberfläche des gesamten Wassers auf der Erde, einschließlich der riesigen Ozeane, eine gewisse Konvexität aufweisen. Dies steht jedoch im Widerspruch zur grundlegenden physikalischen Natur des Wassers, das immer flach ist und auch bleibt, sofern nicht durch äußere Einflüsse beeinträchtigt!

„Wenn die Oberfläche des Wassers nicht durch natürliche Begebenheiten wie Winde, Gezeiten, Erdbeben usw. beeinflusst wird, dann bleibt es vollkommen eben. Dies bestätigt das Sehvermögen eines jeden vorurteilsfreien und vernünftigen Verstandes. Kann irgendein sogenannter Wissenschaftler, der lehrt, dass die Erde eine wirbelnde Kugel ist, eine Wassermenge nehmen und sie so herumwirbeln, dass sie eine Rundung aufweist? Kann er nicht. Deshalb ist es gänzlich unmöglich zu beweisen, dass ein Ozean ein wirbelnder, rundlicher Abschnitt einer kugelförmigen Erde ist, die durchs „All" rauscht, wie von falschen Philosophen behauptet wird."
-William Thomas Wiseman – "The Earth an Irregular Plane"

Wenn wir auf einer wirbelnden Erdkugel leben würden, dann müsste jeder Teich, See, Sumpf, Kanal oder jedes andere stehende Gewässer einen kleinen Bogen aufweisen, der sich von einem Gipfel in der Mitte in alle Richtungen nach unten krümmen würde. Wenn zum Beispiel die Erdkugel einen Umfang von 25.000 Meilen aufweisen würde, wie die NASA und moderne Astronomen behaupten, dann würde die sphärische Trigonometrie vorschreiben, dass sich die Oberfläche sämtlicher stehender Gewässer leicht messbare 8 inches pro Meile, multipliziert mit der Distanz im Quadrat, nach unten krümmen müsste (8 inches per

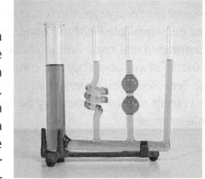

Abb. 32: Wasser nivelliert sich immer

mile multiplied by the square of the distance). Das bedeutet, dass die Erde entlang eines 6 Meilen langen Kanals stehenden Gewässers von der zentralen Spitze aus an jedem Ende um 6 Fuß abfallen würde. Zum Vorteil der wahrlichen, echten Wissenschaft und zum Nachteil der modernen astronomischen Pseudowissenschaft, kann und wurde ein solches Experiment bereits durchgeführt.

In Cambridge, England gibt es einen 20 Meilen langen Kanal namens Old Bedford, der in einer geraden Linie durch die „Bedford Level" genannten Moore verläuft. Dieser Kanal hat keine Unterbrechungen durch Schleusen und Ähnliches. Die Bedingungen sind also optimal, um festzustellen, ob es eine Ausbuchtung/Krümmung bzw. Konvexität tatsächlich gibt. Im späten 19. Jahrhundert reiste Dr. Samuel Rowbotham, ein berühmter Geozentriker und Autor des hervorragenden Buches „Earth not a Globe!" zum Bedford Level und führte eine Reihe an Experimenten durch, um zu bestimmen, ob die Oberfläche von stehendem Gewässer wirklich flach oder doch gekrümmt ist.

Der folgende Abschnitt wird nachfolgend sowohl auf Englisch als auch auf Deutsch präsentiert:

„A boat, with a flag-staff, the top of the flag 5 feet above the surface of the water, was directed to sail from a place called "Welche's Dam" (a well-known ferry passage), to another called "Welney Bridge." These two points are six statute miles apart. The author, with a good telescope, went into the water; and with the eye about 8 inches above the surface, observed the receding boat during the whole period required to sail to Welney Bridge.
The flag and the boat were distinctly visible throughout the whole distance! There could be no mistake as to the distance passed over, as the man in charge of the boat had instructions to lift one of his oars to the top of the arch the moment, he reached the bridge.
The experiment commenced about three o'clock in the afternoon of a summer's day, and the sun was shining brightly and nearly behind or against the boat during the whole of its passage. Every necessary condition had been fulfilled, and the result was to the last degree definite and satisfactory. The conclusion was unavoidable that the surface of the water for a length of six miles did not to any appreciable extent decline or curve downwards from the line of sight. However, if the earth were a globe, the surface of the six miles length of water would have been 6 feet higher in the centre than at the two extremities.
From this experiment, it follows that the surface of standing water is not convex, and therefore the earth is not a globe. On the contrary, this simple experiment is all sufficient to prove that the surface of the water is parallel to the line of sight and is therefore horizontal. The earth cannot be other than a plane."

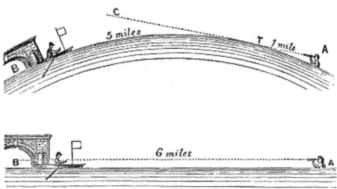

Abb. 33: S. Rowbotham Old Bedford-Experiment

„Ein Boot mit einem Fahnenmast, dessen Spitze sich 5 Fuß über der Wasseroberfläche befand, wurde angewiesen, von einem Ort, namens „Welche's Dam" (eine bekannte Fährpassage), zur Welney Bridge zu fahren. Diese beiden Plätze sind 6 Meilen voneinander entfernt. Der Autor ging mit einem guten Fernrohr ins Wasser und beobachtete das zurückweichende Boot während des gesamten Zeitraums, der erforderlich war, um zur Welney-Brücke zu fahren (Augenhöhe: ca. 8 inches über der Oberfläche). Die Flagge und das Boot waren die ganze Fahrt über deutlich sichtbar! Die zurückgelegte Strecke konnte

nicht fehlerhaft sein, denn der Bootsführer hatte die Anweisung, eines seiner Ruder auf die Spitze des Brückenbogens zu heben, sobald er die Brücke erreichte.

Das Experiment begann gegen drei Uhr nachmittags an einem Sommertag, und die Sonne schien während der gesamten Überfahrt strahlend hell. Jede nötige Bedingung wurde erfüllt und das Ergebnis war in höchstem Maße eindeutig und zufriedenstellend. Die Schlussfolgerung war unvermeidlich, dass die Oberfläche des Wassers über eine Länge von 6 Meilen in keinem erkennbaren Maß abfällt oder sich krümmt.

Wenn aber die Erde eine Kugel ist, dann müsste die Oberfläche der sechs Meilen langen Wasserfläche in der Mitte 6 Fuß höher sein als an den beiden Enden. Aus diesem Experiment folgt, dass die Oberfläche von stehendem Gewässer nicht konvex ist und dass die Erde daher keine Kugel ist! Im Gegenteil, dieses einfache Experiment reicht aus, um zu beweisen, dass die Wasseroberfläche parallel zur Sichtlinie verläuft und daher horizontal ist, und dass die Erde nichts anderes als eine flache Ebene sein kann!"
-Samuel Rowbotham – "Earth not a globe", Seite 13

In einem zweiten Experiment stellte Dr. Rowbotham 7 Flaggen entlang des Ufers auf, die jeweils eine Meile von der nächsten entfernt waren und deren Spitzen sich 5 Fuß über der Wasseroberfläche befanden. Neben der letzten Fahne positionierte er auch einen längeren 8-Fuß-Stab, auf dem eine drei Fuß lange Fahne angebracht war, so dass ihr unterer Teil genau mit den Spitzen der anderen Fahnen bündig war. Dann montierte er ein Teleskop an die Spitze der ersten Flagge und führte seine Beobachtungen durch. Wenn die Erde eine Kugel von 25.000 Meilen wäre, müsste jede nachfolgende Fahne um ein bestimmtes Maß unter die letzte sinken.

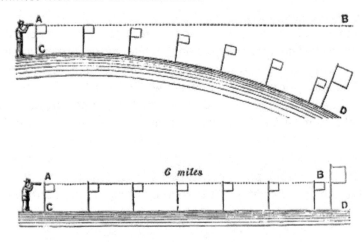

Abb. 34: S. Rowbotham Old Bedford-Experiment

Die erste und die zweite Flagge legten einfach die Sichtlinie fest, die dritte Flagge sollte dann 8 Inches unterhalb der zweiten liegen, die vierte Flagge 32 Inches, die fünfte 6 Fuß, die sechste 10 Fuß 8 Inches, und die siebte Flagge sollte eindeutig 16 Fuß 8 Inches, also sichtbar unterhalb der Sichtlinie befinden! Selbst wenn die Erde ein Globus von hunderttausend Meilen wäre, sollte und würde bei diesem Experiment immer noch eine leicht messbare Krümmung zu erkennen sein. In Wirklichkeit wurde jedoch kein einziger Zentimeter an Konvexität nachgewiesen, und die Flaggen waren alle perfekt aufgereiht, wie es einer flachen Ebene entspricht.

„Die Rotundität der Erde würde obige Bedingungen (sich senkende Fahnen) mit sich bringen, aber da man sie nicht entdecken konnte, muss diese Doktrin als eine bloße Theorie, die nicht mit Fakten untermauert werden kann, bezeichnet werden. Eine reine Erfindung fehlgeleiteter Geister. Grandios in ihrer Deutung der Naturphänomene; aber nichtsdestotrotz zwingen mathematische und logische Notwendigkeiten sie als absolute Unwahrheit zu entlarven."
-Samuel Rowbotham – "Earth not a globe", Seite 16

Dr. Rowbotham führte mehrere weitere Experimente durch, im Zuge dessen er Teleskope, Wasserwaagen und Theodoliten (spezielle Präzisionsinstrumente zur Messung von Winkeln in horizontalen oder vertikalen Ebenen) verwendete. Er richtete sie auf gleicher Höhe zueinander aus und bewies immer wieder, dass die Erde über Meilen hinweg vollkommen flach war, ohne einen einzigen Zentimeter an Krümmung. Seine Erkenntnisse erregten in der wissenschaftlichen Gemeinschaft großes Aufsehen, und dank seiner 30 Jahre währenden Forschungsarbeit entwickelte sich das Thema der Gestalt der Erde um die Jahrhundertwende zu einer heißen Debatte.

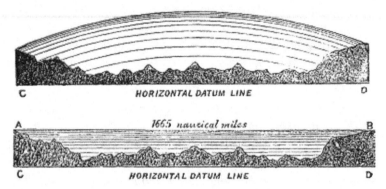

Abb. 35: Round Earth vs. Flat Earth

„Ist das Wasser flach oder nicht?", wurde einmal ein Astronom gefragt. 'Praktisch ja, theoretisch nein', lautete die Antwort. Nun, wenn die Theorie nicht mit der Praxis übereinstimmt, ist es das Beste, die Theorie fallen zu lassen. (Jetzt ist es zu spät, um zu sagen: „So viel zu den Fakten!") Die Theorie, die eine gekrümmte Oberfläche von stehenden Gewässern voraussetzt, fallen zu lassen, bedeutet, die Fakten anzuerkennen. Wann immer Experimente an der Oberfläche von stehenden Gewässern durchgeführt wurden, stellte sich heraus, dass die Oberfläche immer eben war. Wäre die Erde eine Kugel, wäre die Oberfläche aller stehenden Gewässer konvex. Dies ist ein experimenteller Beweis dafür, dass die Erde keine Kugel ist." -William Carpenter – "100 proofs the earth not a globe"

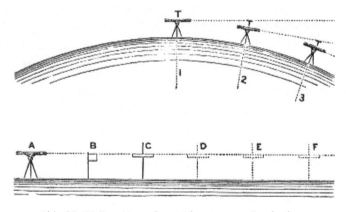

Abb. 36: Weitere Versuchsanordnungen von Rowbotham

„Da jedes beliebige Gewässer eine ebene Oberfläche haben muss, bei der kein Teil höher liegen kann als ein anderer, und da alle unsere Ozeane (mit Ausnahme einiger Binnenmeere) miteinander verbunden sind, folgt daraus, dass sie alle WIRKLICH DENSELBEN PEGEL HABEN."
-The English Mechanic, 26th June 1896

Astronomen sagen, dass der magische Magnetismus der Schwerkraft dafür verantwortlich ist, alle Ozeane der Welt auf der Kugelerde zu halten. Sie sagen, dass die Erde aufgrund ihrer Masse eine magische Kraft erzeugt, die Menschen, Ozeane und die Atmosphäre fest an der Unterseite der sich drehenden Kugel hält. Leider können sie jedoch kein praktisches Beispiel in einem kleineren Maßstab als dem planetaren liefern.

Ein sich drehender nasser Tennisball zum Beispiel hat genau den gegenteiligen Effekt wie der vermeintliche Erdball! Sämtliches Wasser, das über den Ball gegossen wird, fließt einfach an den Seiten ab, und wenn man ihn dreht, fliegt das Wasser um 360° herum, wie bei einem Hund, der sich nach einem Bad schüttelt. Astronomen räumen ein, dass das Beispiel des nassen Tennisballs den gegenteiligen Effekt ihrer vermeintlichen Ball-Erde aufzeigt, behaupten jedoch, dass ab einer unbekannten Masse plötzlich die magischen Haftungseigenschaften der Schwerkraft einsetzen, die es dem sich drehenden nassen Tennisball bzw. der Erde ermöglichen, jeden Tropfen des "gravitierten" Wassers an der Oberfläche zu halten. Wiederum steht ihre Theorie im Widerspruch zu allen praktischen Beweisen, aber sie haben sie 500 Jahre lang verbreitet, warum also jetzt aufhören?

Abb. 37: Wasser haftet nicht auf einer sich drehenden Kugel

„Wäre die Erde ein Globus, der mit einer Geschwindigkeit von „100 Meilen in fünf Sekunden" durch den „Kosmos" rast und rollt, so könnte das Wasser der Meere und Ozeane durch kein bekanntes Gesetz auf seiner Oberfläche gehalten werden. Die Behauptung, dass sie unter diesen Umständen auf der Erde gehalten werden könnten, ist eine Beleidigung für den menschlichen Intellekt! Da die Erde -d.h. die besiedelbare Welt des Festlands- jedoch aus dem Wasser herausragt und im Wasser der „mächtigen Tiefe", deren Umfangsgrenze das Eis ist, steht, können wir diese Behauptung denjenigen, die sie aufstellen, in die Schuhe schieben und vor ihren Gesichtern die Fahne der Vernunft und des gesunden Menschenverstandes schwenken." -W. Carpenter – "100 proofs the earth not a globe, proof", No. 86

Auf einem Teil seiner langen Strecke fließt der große Nil über tausend Meilen bei einem Gefälle von nur einem Fuß! Dies ist ein Kunststück, das natürlich ein Ding der Unmöglichkeit wäre, wenn die Erde eine sphärische Krümmung aufweisen würde. Viele andere Flüsse, darunter der Kongo in Westafrika, der Amazonas in Südamerika und der Mississippi in Nordamerika, fließen alle über Tausende von Meilen in Richtungen, die mit der angenommenen Kugelgestalt der Erde völlig unvereinbar sind.

Abb. 38: Kosmologie der hebräischen Welt

„Flüsse strömen zum Meer **hinab** *aufgrund der Neigung ihrer Betten. Sie entspringen in einer bestimmten Höhe (in manchen Fällen mehrere Tausend Fuß) über dem Meeresspiegel und folgen dem leichtesten Lauf zu ihrem Pegel – dem Meer. Der Paraná und der in Südamerika sind über 2.000 Meilen hinweg befahrbar, und ihre Gewässer verlaufen in der gleichen Richtung, bis sie ihren stabilen Pegelstand erreichen, an dem die Meeresgezeiten beginnen. Wenn die Erde aber eine Kugel wäre, würde der Amazonas in Südamerika, der stets in östliche Richtung fließt, manchmal bergauf und manchmal bergab fließen, je nach Bewegung der Kugelerde. Der Kongo in Westafrika, der immer eine westliche Richtung zum Meer einschlägt, würde in der gleichen Art abwechselnd hinauf und hinab*

Abb. 39: Nil

fließen. Aus praktischen Experimenten wissen wir, dass Wasser stets seinen eigenen Pegel findet und auf keinen Fall anders als eben, flach oder waagerecht bleiben kann - wie auch immer man die Idee bezeichnen mag. Es ist daher völlig ausgeschlossen, dass Flüsse sich so verhalten könnten, wie sie es auf einer Weltkugel tun müssten."
-Thomas Winship – "Zetetic Cosmogeny", Seite 110

„Wer hat schon einmal von einem Fluss gehört, der in irgendeinem Teil seines Laufs bergauf fließt? Dies wäre jedoch erforderlich, wenn die Erde ein Globus wäre. Flüsse wie der Mississippi, die von Norden nach Süden in Richtung Äquator

fließen, müssten gemäß der modernen astronomischen Theorie bergauf fließen, da sich die Erde am Äquator erheblich mehr auswölbt, oder mit anderen Worten, höher ist als an jedem anderen Punkt. So müsste der Mississippi in seinem gewaltigen Lauf von über 3.000 Meilen, 11 Meilen ansteigen, bevor er den Golf von Mexiko erreicht!"
-David Wardlaw Scott – „Terra Firma", Seite 126

„Es gibt Flüsse, die nach Ost, West, Nord und Süd strömen – sie fließen gleichzeitig in alle Richtungen über der Erdoberfläche. Nun, wenn die Erde eine Kugel wäre, würden manche dieser Flüsse bergauf und andere bergab flIeßen, wenn man mal annimmt, dass es ein „oben" und „unten" in der Natur (welche Form sie auch immer hat) wirklich gibt. Da die Flüsse jedoch nicht bergauf fließen, die globale Theorie jedoch genau das verlangt, ist das ein Beweis für die Flachheit der Erde."
-William Carpenter – "100 proofs the earth not a globe", proof No. 85

Abb. 40: Flüsse können nicht bergauf fließen

DER STETS FLACHE HORIZONTALE HORIZONT

Ob am Meerespegel, auf der Spitze des Mount Everest oder fliegend in einigen Kilometern Höhe, die stets waagerechte Horizontlinie ist immer auf Augenhöhe des Beobachters und bleibt vollkommen flach. Du kannst es selbst überprüfen, sei es am Strand oder der Kuppe eines Hügels, in einem großen Feld oder einer Wüste, an Bord eines Heißluftballons oder Hubschraubers; du wirst sehen, dass der Horizont um dich herum mit dir aufsteigt und dabei völlig waagerecht bleibt.

Wenn die Erde tatsächlich eine große Kugel wäre, würde sich der Horizont bei einem Aufstieg senken und nicht auf Augenhöhe bleiben. Des Weiteren müsste sich der Horizont an jedem Ende deines Blickfeldes senken und nicht um dich herum flach bleiben. In einem aufsteigenden Heißluftballon, müsste der Betrachter nach unten schauen, um der Horizont zu betrachten, denn der höchste Punkt der Kugelerde würde direkt unter ihm sein.

Abb. 41: Der Horizont verläuft IMMER linear und waagrecht

In einem Artikel des London Journal vom 18.7.1857 beschreibt ein Journalist das ziemliche Gegenteil bei seinem Aufstieg in einem Heißluftballon: *„Die größte Besonderheit beim Blick aus einem Ballon in beträchtlicher Höhe war die Position des Horizonts, der sich in einer Höhe von zwei Meilen praktisch auf Augenhöhe befand, wodurch die Erdoberfläche eher konkav statt konvex erschien."*

J. Glaisher schrieb in „Travels in the air": *„Als ich über den Rand des Wagens blickte, schien der Horizont auf Augenhöhe zu sein, und als ich den*

Abb. 42: Horizont ist immer flach - keine Kurve sichtbar

gesamten sichtbaren Bereich unter mir betrachtete, war ich von der großen Gleichmäßigkeit beeindruckt; alles war zu einer Ebene verschmolzen; it seemed too flat."

M. Victor Emanuel, ein weiterer Ballonfahrer, schrieb: *„Anstatt dass die Erde auf beiden Seiten nach unten abfällt und der höher gelegene Teil sich unter dem Wagen befindet, wie allgemein angenommen wird, war es genau umgekehrt: Der tiefste Teil befand sich wie ein riesiges Becken unmittelbar unter dem Wagen, während sich der Horizont auf allen Seiten auf Augenhöhe befand."*

Ein anderer amerikanischer Ballonfahrer - Mr. Elliot - schrieb: *„Ein Aeronaut mag wohl der skeptischste Mensch sein, was die Kugelgestalt der Erde betrifft. Die Philosophie zwingt uns die Wahrheit auf; aber der Blick auf die Erde aus der Höhe eines Ballons vermittelt den Eindruck eines riesigen terrestrischen Beckens, dessen tiefster Teil sich direkt unter den eigenen Füßen befindet."*

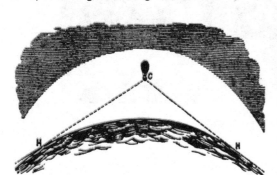

Abb. 43: zu erwartende Aussicht von einem Ballon auf einer Erdkugel

In Mayhew's „Great World of London" hielt ein Pilot folgendes fest: *„ Ein weiterer merkwürdiger Effekt des Höhenfluges war als wir uns in der maximalen Höhe befanden, dass die Erde konkav erschien und eher wie eine riesige dunkle Schüssel aussah, als eine konvexe Kugel, so wie wir es natürlicherweise erwarteten. Der Horizont schien immer auf Augenhöhe zu sein, und er schien zu steigen, während wir aufstiegen, bis schließlich die Erhöhung der kreisförmigen Begrenzungslinie der Sicht so ausgeprägt wurde, dass die Erde das anomale Aussehen eines konkaven statt eines konvexen Körpers annahm."*

Amateure haben Ballons in Höhen von über 121.000 Fuß geschickt, und im Internet gibt es Videos, die zeigen, wie der Horizont auf Kameraniveau aufsteigt und rundherum 360° vollkommen flach bleibt. Videos von der NASA und anderen „offiziellen" Quellen, wie z. B. der Red-Bull-Skydive aus einer Höhe von 128.000 Fuß, wurden dagegen dabei erwischt, wie sie der Erde durch Weitwinkelobjektive und Nachbearbeitung eine falsche Krümmung hinzugefügt haben.

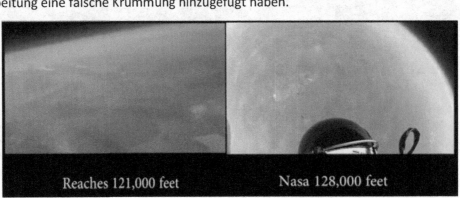

Reaches 121,000 feet   Nasa 128,000 feet

Abb. 44: High-Altitude-Balloon vs. NASA

Auch Panoramafotos von der Spitze des Mount Everest geben oftmals vor, die Erdkrümmung zu zeigen. Dies ist jedoch lediglich das Ergebnis von Verzerrungen und inhärenten Limitierungen von Weitwinkelobjektiven. Das ganze Ausmaß der Kameratricks der NASA und der manipulierten CGI-Bilder/Videos von der Erdkugel wird später im Detail beleuchtet werden.

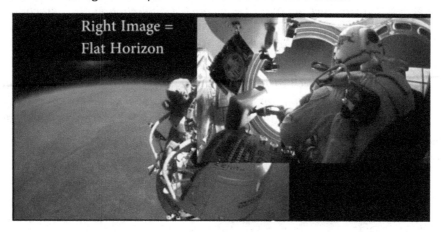

Abb. 45: Innenkamera entlarvt Red-Bull-Jump-Fakery

„Die durch die Kamera verzerrten Horizontlinien haben schon immer die Leute getäuscht, die ihren Geist noch nicht von der „Planet"- und „Erdkugel"- Indoktrination befreit haben. Vor drei oder vier Jahren war in einer Broschüre des „Science Horizons" zu lesen, dass man an der Entwicklung einer Linse arbeite, die die waagerechten Horizonte NICHT verzerren würde. Soviel ich weiß, ist diese Hilfe für eine authentischere Fotografie bis jetzt nicht erhältlich. Planaterristen können jedoch beweisen, dass aufgrund der bekannten Gesetze der Perspektive, der Horizont optisch mit der Augenhöhe des Betrachters, oder der Kamera, steigt und eben/geradlinig bleibt, egal welche Flughöhe erreicht wird. Tatsächlich nimmt die Erde unter einem Ballon, Flugzeug, einer Rakete oder Kapsel eine schüsselförmige oder konkave Form an. Der Punkt der Erde direkt unter dem Flugobjekt ist optisch gesehen der tiefste Es ist NICHT der höchste Punkt deiner Erdkugel mit der Neigung oder Krümmung des „Balls", der nach unten bis zu einem Horizont weit unterhalb der Augenhöhe abfällt."
-Samuel Shenton – "The Plane Truth 1966", Seite 11

![Abb. 46]

Abb. 46: Objekte müssten sich in Richtung Horizont „lehnen" - Gute Videos dazu auf dem YouTube-Kanal von "My Perspective"

Wäre die Erde tatsächlich ein großer Ball mit einem Umfang von 25.000 Meilen, so wäre der Horizont selbst auf Meeresspiegelniveau merklich gekrümmt, und alles, was sich am Horizont befindet oder sich ihm nähert, würde aus unserer Perspektive leicht nach hinten geneigt erscheinen. Entfernte Gebäude entlang des Horizonts würden alle wie der schiefe Turm von Pisa aussehen, vom Standpunkt des Beobachters aus betrachtet. Ein Heißluftballon, der abhebt und auf einer Kugel-Erde immer weiter von dir wegdriftet, würde sich langsam und stetig immer weiter zurücklehnen, je weiter er wegfliegt, wobei der Boden des Korbes allmählich sichtbar werden würde, während der obere Teil des Ballons aus dem Blickfeld verschwindet. In Wirklichkeit jedoch behalten Gebäude, Ballons, Bäume, Menschen usw., die im rechten Winkel zum Boden/Horizont stehen, ihre Position bei, unabhängig von der Entfernung des Betrachters.

„Unerheblich von welchem Punkt aus man den Meereshorizont betrachtet, scheint er stets eine perfekte waagerechte Linie zu bilden. Da dies überall auf der Welt der Fall ist, muss ihre Oberfläche eben sein und daher ist die Erde eine flache Ebene. Dies kann durch folgendes Experiment bewiesen werden: Man stellt an einer angemessenen Stelle am Meeresufer ein ordnungsgemäß nivelliertes Brett auf oder spannt eine Schnur - im rechten Winkel zu einem Lot - zwischen zwei senkrechte Stangen. Beim Blick auf das Meer kann die horizontale Linie über eine Entfernung von 20 Meilen bequem beobachtet werden, und es wird sich herausstellen, dass sie in ihrer gesamten Länge mit dem Richtscheit oder der Schnur übereinstimmt; wäre die Erde aber eine Kugel, so würde die horizontale Linie einen Bogen von zwanzig Meilen Länge bilden, der sich in beiden Richtungen vom Mittelpunkt aus um acht Inches, multipliziert mit dem Quadrat der Entfernung, krümmt. Daher müsste die horizontale Linie an beiden Enden der Strecke etwa 66 Fuß unterhalb des Horizonts in der Mitte abgesenkt sein. Da dies aber nicht der Fall ist, folgt daraus zwangsläufig, dass die Erde keine Kugel sein kann."
-B. Chas. Brough – "The Zetetic Vol. 1", Jul 1872

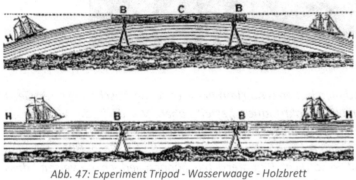

Abb. 47: Experiment Tripod - Wasserwaage - Holzbrett

Jeder kann selbst mit einer simplen Wasserwaage, zwei Tripods und einem ebenen Holzbrett überprüfen, dass der Meeresspiegel vollkommen flach und folglich die ganze Erde vollkommen flach ist. Befestige in beliebiger Höhe über dem Meeresspiegel einfach ein 6-12 Fuß langes, glattes, nivelliertes Brett quer auf zwei Tripods und beobachte die Horizontlinie aus Augenhöhe dahinter. Wenn du dich in einem Halbkreis von einem Ende des Brettes zum anderen bewegst und dabei die Horizontlinie über dem oberen Rand beobachtest, wirst du in der Lage sein, eine klare, flache Strecke von 10 bis 20 Meilen zu verfolgen, abhängig von deiner Höhe. Dies wäre unmöglich, wenn die Erde eine Kugel wäre und die Wasseroberfläche konvex!

Wäre die Erde tatsächlich ein Globus mit einem Umfang von 25.000 Meilen, so würde sich der Horizont in der Mitte des Brettes auf einer Linie befinden, dann aber allmählich und deutlich zu den Enden hin abfallen. Nur 10 Meilen auf jeder Seite würden eine leicht sichtbare Krümmung von 66,6 Fuß von jedem Ende zum Zentrum erfordern. (Höhe des Betrachters: 0 m).

„Es ist bekannt, dass der Meereshorizont, egal wie weit er sich rechts und links vom Beobachter an Land erstreckt, stets als eine gerade Linie erscheint. Das folgende Experiment wurde in verschiedenen Teilen des Landes ausprobiert. In Brighton wurden auf einer Anhöhe in der Nähe der Pferderennbahn zwei Pfähle, die dem Meer direkt gegenüberliegen, im Abstand von sechs Yards in der Erde befestigt. Zwischen diesen Pfählen wurde eine Schnur parallel zum Horizont gespannt. Von der Mitte der Schnur aus reichte der Blick über nicht weniger als 20 Meilen auf jeder Seite, was eine Entfernung von 40 Meilen ergab. Ein Schiff wurde beobachtet, das direkt nach Westen segelte; die Schnur schnitt die Takelage etwas oberhalb des Schanzkleides, was sie mehrere Stunden lang tat oder bis das Schiff die gesamte Entfernung von 40 Meilen zurückgelegt hatte. Das Schiff, das von Osten her in Sicht kommt, müsste auf einer gekrümmten Ebene 20 Meilen aufsteigen, bis es den Mittelpunkt des Bogens erreicht, und von dort aus, die gleiche Strecke absteigen. Das Quadrat von 20 Meilen multipliziert mit 8 Inches ergibt 266 Fuß als den Betrag, den das Schiff am Anfang und am Ende der 40 Meilen unterhalb der Linie liegen müsste." -Dr. Samuel Rowbotham – "Zetetic Astronomy", Seite 20

Wenn man vom Hochland in der Nähe des Hafens von Portsmouth in Hampshire, England, über Spithead auf die Isle of Wight blickt, bildet der gesamte Fuß der Insel, wo Wasser und Land zusammenkommen, eine vollkommen gerade Linie von 22 Meilen Länge. Laut der Kugel-Erde-Theorie müsste die Isle of Wight auf jeder Seite um 80 Fuß von der Mitte abfallen, damit die notwendige Krümmung berücksichtigt werden kann. Das Fadenkreuz eines guten Theodoliten, der darauf gerichtet wurde, hat jedoch wiederholt gezeigt, dass die Land- und Wasserlinie vollkommen eben ist.

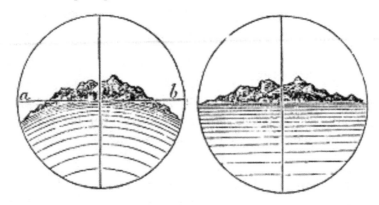

Abb. 48: Theorie vs. Realität

An einem klaren Tag kann man vom Hochland nahe Douglas Harbor auf der Isle of Man häufig mit dem bloßen Auge die ganze Küste vom Nord-Wales sehen. Von Point of Ayr an der Mündung des Flusses Dee bis Holyhead erstreckt sich ein 50 Meilen langer Abschnitt, der sich ebenfalls wiederholt als vollkommen horizontal erwiesen hat. Wenn die Erde tatsächlich eine Krümmung von 8 Inches pro Meile im Quadrat hätte, wie NASA samt der modernen Astronomie behauptet, müsste die 50 Meilen lange walisische Küste, die am Horizont in der Liverpooler Bucht zu sehen ist, vom Mittelpunkt aus auf jeder Seite um deutlich erkennbare 416 Fuß abfallen!

„Da jedoch eine solche Deklination oder abwärts gerichtete Krümmung nicht festgestellt werden kann, ist die Schlussfolgerung zwangsläufig logisch, dass sie nicht existiert. Der Leser möge sich ernsthaft fragen, welches Argument in der Natur dagegenspricht, dass ein Gefälle von mehr als 400 Fuß für das Auge sichtbar ist oder mit optischen oder mathematischen Mitteln nicht erkannt werden kann. Diese Frage ist besonders wichtig, wenn man bedenkt, dass in derselben Entfernung und am oberen Rand desselben Geländes, Höhenunterschiede von nur wenigen Yards schnell und unmissverständlich wahrgenommen werden können. Wenn ein Mensch sich von Beweisen und der Vernunft leiten lässt und von der Liebe zur Wahrheit und Beständigkeit geprägt ist, kann er nicht länger behaupten, die Erde sei eine Kugel. Er muss spüren, dass er damit gegen die Evidenz seiner Sinne ankämpft, dass er den Fakten und Experimenten jegliche Bedeutung abspricht und den Wert des logischen Prozesses völlig ignoriert." -Samuel Rowbotham– "Zetetic Astronomy", Seite 28

Die messbare Nicht-Krümmung der flachen Erde

T
1.
2.
3.
N
A
B
C
32 in
72 in

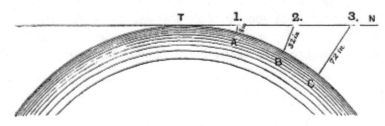

Abb. 49: Illustration Erdkrümmung [Inches]

Die NASA und die modernen Astronomen behaupten, dass wir auf einem "oblate spheroid" (abgeflachten Sphäroid) mit einem Äquatorialumfang von 25.000 Meilen leben, mit einer Krümmung von 7,935 Inches pro Meile im Quadrat. Das heißt, bei 3 Meilen gibt es eine Neigung von fast 6 Fuß, bei 30 Meilen 600 Fuß, bei 300 Meilen 60.000 Fuß und so weiter. Wenn wir also die Gültigkeit ihrer Behauptung über die Konvexität beweisen oder widerlegen wollen, ist das eine ziemlich einfache, unkomplizierte Frage von Messungen und Berechnungen.

Zum Beispiel beträgt die Entfernung von Douglas Harbour auf der Isle of Man zum Great Orm´s Head über die Irish Sea 60 Meilen. Wenn die Erde eine Kugel wäre, dann würde die Oberfläche des Wassers zwischen ihnen einen 60 Meilen langen Bogen bilden, die Mitte würde die Küstenlinien an beiden Enden um 1944 Fuß überragen!

NORTH WALES
60 MILES
ISLE OF MAN.
1944. FT.
1944. FT.
A
B
IRISH SEA

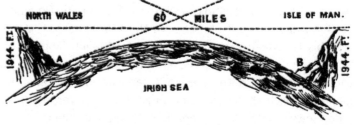

Abb. 50: Nord-Wales – Isle of Man

Es ist jedoch bekannt und leicht nachprüfbar, dass an einem klaren Tag der Great Orm's Head aus einer moderaten Höhe von 100 Fuß von Douglas Harbor aus sichtbar ist. Auf einem Globus mit einem Umfang von 25.000 Meilen wäre dies völlig unmöglich. Angenommen, die Höhe von 100 Fuß führt dazu, dass die Horizontlinie etwa 13 Meilen entfernt erscheint, so sollten doch die restlichen 47 Meilen der Strecke die walisische Küstenlinie unmögliche 1.472 Fuß unter die Sichtlinie fallen lassen!

<u>Die Erdkrümmung lässt sich auf folgender Weise im Internet berechnen:</u>

- Suchmaschineneingabe: Earth Curve Calculator
- Link: https://dizzib.github.io/earth/curve-calc/?d0=30&h0=10&unit=imperial
- Auswählen zwischen metrisches System (Meter, Kilometer) oder empirisches System (Inches, Meilen)

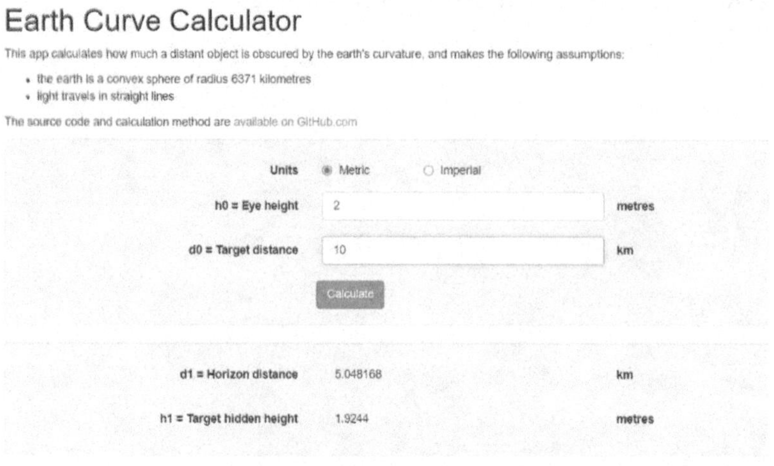

Earth Curve Calculator
This app calculates how much a distant object is obscured by the earth's curvature, and makes the following assumptions:
the earth is a convex sphere of radius 6371 kilometres
light travels in straight lines
The source code and calculation method are available on GitHub.com
Units
Metric
Imperial
h0 = Eye height
2
metres
d0 = Target distance
10
km
Calculate
d1 = Horizon distance
5.048168
km
h1 = Target hidden height
1.9244
metres

Abb. 51: Berechnung - Erdkrümmung

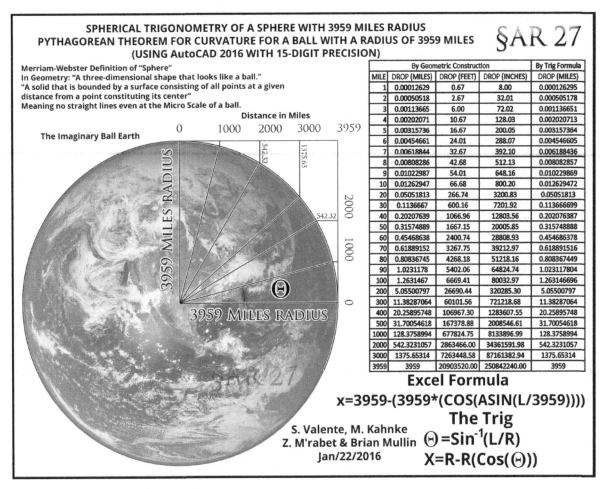

SPHERICAL TRIGONOMETRY OF A SPHERE WITH 3959 MILES RADIUS
PYTHAGOREAN THEOREM FOR CURVATURE FOR A BALL WITH A RADIUS OF 3959 MILES
(USING AutoCAD 2016 WITH 15-DIGIT PRECISION)   §AR 27

Merriam-Webster Definition of "Sphere"
In Geometry: "A three-dimensional shape that looks like a ball."
"A solid that is bounded by a surface consisting of all points at a given distance from a point constituting its center"
Meaning no straight lines even at the Micro Scale of a ball.

The Imaginary Ball Earth

Distance in Miles
0   1000   2000   3000   3959

	By Geometric Construction			By Trig Formula
MILE	DROP (MILES)	DROP (FEET)	DROP (INCHES)	DROP (MILES)
1	0.00012629	0.67	8.00	0.000126295
2	0.00050518	2.67	32.01	0.000505178
3	0.00113665	6.00	72.02	0.001136651
4	0.00202071	10.67	128.03	0.002020713
5	0.00315736	16.67	200.05	0.003157364
6	0.00454661	24.01	288.07	0.004546605
7	0.00618844	32.67	392.10	0.006188436
8	0.00808286	42.68	512.13	0.008082857
9	0.01022987	54.01	648.16	0.010229869
10	0.01262947	66.68	800.20	0.012629472
20	0.05051813	266.74	3200.83	0.05051813
30	0.1136667	600.16	7201.92	0.113666699
40	0.20207639	1066.70	12803.56	0.202076387
50	0.31574889	1667.15	20005.85	0.315748888
60	0.45468638	2400.74	28808.93	0.454686378
70	0.61889152	3267.75	39212.97	0.618891516
80	0.80836745	4268.18	51218.16	0.808367449
90	1.0231178	5402.06	64824.74	1.023117804
100	1.2631467	6669.41	80032.97	1.263146696
200	5.05500797	26690.44	320285.30	5.05500797
300	11.38287064	60101.56	721218.68	11.38287064
400	20.25895748	106967.30	1283607.55	20.25895748
500	31.70054618	167378.88	2008546.61	31.70054618
1000	128.3758994	677824.75	8133896.99	128.3758994
2000	542.3231057	2863466.00	34361591.98	542.3231057
3000	1375.65314	7263448.58	87161382.94	1375.65314
3959	3959	20903520.00	250842240.00	3959

Excel Formula
x=3959-(3959*(COS(ASIN(L/3959))))
The Trig
S. Valente, M. Kahnke
Z. M'rabet & Brian Mullin $\Theta = Sin^{-1}(L/R)$
Jan/22/2016 $X = R - R(Cos(\Theta))$

Abb. 52: Trigonometrische Herleitung der Erdkrümmung - Tabelle [Meilen]

„In der Times von Montag, den 16.10.1854 wurde anlässlich des Besuches Ihrer Majestät auf Great Grimsby zu Hull der folgende Abschnitt veröffentlicht:

„Ihre Aufmerksamkeit wurde zunächst natürlich auf einen gigantischen Turm gelenkt, der sich vom mittleren Pfeiler bis zu einer Höhe von 300 Fuß erhebt und bis zu 60 Meilen vom Meer aus, gesehen werden kann." Die 60 Meilen, falls sie nautisch sind, und dies ist stets der Fall, wenn es sich um Entfernungen auf See handelt, würden 70 „statute" Meilen ergeben, zu denen das Gefälle von 8 Inches dazugehört, und da man davon ausgeht, dass alle Beobachtungen auf See in einer Höhe von 10 Fuß über dem Wasser gemacht werden, wofür vier Meilen von der Gesamtentfernung abgezogen werden müssen, bleiben 66 „statute" Meilen übrig, deren Quadrat multipliziert mit 8 Inches eine Deklination gegenüber dem Turm von 2.904 Fuß ergibt. Zieht man hiervon die Höhe des Turms von 300 Fuß ab, so erhält man die verblüffende Schlussfolgerung, dass der Turm in der Entfernung, in der er sichtbar ist, mehr als 2.600 Fuß unter dem Horizont liegen müsste!"
-Dr. S. Rowbotham – "Zetetic Astronomy", 2nd Edition, S. 174

Indoktrinierte Neinsager werden oft erwidern, dass die Refraktion des Lichts an der Wasseroberfläche die Ursache für solche Phänomene sein könnte. Zunächst einmal ist die Vorstellung, dass wir nicht zwischen dem gebrochenen Licht einer Sache und der Sache selbst unterscheiden können, absurd. Selbst wenn wir davon ausgehen würden, dass wir das nicht könnten, beträgt die allgemeine Berücksichtigung der

Abb. 53: Schneekugel - Flache Erde Modell

Lichtbrechung durch Vermessungsingenieure nur 1/12 der Höhe des beobachteten Objekts, so dass dies eine völlig unplausible Erklärung ist. Wenn man das vorherige Beispiel von 2.600 Fuß geteilt durch 12 nimmt, ergibt das 206, was abgezogen von 2.600 Fuß noch 2.384 Fuß ergibt, die der Turm unterhalb des Horizonts hätte sein sollen!

Abb. 54: Vorreiter des Globus

„Im September 1898 erhielt ich einen Brief aus Australien in dem stand:

„Im Jahre 1872 war ich an Bord des Schiffes „Thomas Wood" mit Captain Gibson von China nach London. Aufgrund der langen Überfahrt ging uns der Proviant aus, und nach der Umrundung des Kaps war er so knapp, dass der Kapitän davon sprach, St. Helena anzulaufen, um Vorräte zu beschaffen. Damals war es mein Hobby, den ersten Blick auf Land zu erhaschen, eine Vermessung vorzunehmen, gerade als die Sonne aufging. Die Insel war über den Bug des Steuerbordes gut zu sehen. Ich berichtete dies Captain Gibson. Er glaubte mir jedoch nicht und sagte, das sei unmöglich, da wir 75 Meilen entfernt seien. Dann bot er mir Papier und Bleistift an, um das Land zu skizzieren, das ich sah. Das tat ich. Daraufhin sagte er: „Sie haben recht", und legte seinen Kurs entsprechend fest. Ich kannte die Insel nicht und hätte ihre Form nicht beschreiben können, wenn ich sie nicht gesehen hätte."
St. Helena ist eine hohe Vulkaninsel, und wenn mein Berichterstatter nur die Spitze gesehen hätte, müsste man die Höhe des Geländes berücksichtigen, da er jedoch die Insel skizziert hat, muss er sie als Ganzes gesehen haben, die, wenn die Welt eine Kugel wäre, 3.650 Fuß unterhalb der Sichtlinie hätte liegen müssen." -Thomas Winship – "Zetetic Cosmogeny", Seite 21

Im Chambers' Journal berichtete im Februar 1895 ein Seemann, dass er nahe Mauritius im Indischen Ozean ein Schiff gesehen hat, das wie sich herausstellte, unglaubliche 200 Meilen entfernt gewesen sei! Der Vorfall löste damals in nautischen Kreisen heftige Diskussionen aus. Zudem wurde bestätigt, dass in Aden, Jemen ein anderer Zeuge berichtete, einen vermissten Dampfer aus Bombay aus 200 Meilen Entfernung gesichtet zu haben. Er bestätigte das genaue Aussehen, den genauen Ort sowie den Kurs des Dampfers. Er gab das exakte Erscheinungsbild, die Position und die Richtung des Dampfers korrekt an, was später von den Personen an Bord bestätigt wurde. Solche Sichtungen wären absolut unerklärlich, wenn die Erde tatsächlich eine Kugel mit einem Umfang von 25.000 Meilen wäre, denn Schiffe, die 200 Meilen entfernt sind, müssten sich weit über 4 Meilen unterhalb der Sichtlinie befinden!

„Astronomen haben die Gepflogenheit, zwei Punkte auf der Erdoberfläche, ohne Rücksicht auf die Entfernung, als waagerecht zu betrachten, und den Raum dazwischen, selbst wenn es ein Ozean ist, als großen „Hügel" – aus Wasser! Der Atlantik, um dies anschaulich zu zeigen, würde einen „Wasserhügel" von mehr als 100 Meilen bilden! Diese Vorstellung ist einfach ungeheuerlich und kann nur von Wissenschaftlern vertreten werden, deren ganzes Geschäft aus dem Stoff dieser Machart besteht. Jeder Mensch, der seiner Sinne mächtig ist, weiß, dass eine

Abb. 55: Flache Ebene

ebene Fläche eine flache oder horizontale ist; die Astronomen hingegen sagen uns, dass die tatsächliche Ebene die gekrümmte Oberfläche eines Globus sei! Sie wissen, dass der Mensch eine ebene Fläche zum Leben braucht, also geben sie ihm dem Namen nach eine, die in Wirklichkeit keine ist! Das ist das Beste, was die Astronomen mit ihrer theoretischen Wissenschaft für ihre Mitgeschöpfe tun können - sie täuschen." -William Carpenter – "100 proofs the earth not a globe", No. 28

„Weite Landstriche sind vollkommen eben. Auf den 1.500 Meilen von den Karpaten bis zum Ural gibt es kaum ein Gefälle. Südlich der Ostsee ist das Land so flach, dass ein vorherrschender Nordwind das Wasser des Stettiner Haff in die Odermündung treibt und den Fluss 30 oder 40 Meilen rückwärts fließen lässt. Die Ebenen von Venezuela und Neu-Granada, in Südamerika vor allem zur Linken des Orinoco, werden als Ilanos oder ebene Felder bezeichnet. Auf einer Fläche von 270 Quadratmeilen weicht die Oberfläche oft nicht einen einzigen Fuß ab. Der Amazonas fällt auf den letzten 700 Meilen seines Laufs nur 12 Fuß; der La Plata hat nur ein Gefälle von 1/33 Inch pro Meile."
-Rev. T. Milner – "Atlas of Physical Geography"

Abb. 56: Flache Ebene

„Die oben genannten Beispiele zeigen klar auf, dass die Oberfläche der Erde nicht kugelförmig sein kann. Wenn wir darüber hinaus die Oberfläche der Erde unter dem Meer in Betracht ziehen, dann werden wir weitere Beweise gegen die populäre Auffassung finden.
In „Nature and Man" von Professor W. B. Carpenter - Artikel „The Deep Sea and ist Contents" schreibt der Autor: „Wenn der Grund in der Mitte der Ozeane trockengelegt würde, dann würde sich der Betrachter auf ihm von einer FLÄCHE umgeben sein, nur vergleichbar mit jener der nordamerikanischen Prärien oder der südamerikanischen Pampas...

Die Landschaftsform des Gebietes, welches das Wasser der Tiefsee trägt, kann man eher mit einem TABLETT oder einer UNTERTASSE, umgeben von einem erhöhten und tief abfallenden Rand, gleichsetzen, als mit einem Becken, wie es sonst gewöhnlich getan wird."

*Dieser bemerkenswerte Schriftsteller erzählt von Tausenden von Meilen im Atlantik, im Pazifik und im großen südlichen Ozean, die eine ebene Grundfläche haben, und aus seinen Bemerkungen geht klar hervor, dass **die allgemeine Kontur des Meeresbodens der großen Ozeane über Dutzende von Tausenden von Quadratmeilen, eine ebene Fläche ist.**"*
-Thomas Winship – "Zetetic Cosmogeny", Seite 23

Abb. 57: vereinfachtes Modell der Erde aus S. Rowbotham "Earth Not a Globe", Seite 23

Legende:
S: Eis – Barrieren
E: Erde – Landmassen
N: Das polare Zentrum (Nordpol)
W: Die große Tiefe – „great deep"

ERLEUCHTUNG DURCH LEUCHTTÜRME

Abb. 58: Illustration Leuchtturm

Ein Exemplar des Buches „The Lighthouses of the World" und ein Taschenrechner reichen aus um genügend Beweise zu sammeln und damit zu beweisen, dass die Erde keine Kugel sein kann. Die Entfernung, aus der verschiedene Leuchttürme auf der ganzen Welt auf dem Meer sichtbar sind, übersteigt bei weitem das, was man auf einem Erdball mit einem Umfang von 25.000 Meilen finden könnte.

Das Phare de Dunkerque in Nordfrankreich ist z.B. bei einer Höhe von 194 Fuß von mindestens 28 Meilen aus sichtbar. Sphärische Trigonometrie schreibt vor, dass dieses Licht 190 Fuß unter dem Horizont verborgen sein sollte, wenn die Erde eine Kugel mit der dazugehörigen Krümmung von 8 inches je Quadratmeile wäre.

Das Eigeroy fyr in Norwegen ist 154 Fuß über dem Wasser und von 28 Meilen Entfernung aus sichtbar, wo es jedoch 230 Fuß unter dem Horizont sein sollte.

Der alte Leuchtturm von Madras, auf der Esplanade war 132 Fuß hoch und von 28 Meilen sichtbar, wo es 250 Fuß unter der Sichtlinie sein sollte.

Der Leuchtturm von Cordouan an der Westküste Frankreichs ist 207 Fuß hoch und aus 31 Meilen Entfernung sichtbar, also 280 Fuß unter der Sichtlinie.

Der Leuchtturm am Kap Bonavista in Neufundland ist 150 Fuß über dem Meeresspiegel und aus 35 Meilen sichtbar, wo es 490 Fuß unter dem Horizont sein sollte.

Der Kirchturm der St. Botolph Gemeinde in Boston ist mit seinem Licht 290 Fuß hoch und von über 40 Meilen aus sichtbar, wo er doch eigentlich ganze 800 Fuß unter dem Horizont verborgen sein sollte!

„Die Entfernung quer durch den St. George´s Kanal, zwischen Holyhead und Kingston Harbour nahe Dublin, beträgt mindestens 60 Seemeilen. Es ist für Passagiere, wenn sie sich auf oder jenseits der Mitte des Kanals befinden, keine ungewöhnliche Sache, das Licht vom Pier von Holyhead und von Poolbeg in der Dubliner Bucht wahrzunehmen.

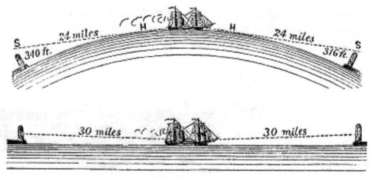

Abb. 59: Zetetic Astronomy - Earth not a Globe - Seite 32

Der Leuchtturm vom Holyhead Pier zeigt auf einer Höhe von 44 Fuß über dem Wasser ein rotes Licht und der Leuchtturm von Poolbeg zeigt auf einer Höhe von 68 Fuß zwei helle Lichter; sodass ein Schiff in der Mitte des Kanals von beiden Lichtern 30 Meilen entfernt wäre. Angenommen der Betrachter wäre an Deck und 24 Fuß über dem Wasser, wäre der Horizont auf einer Erdkugel 6 Meilen entfernt. 30 Meilen minus 6, die Entfernung vom Horizont nach Holyhead, auf der einen Seite, und nach der Bucht von Dublin auf der anderen Seite, wären 24 Meilen. Die Quadratzahl von 24, multipliziert mit den 8 inches, zeigt eine Neigung von 384 Fuß. Die Höhe des Leuchtturms in Poolbeg beträgt 68 Fuß und das des roten Lichtes in Holyhead 44 Fuß. Wenn also die Erde eine Kugel wäre, dann wäre das erstgenannte 316 Fuß und das letztgenannte 340 Fuß unter dem Horizont!"
-Dr. Samuel Rowbotham – "Zetetic Astronomy", Seite 32

„Die Lichter der Leuchttürme werden von Seeleuten in Entfernungen gesehen, die gemäß der von Astronomen als Maßstab vorgegeben angeblichen „Krümmung" in manchen Fällen mehrere100 Fuß unter der Sichtlinie sein sollten!
Zum Beispiel das aus 40 Meilen zu sehende Licht vom Kap Hatteras (Höhe 197 Fuß), das gemäß der Theorie 900 Fuß über dem Meeresspiegel sein sollte, um überhaupt gesehen zu werden! Dies ist ein schlüssiger Beweis, dass es keine „Krümmung" auf der Oberfläche der Meere gibt."
(Meeresspiegel = LEVEL of the sea).
-W. Carpenter – "100 proofs the earth is not a globe", proof No. 5

Abb. 60: Illustration Leuchtturm

Abb. 61: Freiheitsstatue

Die Freiheitsstatue in New York steht 326 Fuß über dem Meeresspiegel und an einem klaren Tag kann sie aus 60 Meilen gesehen werden. Wenn die Erde eine Kugel wäre, dann würde sie die Freiheitsdame auf unmögliche 2.074 Fuß unter den Horizont drücken. Den Leuchtturm von Port Said, Ägypten kann man mit einer Höhe von nur 60 Fuß erstaunliche 58 Meilen weit sehen, während dessen Licht aus dieser Entfernung nach moderner Astronomie, 2.182 Fuß unter der Sichtlinie sein sollte!

„Die Entfernungen, aus der Lichter auf dem Meer zu sehen sind, widerlegen völlig die Vorstellung, dass wir auf einem riesigen Ball leben." -Thomas Winship – Zetetic Cosmogeny, Seite 58

Ein weiteres gutes Beispiel ist die 403 Fuß hohe Kirchturmspitze von Notre Dame in Antwerpen, die vom Fuß des Turmes 468 Fuß über dem Meeresspiegel misst. Mit Hilfe eines Teleskops können Schiffe am Horizont erblickt werden und Kapitäne berichten, dass sie die Spitze der Kathedrale von unglaublichen 150 Meilen Entfernung sehen können. Wenn jedoch die Erde eine Kugel wäre, dann sollte die Spitze des Turmes eine ganze Meile unterhalb des Horizontes sein!

„Aufgrund der trigonometrischen Messungen in Frankreich, durch die Herren Biot und Arago ist bestätigt, dass eine leistungsstarke Leuchte mit guten Reflektoren auf einem steinigen Gipfel des Desierto las Palmas in Spanien angebracht wurde und deutlich von Camprey auf der Insel Ibiza aus zu sehen war. Die Höhenlage der beiden Orte war in etwa gleich und die Entfernung zwischen ihnen betrug ungefähr 100 Meilen. Wenn die Erde eine Kugel wäre, dann wäre das Licht auf dem Felsen in Spanien ungefähr 1,25 Meilen unter der Sichtlinie."
-Dr. Samuel Rowbotham – Zetetic Astronomy, Seite 58

Ein Mann mit dem Namen Oberstleutnant Portlock verwendete Oxy-Hydrogen Drummond's Lights und Heliostaten, um Sonnenstrahlen über Stationen zu reflektieren, die auf Precelly, einem Berg in Südwales, und Kippure, einem Berg 10 Meilen südwestlich von Dublin, errichtet wurden.
Die Instrumente befanden sich auf der gleichen Höhe über dem Meeresspiegel und strahlten über 108 Meilen des St. George's Channel. Technische Probleme quälten Portlock's Experiment wochenlang, bis er schließlich eines erfolgreichen Morgens schrieb:

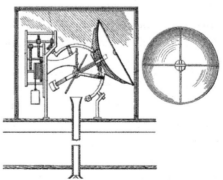
Abb. 62: Oxy-Hydrogen Drummond's Lights

„Seit 5 Wochen beobachtete ich vergeblich, bis zu meiner Freude, mit den ersten Strahlen der aufgehenden Sonne, der Heliostat aufleuchtete und den ganzen Tag über beständig als heller Stern sichtbar war." Wenn die Welt eine Kugel wäre, dann sollte Portlock´s Licht für immer unsichtbar hinter ungefähr 1,5 Meilen km Erdkrümmung versteckt bleiben!"

„Wenn wir nachts eine Fahrt über die Chesapeake-Bucht unternehmen, dann sollten wir das „Licht" von Sharpe´s Island eine Stunde lang sehen, bevor der Dampfer dort einläuft. Wir nehmen eine Position an Deck ein, bei der die Reling an der Seite des Schiffes in einer Sichtlinie mit dem Feuer des Turms liegt. Wir werden feststellen, dass das Licht während der gesamten Reise nicht im geringsten Grad in seiner erkennbaren Elevation variieren wird. Nehmen wir aber an, dass eine Strecke von 13 Meilen zurückgelegt wurde, so verlangt die "Krümmungstheorie" der Astronomen einen Unterschied (in die eine oder andere Richtung!) in der scheinbaren Höhe des Lichtes von 112 Fuß und 8 Zoll! Da es jedoch keinen Unterschied von 100 Haaresbreiten gibt, haben wir einen klaren Beweis dafür, dass das Wasser der Chesapeake Bay nicht gekrümmt ist, was wiederum ein Beweis dafür ist, dass die Erde keine Kugel ist." -William Carpenter – 100 Proofs the Earth is not a globe, proof No. 36

„Aus den zuverlässigen Daten über die Sichtbarkeit der Lichter diverser Leuchttürme auf dem Meer können wir also mit Fug und Recht schlussfolgern, dass die Welt eine langgestreckte, flache Ebene ist und kein Globus im Sinne astronomischer Spekulationen."
-Thomas Winship – "Zetetic Cosmogeny", Seite 62

KANÄLE UND SCHIENENNETZ BESTÄTIGEN DIE FLACHE ERDE

Abb. 63: Korinth-Kanal

Vermessungsingenieure, Ingenieure und Architekten müssen bei ihren Projekten nie die angebliche Erdkrümmung berücksichtigen, was ein weiterer Beweis dafür ist, dass die Welt eine plane Ebene und kein Planet ist. Kanäle und Eisenbahnen zum Beispiel werden immer horizontal verlegt, oft über Hunderte von Kilometern, ohne jegliche Einbeziehung der Erdkrümmung.

Ein Vermesser Namens Herr T. Westwood schrieb im Januar 1896 im Magazin „Earth Review": *„Bei der Nivellierung gehe ich von Vermessungspunkten oder Kanalpegeln aus, um die Höhe über dem Meeresspiegel zu ermitteln. Es war mir immer ein Rätsel, dass über mehrere Meilen hinweg sämtliche Abschnitte auf ihrer gesamten Länge als ein und dasselbe Level von einem Ende zum anderen behandelt wurden und werden, ohne dass die geringste Berücksichtigung einer Krümmung vorgenommen wurde. Einer der Bauingenieure in diesem Bezirk sagte nach einer längeren Diskussion darüber, warum die Krümmung nicht berücksichtigt wurde, dass er nicht glaube, dass irgendjemand die Form der Erde in diesem Leben erfahren würde."*

Ein anderer Vermesser und Ingenieur mit 30 Jahren Berufserfahrung schrieb im Birminghamer „Weekly Mercury" vom 15.2.1890: *„Mir ist sowohl die Theorie als auch die Praxis von Bauprojekten durchaus bekannt. Wie engstirnig auch immer manche unserer Professoren bezüglich der Theorie des Vermessens nach den beschriebenen Regeln auch sein mögen, es ist unter uns wohlbekannt, dass solche theoretischen Messungen in der praktischen Anwendung undurchführbar sind.*
Unsere Lokomotiven sind so entworfen, um auf flachen Ebenen zu fahren. Hier und da gibt es partielle Steigungen oder Gefälle, die aber immer genau beschrieben sind und folglich mit äußerster Vorsicht befahren werden. Aber alles, was sich dem Wert von acht Inches pro Meile im Quadrat nähert, könnte von keiner Maschine, die jemals gebaut wurde, bewältigt werden.

*Vergleicht man die Bahnhöfe in England und Schottland miteinander, so ist festzustellen, dass sich sämtliche Bahnsteige **auf der gleichen Höhe** befinden. Die Entfernung von der englischen Ost- zur Westküste beträgt ca. 300 Meilen. Wenn es die beschriebene Krümmung in Wirklichkeit geben würde, dann sollten die Hauptbahnhöfe von Rugby oder Warwick fast 3 Meilen höher sein, als die von beiden Ausgangspunkten gezogene Sehne. Wenn das der Fall wäre, dann könnte man im ganzen Königreich nicht einen Heizer oder Lokführer finden, der den Zug übernehmen würde. Wir können nur über Ihre Leser lächeln, die uns ernsthaft solch kühne Heldentaten zutrauen, wie etwa einen Zug um eine Kurve auf einer Kugel zu manövrieren.*

*Horizontale Kurven auf ebenen Flächen sind gefährlich genug, senkrechte Kurven wären 1000-mal schlimmer, und mit unserem Fuhrpark auf dem heutigen technischen Stand **physikalisch unmöglich.***"

Abb. 64: Suez - Kanal

Der Ingenieur W. Winckler schrieb im Oktober 1893 im „Earth Review" bezüglich der angeblichen Erdkrümmung:

„Als langjähriger Ingenieur habe ich gesehen, dass diese absurde Berücksichtigung nur in Schulbüchern erlaubt ist. Kein Ingenieur würde im Traum daran denken, so etwas zu genehmigen. Ich habe viele Meilen von Eisenbahnen und noch viel mehr von Kanälen konstruiert und konzipiert, und diese Berücksichtigung wurde nicht einmal in Erwägung gezogen, geschweige denn genehmigt. Laut Erdkrümmungsformel bedeutet das, dass für die erste Meile eines Kanals 8 Inches zu berücksichtigen sind, die dann im Verhältnis zum Quadrat der Entfernung in Meilen ansteigen. Daher muss bei einem kleinen schiffbaren Kanal für die Schifffahrt, sagen wir 30 Meilen lang, nach der obigen Regel eine Krümmung von 600 Fuß berücksichtigt werden. Denken Sie darüber nach und schenken Sie den Ingenieuren Vertrauen, denn sie sind nicht ganz so dumm. Nichts dergleichen ist erlaubt. Wir denken genauso wenig daran, 600 Fuß für eine 30 Meilen lange Eisenbahn- oder Kanallinie zuzulassen, wie wir unsere Zeit damit verschwenden, eine Quadratur des Kreises zu vollziehen."

Der Suezkanal, der das Mittelmeer und den Golf von Suez am Roten Meer verbindet ist ein klarer Beweis der Non-Konvexität der Erde und des Wassers. Der Kanal ist 100 Meilen lang und hat keine Schleusen. Es ist demnach eine ununterbrochene Verbindung des Mittelmeers zum Roten Meer. Als er gebaut wurde, fand die angebliche Erdkrümmung keine Berücksichtigung. Er wurde entlang einer waagerechten Bezugsebene in 26 Fuß Höhe unter dem Meeresspiegel gegraben. Im Laufe der Gesamtstrecke verläuft er durch einige Seen und die Bezugsebene ist mit der Wasseroberfläche über die gesamten 100 Meilen vollkommen parallel.

Der durchschnittliche Wasserstand des Mittelmeers liegt 6 Inches über dem Roten Meer, während die Flut im Roten Meer 4 Fuß über den höchsten und 3 Fuß unter den niedrigsten Stand des Mittelmeers ansteigt, so dass der halbe Gezeitenpegel des Roten Meeres, die Oberfläche des Mittelmeers und die 100 Meilen der Wassermasse des Kanals alle eine klare Fortsetzung derselben horizontalen Linie sind!

Wäre es hingegen die vermeintlich gekrümmte Linie der Globies, würde das Wasser in der Mitte des Kanals 1666 Fuß (50^2 x 8 Inches = 1666 Fuß 8 Inches) über den jeweiligen Meeren auf beiden Seiten liegen!!

Abb. 65: Suez - Kanal

Abb. 66: Korinth - Kanal

„The distance between the Red Sea at Suez and the Mediterranean Sea is 100 statute miles, the datum line of the Canal being 26 feet below the level of the Mediterranean, and is continued horizontally the whole way from sea to sea, there not being a single lock on the Canal, the surface of the water being parallel with the datum line. It is thus clear that there is no curvature or globularity for the whole 100 miles between these Seas. Had there been, according to the astronomic theory, the middle of the Canal would have been 1.666 feet higher than at either end, whereas the Canal is perfectly horizontal for the whole distance. The Great Canal of China, said to be 700 miles in length, was made without regard to any allowance for supposed curvature, as the Chinese believe the Earth to be a stationary plane. I may also add, that no allowance was made for it in the North Sea Canal, or in the Manchester Ship Canal, both recently constructed, thus clearly proving that there is no globularity in Earth or Sea, so that the world cannot possibly be a planet." -David Wardlaw Scott – „Terra Firma", Seite 134

*„Wenn die Erde die Weltkugel ist, an die der Volksmund glaubt, ist es ganz offensichtlich, dass beim Anlegen eines Kanals die Krümmung der Erdkugel berücksichtigt werden muss. Aus „The Age" vom 5.8.1892 zitiere ich wie folgt: „Der deutsche Kaiser führte im Frühling 1891 an den Toren des Nord-Ostseekanals eine Einweihungszeremonie durch. Der Kanal beginnt in Holtenau, an der Südseite der Kieler Bucht, und fließt in die Elbe 15 Meilen vor ihrer Mündung. Er ist 61 Meilen lang, an der Oberfläche 200 Fuß und am Grund 85 Fuß breit, die Tiefe beträgt 28 Fuß. Es sind keine Schleusen erforderlich, da **die Oberflächen der beiden Meere eben sind**." Lasst Jene unter euch, die glauben, dass es zur Praxis von Vermessern gehört, eine Krümmung zu berücksichtigen über den folgenden Auszug der Manchester Kanalschiffgesellschaft („Earth Review", Oktober 1893) nachdenken: „Es ist im Eisenbahn- und Kanalbau üblich, dass man sich nach Bezugsebenen richtet, die in allen Abschnitten ausdrücklich horizontal sind. Es ist nicht üblich, bei der Planung von öffentlichen Bauwerken die Erdkrümmung zu berücksichtigen."* -Thomas Winship – "Zetetic Cosmogeny", Seite 23

Die London and Northwestern Railway bildet eine 180 Meilen lange Gerade zwischen London und Liverpool. Der höchste Punkt der Strecke, der Bahnhof von Birmingham, liegt auf halber Strecke nur 240 Fuß über dem Meeresspiegel. Wäre die Welt jedoch ein Globus mit einer Krümmung von 8 Inches pro Meile im Quadrat, so würde die 180 Meilen lange Strecke einen Bogen bilden, bei dem sich der Mittelpunkt in Birmingham um ganze 5.400 Fuß über London und Liverpool erhebt. Addiert man die Höhe des Bahnhofs (240 Fuß) zu dieser theoretischen Neigung, so erhält man 5.640 Fuß als notwendige Höhe der Gleise auf einer Erdkugel; mehr als 1.000 Fuß höher als Ben Nevis, der höchste Berg Großbritanniens!

„Bei Bauprojekten auf einer Erdkugel wäre die Bezugsebene der Bogen eines Kreises entsprechend des Breitengrades des Ortes. Da die Bezugsgrenze beim Schienenbau immer eine waagerechte Linie ist, kann daraus gefolgert werden, dass die allgemeine Form der Erde horizontal ist. Um die Globustheorie zu untermauern, müssten die Herren der Observatorien den Vermesser auffordern, zu beweisen, dass er den erforderlichen Betrag für die Krümmung einkalkuliert, was die Gelehrten aber nicht wagen, da bekannt ist, dass die angebliche Krümmung nie berücksichtigt wird."
-Thomas Winship – "Zetetic Cosmogeny", Seite 107

Abb. 67: Strecke zw. Adelaide River und Pine Creek

„Auf einer langen Strecke, wie jener der Great Pacific Railway, die sich über Nordamerika erstreckt, würde die angebliche Krümmung natürlich entsprechend groß sein, aber nicht ein Zentimeter wurde bei dem ganzen Verlauf der Verlegung dieses riesigen Netzes für eine Krümmung einkalkuliert. Wenn wir darüber nachdenken, wie kann es auch anders sein? Alle Metalle für die Schienen müssen zwangsläufig gerade sein, denn wie sollte sonst irgendeine Lokomotive oder ein Anhänger sicher auf einer konvexen Oberfläche fahren?" -David Wardlaw Scott – „Terra Firma", Seite 125

J.C. Bourne schrieb in seinem Buch „The History of the Great Western Railway", dass der ganze ursprüngliche englische Schienenverkehr mit mehr als 118 Meilen Gesamtlänge, mit der Ausnahme der geneigten Flächen, als plan und eben angesehen werden kann. Die Sitzung des britischen Parlaments anno 1862 genehmigte im Beschluss Nr. 44 für den geplanten Schienenverkehr: „That *the section be drawn to the same HORIZONTAL scale as the plan, and to a vertical scale of not less than one inch to every 100 feet, and shall show the surface of the ground marked on the plan, the intended level of the proposed work, the height of every embankment and the depth of every cutting, and a DATUM HORIZONTAL LINE which shall be the same throughout the whole length of the work.* "

„180 Meilen ebener Bahnstrecke, und die Oberfläche, auf der sie sich erstreckt, ist ein Globus? Unmöglich. Das kann nicht sein. Im Jahre 1898 traf ich Herrn Hughes, Erster Offizier auf dem Dampfer „Stadt Lincoln". Dieser Herr erzählte mir er habe Tausende Meilen planer Schienenstrecken in Südamerika verlegt und nie von einer Berücksichtigung der Erdkrümmung gehört. Bei einem Projekt hat er über 1000 Meilen Eisenbahnstrecke vermessen, die auf der ganzen Strecke eine perfekte gerade Linie bildete Es ist bekannt, dass es in Argentinien und anderen Teilen Südamerikas Eisenbahnstrecken gibt, die Tausende von Meilen lang sind, ohne Kurve oder Steigung. Bei der Planung von Eisenbahnstrecken wird die Erde als eine Ebene betrachtet, und wenn sie eine Kugel wäre, müssten die Grundsätze der Planung erst noch entwickelt werden. Ebenerdige Schienenwege beweisen eine flache Oberfläche, zur völligen Verwirrung der „globale" Gesellschaft unpraktischer Männer mit hohen Gehältern und wenig Verstand." -Thomas Winship – "Zetetic Cosmogeny", Seite 109

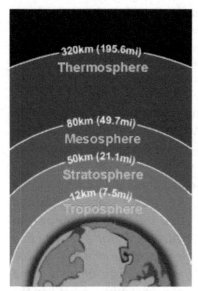
Abb. 68: Schichten der Atmosphäre

Wenn die Erde eine Kugel wäre, dann müssten Flugzeugpiloten ständig ihre Flughöhe nach unten korrigieren, um nicht in den „Weltraum" fortzufliegen! Wenn die Erde wirklich eine Kugel mit 25.000 Meilen Umfang mit einer Krümmung von 8 Inches je Quadratmeile wäre, dann müsste ein Pilot, der bei einem Tempo von 500 mph einfach nur seine Flughöhe halten will, ständig die Nase seines Flugzeugs senken und zwar jede Minute um 2,777 Fuß (über eine halbe Meile)! Ohne diese Kompensation würde sich der Pilot sonst schon nach einer Stunde um 166.666 Fuß (31,5 Meilen) höher wiederfinden als erwartet! Ein Flugzeug, das mit einer typischen Flughöhe von 35.000 Fuß unterwegs ist und diese Höhe am oberen Rand der so genannten "Troposphäre" beibehalten möchte, würde sich nach einer Stunde mehr als 200.000 Fuß höher in der "Mesosphäre" wiederfinden. Im Verlauf des Fluges würde die Flugbahn immer weiter ansteigen. Ich habe mit verschiedenen Piloten gesprochen, und eine derartige Kompensation für die angebliche Erdkrümmung wird nie vorgenommen. Wenn Piloten eine Höhe einstellen, bleibt ihr künstlicher Horizont eben und damit auch ihr Kurs. Die erforderliche Deklination von 2.777 Fuß pro Minute wird in keiner Weise in Betracht gezogen.

„Wenn die Erde ein Globus ist, wie es im Allgemeinen angenommen wird, ist es für den Leser offensichtlich, dass die Regeln für die Navigation eines Schiffes von einem Teil dieser Kugel zu einem anderen in Übereinstimmung mit ihrer Gestalt sein müssen. Die Bezugslinie in der Schifffahrt wäre ein Kreisbogen, und alle Berechnungen würden auf der Konvexität des Wassers beruhen und mit Hilfe der sphärischen Trigonometrie durchgeführt werden. Ich möchte meine Bemerkungen zu diesem wichtigen Teil unseres Themas mit der Feststellung einleiten, dass die Bezugslinie auf See immer eine horizontale Linie ist; sphärische Trigonometrie wird nie verwendet; man findet keinen einzigen von tausend Schiffsführern, der die sphärische Trigonometrie überhaupt beherrscht."
-Thomas Winship – "Zetetic Cosmogeny", Seite 86

Flugzeugpiloten und Seefahrer fliegen und segeln, als wäre die Erde eine flache Ebene. Piloten erreichen ihre gewünschte Höhe und behalten sie stundenlang mühelos bei, wobei sie niemals mit der durch die Erdkrümmung bedingten Neigung von 2.777 Fuß pro Minute zurechtkommen müssen. In ähnlicher Weise müssen Kapitäne bei der Navigation von Schiffen über große Entfernungen auf See niemals die angebliche Krümmung der Erde in ihre Kalkulationen einbeziehen! Sowohl das Plansegeln als auch das Great Circle Sailing, die populärsten Navigationsmethoden, verwenden plane, nicht sphärische, Trigonometrie.

Abb. 69: Fliegen auf einer Kugel?

„Unter Flugzeugsegeln wird gewöhnlich die Kunst verstanden, ein Schiff unter der Annahme zu navigieren, dass die Erde eine plane Fläche ist ... Selbst wenn die geografische Länge in Betracht gezogen wird, haben wir es immer noch lediglich mit dem Flächendreieck zu tun ... Aber wie die hier im Text beschriebene Studie zeigt, sind die Regeln für das Segeln mit einem Flugzeug auch dann gültig, wenn die Oberfläche eine Ebene ist."
-J.R. Young – "Navigational and Nautical Astronomy"

„Es muss jedem, der weiß was ein Dreieck ist, klar sein, dass die Basis einer solchen Figur auf einer Kugel ein Kreisbogen wäre, dessen Mittelpunkt der Mittelpunkt des Globus wäre. Anstelle eines ebenen Dreiecks würde die Figur also einen ebenen Winkel und zwei sphärische Winkel enthalten. Wenn wir es also mit einem ebenen Dreieck zu tun haben, und das ist der Fall, wäre die Basis des Dreiecks eine gerade Linie - der Ozean. Die Tatsache, dass jegliche auf See verwendete Triangulation plan ist, beweist, dass das Meer eine ebene Fläche ist. Das obige Zitat besagt, dass ein ebenes Dreieck für eine kugelförmige Oberfläche verwendet wird, aber "die Regeln für das Segeln auf einer flachen Ebene würden auch dann gelten, wenn die Oberfläche eine

Abb. 70: Navigation Schiffsfahrt - Screenshot

Ebene wäre" - was für eine schöne Argumentation! Das ist so, als würde man sagen, dass die Regeln für die Berechnung eines Kreises die gleichen sind wie die für das Zeichnen eines Quadrats, aber sie würden auch gelten, wenn die Figur ein Quadrat wäre.“
-Thomas Winship – "Zetetic Cosmogeny", Seite 88

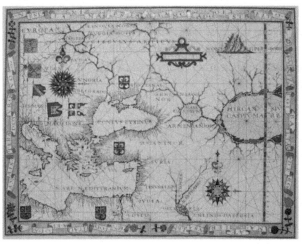

Abb. 71: Atlas of 1570 - Huntington Library, San Marino, USA

Beim planen Segeln werden für die Navigation mathematische Berechnungen gemacht mit der Annahme, die Erde sei vollkommen flach. Wenn die Erde wirklich eine Kugel wäre, würde eine solche falsche Annahme zu eklatanten Ungenauigkeiten führen und die Notwendigkeit für die Benutzung der sphärischen Trigonometrie würde offensichtlich werden.

Planes Segeln hat jedoch sowohl in der Theorie, als auch in der Praxis über Tausende von Jahren reibungslos funktioniert, und plane Trigonometrie hat sich immer und immer wieder als genauer in der Bestimmung von Entfernungen auf dem Meer herausgestellt, als sphärische Trigonometrie.

"Navigation in Theory and Practice" schreibt: „In der Praxis werden nahezu keine anderen, als die aus dem Plansegeln abgeleiteten Regeln verwendet. Der große und schwerwiegende Einwand gegen das Plansegeln ist, dass die Längengrade auf diese Weise nicht genau bestimmt werden können, obwohl sie in der Praxis häufiger auf diese Weise bestimmt werden als mit jeder anderen Methode.“
Sowohl Breiten- als auch Längengrade werden also am häufigsten und genauesten unter der Annahme, die Erde sei flach, ermittelt, und sogar präziser als unter der Annahme, die Erde sei kugelförmig!

„Planes Segeln beweist, dass die Wasseroberfläche eine flache und waagerechte Fläche ist. In der Praxis zeigt es sich, dass diese Fläche sich auf Tausenden Kilometern ausdehnt. Ob die Überfahrt um die Welt geht oder in heimischen Gewässern geschieht, macht keinen Unterschied. Ein „Kurztrip“ zum Kap und zurück nach England wird durch Planes Segeln absolviert. Die Tatsache, dass Wasser flach wie ein Blatt Papier ist, sofern nicht beeinflusst durch Wind und Gezeiten, ist mein „sicherer Hafen“ und mein „Anker“ für all Jene, die die Spinnereien der modernen Astronomie ablehnen. Beweist einfach die Krümmung des Wassers und wir werden ein für alle Mal alles tun, was ihr verlangt.“
-Thomas Winship – "Zetetic Cosmogeny", Seite 91

„Wenn die Erde eine Kugel wäre, dann wäre eine Miniaturausgabe einer solchen der allerbeste – weil wahrhaftigste – Gegenstand, den der Navigator zur See mit sich nehmen sollte. Das ist jedoch bekanntlich nicht der Fall: der Seemann würde ganz sicher mit solch einem Spielzeug als Lotsen, mit seinem Schiff auflaufen! Das ist ein Beweis, dass die Erde keine Kugel ist …

Der Kompass eines Seemanns zeigt gleichzeitig mit der Nadel nach Norden und Süden. Da ein Längengrad eine Nord-Süd-linie ist, kann die Schlussfolgerung nur lauten, dass Längengrade nichts Anderes als gerade Linien sein können."

-William Carpenter – "100 Proofs the Earth is not a Globe", No. 8-13

„Die Nadel dieses überaus wichtigen Instruments ist gerade, ihre beiden Enden zeigen gleichzeitig nach Norden und Süden, folglich müssen auch die Meridiane gerade Linien sein, während sie auf einem Globus Halbkreise sind. Sogar am Äquator zeigt die Nadel gerade, was unmöglich wäre, wenn Sie sich in der Mitte eines großen, konvexen Globus befände, da in einem solchen Fall das eine Ende nach

Abb. 72: Kompass zur Navigation

Norden und das andere zum Himmel zeigen würde. Ebenso macht der Seefahrer, wenn er zur See fährt, seine Observationen und verlässt sich auf den Kompass, um die Richtung zu bestimmen, in der er vorankommen will. Er bedient sich nicht des Modells eines Globus, was wohl der sicherste Plan wäre, sofern die Welt ein Globus wäre, sondern er verwendet flache Karten oder Seekarten. So segelt er in der Praxis mit seinem Schiff mit der Annahme, das Meer sei horizontal, obwohl ihm in der Theorie fälschlicherweise beigebracht wurde, es sei konvex."

-David Wardlaw Scott – „Terra Firma", Seite 99

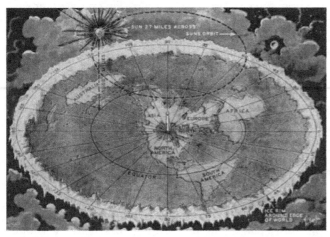

Abb. 73: Voliva's flat earth map - Modern Mechanics and Invention, 1931

Im Flat-Earth-Modell des Kosmos ist der Nordpol der unbewegliche Mittelpunkt der Erde und des gesamten Universums. Polaris, der Nordstern, sitzt direkt über dem Nordpol am höchsten Punkt des Himmels, und entsprechend einer langsam rotierenden Planetariumskuppel drehen sich die Himmelskörper einmal pro Tag um Polaris und um die Erde.

Die Sonne kreist alle 24 h über die Erde. Dabei wandert sie spiralförmig vom Äquator während der Frühlings- Tag- und Nachtgleiche im März zum nördlichen Wendekreis, zum Zeitpunkt der Sommersonnenwende im Juni. Dann wandert sie zurück zum Äquator, wo sie zum Zeitpunkt der Herbst- Tag- und Nachtgleiche im September ankommt. Sie vollzieht weiter ihre spiralförmige Bahn und wandert weiter bis zum südlichen Wendekreis. Den erreicht sie im Dezember; das ist folglich der Zeitpunkt der Wintersonnenwende.

Im Modell der flachen Erde existiert der Südpol nicht, und die Antarktis ist stattdessen eine gigantische Eiswand, die sich über den Umfang der Erde erstreckt und die Ozeane wie eine riesige Schale oder ein " World Cup" umschließt bzw. zusammenhält. So seltsam dieses Konzept zunächst auch klingen mag, so ist es doch eine Tatsache, dass, wenn du von irgendeinem Punkt der Erde aus einen Kurs nach Süden einnimmst, zwangsläufig bei ungefähr 78 Grad südlicher Breite, du dich einer riesigen Eiswand gegenübersiehst, die 100-200 Fuß in die Luft ragt und sich nach Osten und Westen über den gesamten Erdumfang erstreckt!

Abb. 74: Foto - Antarktis

„Die Eiswand, die so häufig in den Erzählungen über antarktischen Regionen erwähnt wird, ist die Vorderseite der enormen Gletscherhülle oder Eishaube, welche gewaltige, hügelige Felder von heftigem Schneefall anhäuft, schließlich hunderte, wenn nicht tausende Fuß Dicke erreicht und vom Kontinent Antarktis in das Polarmeer hineinreicht. Die Eisbarriere, die noch ein Teil der ursprünglichen Eiskappe ist, präsentiert sich dem Seefahrer, der den Mut hat, sich ihrer furchterregenden Front zu nähern, als eine massive, senkrechte, marmorartige Wand aus Eis, die zwischen 1.000 und 2.000 Fuß dick ist, von der hundert bis zweihundert Fuß emporragen und 800 bis 1.800 Fuß sich unter dem Meeresspiegel befinden."

-Greely, General A.W. – "Antarctica or the hypothetical southern continent", Cosmopolitan 17 (1894), Seite 296

Abb. 75: Map of a flat earth from the pre-Copernicus era

„Es wurde aufgezeigt, dass die Erde eine plane Fläche ist, dessen Mitte der Oberfläche sich direkt unter dem Stern namens Polaris befindet und deren von einer riesigen Region aus Eis und Wasser und unregelmäßigen Landmassen begrenzt werden. Das Ganze verläuft sich in Nebel und Dunkelheit, wo Schnee und Hagel treiben, stechende Graupel und tobende Winde, heulende Stürme, irrsinnig hohe Wogen und zusammenprallende Eisberge fast ständig auftreten."
-Dr. Samuel Rowbotham – "Zetetic Astronomy", Seite 117

Die Antarktis ist nicht der winzige Eiskontinent, der sich auf dem Globus als unterseitiges Gegenstück zum Nordpol befindet. Ganz im Gegenteil, die Antarktis umgibt uns buchstäblich um 360 Grad, umschließt jeden Kontinent und wirkt wie eine Barriere, die die Ozeane einschließt. Die am meisten gestellten Fragen und größten Mysterien, die noch zu lösen sind, lauten: Wie weit reicht das antarktische Eis? Gibt es eine Grenze? Was liegt dahinter, oder besteht es nur aus Schnee und Eis ohne Ende?

Aufgrund der UN-Verträge und der ständigen militärischen Überwachung bleibt der Nordpol und die Antarktis ein gut gehütetes Geheimnis der Regierungen. Beide sind für den Luft- und Schiffsverkehr gesperrt. Es gibt einige Berichte über zivile Piloten, die weggejagt und unter Androhung von Gewaltanwendung zurückgeleitet wurden.

Abb. 76: Antarktis

„Wie weit sich das Eis ausdehnt, wie es endet und was jenseits davon existiert, sind Fragen, auf die keine gegenwärtige menschliche Erfahrung eine Antwort geben kann. Alles, was wir derzeit wissen, ist, dass Schnee und Hagel, heulende Winde und unbeschreibliche Stürme und Wirbelstürme vorherrschen und dass in jeder Richtung der Zugang für Menschen durch unversiegelte Steilhänge aus ewigem Eis versperrt ist. Diese Steilhänge erstrecken sich weiter, als das Auge reicht und verlieren sich in Finsternis und Dunkelheit." -Dr. Samuel Rowbotham – Zetetic Astronomy, Seite 91

Abb. 77: Foto - Antarktis

Bevor Entdecker und Abenteurer auf den zunehmend aufrührenden, südlichen Meeren die antarktische Eiswand erreichten, erlebten sie die längsten, dunkelsten und kältesten Nächte und den gefährlichsten Seegang mit den gefährlichsten Stürmen weltweit.

Vasco da Gama, ein portugiesischer Entdecker des frühen 16. Jahrhunderts schrieb: „Die Wellen steigen wie Berge in die Höhe, Schiffe werden zu den Wolken gehoben und scheinen durch kreisende Strudel bis zum Meeresgrund abzustürzen. Die Winde sind stechend kalt und so tobend, dass der Steuermann sein eigenes Wort nicht versteht, während sich eine trostlose und fast ständige Dunkelheit sich der Gefahr dazugesellt."

Im Jahre 1773 wurde Captain Cook der erste moderne Entdecker, der den südlichen Polarkreis durchbrach und die Eiswand erreichte. Während drei Überfahrten, die drei Jahre und 8 Tage dauerten, segelten Captain Cook und seine Mannschaft insgesamt eine Strecke von 60.000 Meilen entlang der Antarktischen Küste, ohne je einen Zugang oder Pfad durch die massive Gletscherwand zu entdecken!

Captain Cook schrieb: *„Das Eis dehnte sich bis weit jenseits der Sichtweite nach Ost und West aus, während die südliche Hälfte des Horizonts durch die Sonnenstrahlen vom Eis reflektiert, zu einer beträchtlichen Höhe erhellt wurden. Es war in der Tat meine Meinung, dass sich dieses Eis bis zum Pol ausdehnt, oder vielleicht ein Land erreicht, an das es seit der Schöpfung gebunden ist."*

Abb. 78: So stellen sich die Meisten den Rand einer flachen Erde vor

Abb. 79: Terrestrische Karte von Louis de Mayerne Turquet 1648

Am 5.10.1839 begann ein anderer Entdecker, James Clark Ross, mit einer Reihe von insgesamt 4 Jahre und 5 Monate andauernden antarktischen Überfahrten. Ross und seine Mannschaften segelten mit zwei schwer bewaffneten Kriegsschiffen über tausende von Meilen, auf der Suche nach einem Zugangspunkt jenseits der südlichen Gletscherwand. Sie verloren viele Männer aufgrund von Hurrikans und Kollisionen mit Eisbergen.

Bei der ersten Begegnung mit der massiven Barriere schrieb Captain Ross über die Wand: *„Sie dehnt sich aus von ihrem östlichen Ende soweit das Auge reicht. Sie ist eine ungewöhnliche Erscheinung und stellte sich als eine senkrechte Eisklippe heraus, zwischen 100 – 150 Fuß über dem Meeresspiegel, vollkommen flach und waagerecht scheint die obere Fläche zu sein, ohne Klüfte und Vorgebirge an der Seite zum Meer hin. Wir könnten genauso gut versuchen, durch die Klippen von Dover zu segeln, als ein solches Massiv zu durchdringen."*

„Ja, aber wir können ganz leicht den Süden umsegeln," ist oft von Jenen zu hören, die es nicht besser wissen. Das britische Schiff „Challenger" absolvierte kürzlich die Umschiffung der südlichen Gebiete – indirekt allerdings. Es hat nämlich 3 Jahre gedauert und sie segelten annähernd 69.000 Meilen – eine Strecke lang genug, um die Antarktis auf gleich 6-mal zu umrunden, gemäß der Erdkugel-Hypothese."
-William Carpenter – „100 proofs...", No. 78

„Wenn wir nun die Tatsache in Betracht ziehen, dass wir, wenn wir auf dem Land- oder Seeweg von irgendeinem Teil der uns bekannten Welt aus in Richtung des Nordpolarsterns reisen, an ein und demselben Punkt ankommen, sind wir zu der Schlussfolgerung gezwungen, dass das, was bisher die Nordpolarregion genannt wurde, in Wirklichkeit das Zentrum der Erde darstellt. Von diesem nördlichen Zentrum aus divergiert das Land und erstreckt sich naturgemäß in Richtung eines Umfangs, der nun als südliche Region bezeichnet werden muss: ein riesiger Kreis und kein Pol oder Mittelpunkt ... Auf diese oder jene Weise sind all die

Abb. 80: Foto - Antarktis

großen Entdecker in ihrem Bemühen gescheitert und mehr oder weniger von ihrem Vorhaben abgerückt, die Welt in Norn-Süd-Richtung zu umsegeln. Wenn die Antarktis, wie die Arktis, ein Pol wäre, dann gäbe es wohl wenig Schwierigkeiten darin, sie zu umrunden, weil die Strecke herum vergleichsweise klein wäre. Wenn man erkennt, dass die Erde keine Kugel ist, sondern eine Fläche, die nur eine Mitte hat, den Nordpol, während der Süden die riesige eisige Begrenzung der Weltmeere darstellt, lassen sich die Schwierigkeiten der Weltumsegler leicht nachvollziehen."
-Dr. Samuel Rowbotham – "Zetetic Astronomy", 2nd edition, Seite 21-23

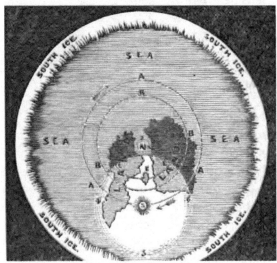

Abb. 81: Flat Earth map from Samuel Rowbotham's book Zetetic Astronomy (1865)

Wäre die Erde wirklich eine Kugel, dann müsste jede Breitengradlinie südlich des Äquators einen immer kleineren Umfang haben, je weiter südlich sie verläuft. Mit anderen Worten: Der Umfang bei 10° südlicher Breite wäre ein kleinerer Kreis als am Äquator, 20° südlicher Breite wäre ein kleinerer Kreis als bei 10° und so weiter.

Falls die Erde jedoch eine ausgedehnte plane Fläche ist, dann sollte jede Breitengradlinie südlich des Äquators einen immer größeren Umfang haben, je weiter südlich sie verläuft. Bei 10° südlicher Breite ist der Umfang größer als der des Äquators, bei 20° südlicher Breite ist der Umfang größer als 10° und so weiter.

Wäre die Erde eine Kugel, würden die Längengrade am Äquator auseinanderlaufen und an beiden Polen konvergieren. Ist die Erde hingegen eine ausgedehnte Ebene, sollten sich die Längengrade vom Nordpol aus einfach gerade nach außen erstrecken. Was ist nun tatsächlich der Fall?

„Ausgehend von dem Grundsatz, wie ihn die Heilige Schrift und die allgemeine Wahrnehmung lehren, dass die Welt kein Planet ist, sondern aus ausgedehnten Landmassen besteht, die sich über ebene Meere erstrecken, wobei der Norden das Zentrum des Systems bildet, ist es offenkundig, dass die Längengrade vom Zentrum im Norden bis zur eisigen Grenze des großen südlichen Umfangs allmählich an Breite zunehmen werden. Infolge des Unterschieds zwischen der tatsächlichen Ausdehnung der Längengrade und jener, die von den nautischen Behörden für sie zugestanden wird (dieser Unterschied wurde für den Breitengrad des Kaps der

Abb. 82: Foto - Antarktis

Guten Hoffnung auf eine große Anzahl von Meilen geschätzt), haben viele Schiffskapitäne ihre Standortbestimmung falsch vorgenommen, und viele Schiffe haben Schiffbruch erlitten. Schiffskapitäne, die in der Kugeltheorie ausgebildet wurden, wissen nicht, wie sie sich erklären sollen, dass sie in südlichen Breitengraden so stark vom Kurs abweichen, und führen dies im Allgemeinen auf die Strömungen zurück. Diese Begründung ist jedoch unbrauchbar, denn obwohl es Strömungen geben mag, verlaufen sie gewöhnlich nicht in entgegengesetzter Richtung, und Schiffe erleiden häufig Schiffbruch, egal ob sie nach Osten oder nach Westen fahren."
-David Wardlaw Scott – „Terra Firma", Seite 102

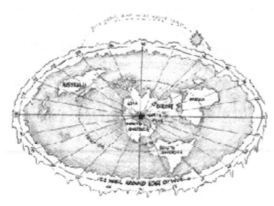
Abb. 83: Antike Weltkarte mit Eisring

Während Captain James Clark Ross' Überfahrten um die Antarktis, schrieb er oft verblüfft in sein Tagebuch, wie sie sich regelmäßig außerhalb ihres berechneten Kurses befanden. Er hielt fest, dass sie sich jeden Tag durchschnittlich 12-16 Meilen, an manchen Tagen bis zu 29 Meilen außerhalb ihrer Berechnungen befanden.

Lieutenant Charles Wilkes befehligte vom 18.8.1838 bis zum 10.6.1842 eine Erkundungsexpedition der US-Kriegsmarine zur Antarktis und verbrachte 4 Jahre damit *„den südlichen Ozean zu erforschen und zu vermessen"*. In seinen Tagebüchern erwähnte er ebenfalls, dass er sich ständig östlich seiner Berechnungen befand, manchmal über 20 Meilen in weniger als 18 Stunden.

„Die Kommandeure dieser verschiedenen Expeditionen waren natürlich aufgrund ihrer schulischen Ausbildung in dem Glauben die Erde wäre rund. Deshalb waren sie nicht im Stande sich irgendeinen anderen Grund für die Abweichung zwischen den Ergebnissen ihres Logbuchs und ihres Zeitmessers, als die herrschenden Strömungen vorzustellen. Eine einfache Tatsache jedoch widerspricht gänzlich solch einer Erklärung: Die Ergebnisse waren identisch, unabhängig einer Route gen Osten oder Westen. Das Wasser der südlichen Region kann nicht gleichzeitig in zwei entgegengesetzte Richtungen fließen. Obwohl örtliche und wechselnde Strömungen

Abb. 84: Foto - Antarktis

aufgezeichnet wurden, so können sie doch nicht allgemein für die großen Abweichungen in hohen südlichen Breiten verantwortlich gemacht werden. Die Schlussfolgerung ist eine Notwendigkeit, die uns durch die Summe der gesammelten Beweise aufgezwungen wird, dass die Längengrade in jedem beliebigen südlichen Breitengrad größer sind als die Grade in jedem Breitengrad, der näher am nördlichen Zentrum liegt; damit wird die bereits mehr als ausreichend demonstrierte Tatsache bewiesen, dass die Erde eine Ebene ist, die einen nördlichen Mittelpunkt hat, in Bezug auf den die Breitengrade konzentrisch sind und von der die Längengrade divergierende Linien sind, deren Abstand voneinander ständig zunimmt, wenn sie in Richtung des großen eiszeitlichen Südumfangs gestreckt werden."
-Dr. Samuel Rowbotham – "Zetetic Astronomy", Seite 261

„February 11th, 1822, at noon, in latitude 65.53. S. our chronometers gave 44 miles more westing than the log in three days. On 22nd of April (1822), in latitude 54.16. S. our longitude by chronometers was 46.49, and by D.R. (dead reckoning) 47° 11′: On 2nd May (1822), at noon, in latitude 53.46. S., our longitude by chronometers was 59° 27′, and by D.R. 61° 6′. October 14th, in latitude 58.6, longitude by chronometers 62° 46′, by account 65° 24′. In latitude 59.7. S., longitude by chronometers was 63° 28′, by account 66° 42′. In latitude 61.49. S., longitude by chronometers was 61° 53′, by account 66° 38′. "
-Capt. James Weddell – Voyages towards the South Pole

„Nach Indien segelnde Seefahrer haben sich in der südlichen Hemisphäre oft östlich des Kaps gewähnt, während sie noch westlich davon waren. Sie sind auf die Küste Afrikas aufgelaufen, welche gemäß ihren Berechnungen bereits hinter ihnen liegen sollte. Dieses Missgeschick passierte 1845 der erstklassigen Fregatte „Challenger". Wie kam es, dass Ihrer Majestät Schiff „Conqueror" sich derartig verirrte? Warum liefen so viele edle Schiffe, perfekt intakt, perfekt bemannt, perfekt gesteuert, bei ruhigem Wetter auf Grund? Nicht nur in dunklen Nächten oder im Nebel, sondern an hellichtem Tag, im Sonnenschein – in erstem Fall an der Küste, in Letzterem an Felsen unter See. Die Kursabweichungen entbehrten bis jetzt jegliche zufriedenstellenden Erklärungen."
-Rev. Thomas Miller – Tour through creation

Abb. 85: Foto - Antarktis

Der äquatoriale Umfang der angeblichen Kugel-Erde soll 24.900 Meilen oder 21.600 Seemeilen betragen. Eine nautische Meile ist die Entfernung von einer Minute geografischer Breite zur nächsten, wenn man die angebliche Erdkrümmung berücksichtigt. Eine Meile ist die geradlinige Entfernung zwischen den beiden, wobei die angebliche Erdkrümmung nicht berücksichtigt wird.

Im „Australian Handbook, Almanach, Shippers' and Importers' Directory" wird die Entfernung zwischen Sydney und Nelson mit 1.400 Seemeilen bzw. 1.633 Statutenmeilen angegeben. Berücksichtigt man die 83 Meilen, die für die Umrundung von Cape Farewell und die Fahrt durch die Tasman Bay nach Nelson erforderlich sind, bleiben 1.550 Meilen als geradlinige Entfernung zwischen dem Meridian von Sydney und dem Meridian von Nelson. Der Längengradunterschied beträgt 22°2'14". Wenn also 22°2'14" von 360° eine Strecke von 1.550 Meilen ergeben, beträgt die Gesamtlänge 25.182 Meilen. Das ist mehr als der Umfang der Erde am Äquator und 4.262 Meilen mehr als sie am südlichen Breitengrad von Sydney auf einem Globus mit den genannten Proportionen wäre!

Ein 1/360 von 25.182 Meilen ergibt 70 Meilen als Entfernung zwischen jedem Längengrad bei 34° südlicher Breite von Sydney. Auf einem Globus mit einem Äquatorumfang von 25.000 Meilen würden die Längengrade bei 34° südlicher Breite jedoch nur 58 Meilen betragen, also ganze 12 Meilen pro Grad weniger als in Wirklichkeit. Dies erklärt, warum Ross und andere Seefahrer im äußersten Süden täglich Diskrepanzen von mehr als 12 Meilen zwischen ihren Berechnungen und der Realität feststellten - je weiter südlich sie reisten, desto größer war die Kluft.

„Vom Kap Horn, Chile, nach Melbourne, Australien, beträgt die Entfernung 9.000 Meilen. Diese beiden Orte sind 143 Längengrade voneinander entfernt. Daher ist die ganze Ausdehnung der Erde eine bloße rechnerische Angelegenheit. Wenn 143° 9.000 Meilen entsprechen, was wird dann die Entfernung der kompletten 360 Grad sein, durch die die Oberfläche aufgeteilt ist? Die Antwort ist 22.657 Meilen, oder 8.357 Meilen mehr, als es die Kugeltheorie erlauben würde. Es muss jedoch im Kopf behalten werden, dass die obigen Angaben nautische Maße sind, welche bei der Verringerung zu Seemeilen 26.433 als die tatsächliche Entfernung in der südlichen Region beim angegebenen Breitengrad ergibt, nahezu 1.500 Meilen mehr, als jemals dem größten Erdumfang am Äquator zugewiesen wurde."
-Dr. Samuel Rowbotham – "Zetetic Astronomy", 2nd Edition, Seite 52

Abb. 86: Fantasy map of a flat earth by Antar Dayal

Ähnliche Berechnungen vom Kap der Guten Hoffnung, Südafrika, bis Melbourne, Australien, bei einem durchschnittlichen Breitengrad von 35,5° Süd, ergaben eine ungefähre Distanz von mehr als 25.000 Meilen, was wiederum ungefähr dem vermeintlich größten Erdumfang am Äquator entspricht oder größer ist. Berechnungen von Sydney (Australien) nach Wellington (Neuseeland) bei durchschnittlich 37,5° Süd ergaben einen ungefähren Umfang von 25.500 Meilen, also noch mehr! Gemäß der Kugel-Erde-Theorie sollte der Umfang der Erde bei 37,5° südlicher Breite nur 19.757 Meilen betragen, also fast 6.000 Meilen weniger als diese konkreten, tatsächlichen Messungen.

„Die obigen Berechnungen sind, wie bereits erwähnt, nur annähernd; aber da großzügige Zugeständnisse für Unregelmäßigkeiten der Route usw. gemacht wurden, sind sie genau genug, um zu beweisen, dass die Längengrade, wenn wir nach Süden gehen, nicht abnehmen, wie sie es auf einem Globus tun würden, sondern sich ausweiten oder vergrößern, wie sie es müssten, wenn die Erde eine flache Ebene wäre. Mit anderen Worten: Der höchste südliche Breitengrad muss den größten Umfang und Längengrad haben."
-Dr. Samuel Rowbotham – "Zetetic Astronomy". Seite 258

„Der Kurs eines Seefahrers in Richtung eines dieser konzentrischen Kreise ist sein Längengrad, dessen Werte jenseits des Äquators (in Richtung Süden) so stark ansteigen, dass Hunderte von Schiffen aufgrund der falschen Vorstellung, die durch die Unwahrheit der Karten und der Kugeltheorie zusammen entstanden ist, Schiffbruch erlitten haben, was dazu geführt hat, dass der Seefahrer ständig von seiner Berechnung abwich. Mit einer Erdkarte in ihrer wahren Form werden alle Schwierigkeiten beseitigt, und die Schiffe können überall mit vollkommener Sicherheit gesteuert werden. Dies ist also ein sehr wichtiger praktischer Beweis dafür, dass die Erde keine Kugel sein kann."
-William Carpenter, "100 proofs the earth is not a globe", Proof No. 14

DIE ARKTIS UND DIE ANTARKTIS BESTÄTIGEN DIE FLACHE-ERDE

Wenn die Erde wirklich eine Kugel wäre, sollten die arktischen und antarktischen Gebiete vergleichbarer Breitengrade, nördlich und südlich des Äquators, ähnliche Bedingungen und Merkmale aufweisen, wie vergleichbare Temperaturen, saisonale Veränderungen, Tages- und Nachtzeiten, Flora und Fauna. In Wirklichkeit jedoch unterscheiden sich die arktischen/ antarktischen Gebiete in vielen Dingen immens voneinander.

Abb. 87: Arktis vs. Antarktis

„Wäre die Erde der Globus, wie allgemein angenommen wird, müsste es auf den gleichen Breitengraden, nördlich und südlich des Äquators, die gleichen Temperaturen, den gleichen Sommer und den gleichen Winter geben. Es gäbe die gleiche Anzahl von Pflanzen und Tieren und die gleichen allgemeinen Bedingungen. Das Gegenteil ist der Fall, was die kugelförmige Annahme widerlegt. Die starken Kontraste zwischen Orten gleicher Breitengrade nördlich und südlich des Äquators sind ein starkes Argument gegen die herrschende Doktrin von der Kugelform der Erde."
-Thomas Winship – "Zetetic Cosmogeny", Seite 8

Abb. 88: Arktis

Die Antarktis ist bei weitem der kälteste Platz auf Erden mit einer jährlichen Durchschnittstemperatur von -49° C und einem gemessenen Rekordtief von -92°C! Die durchschnittliche Jahrestemperatur am Nordpol jedoch beträgt relativ milde -15°C.

Über das ganze Jahr hinweg schwanken die Temperaturen in der Antarktis weniger als halb so stark im Vergleich zu den Werten in ähnlichen arktischen Breitengraden. Während in den nördlichen Regionen der Arktis mäßig warme Sommer und erträgliche Winter zu verzeichnen sind, wird es in den südlichen Regionen der Antarktis nicht einmal so warm, dass der ewige Schnee und das Eis schmelzen.

„Diese Einheitlichkeit der Temperatur ist nicht voll verantwortlich für die große Anhäufung von Eis. Es liegt nicht an den extrem harten Winter, sondern weil es praktisch keinen Sommer gibt, um es wieder zu schmelzen. In der Antarktis herrscht ewiger Winter, das Eis schmilzt nie. Soweit nach Norden der Mensch auch gereist ist, so fand er dort Rentiere und Hasen, eine Landschaft mit einer reichhaltigen Flora; innerhalb des antarktischen Kreises ist keine Pflanze zu finden."
-Thomas Winship – "Zetetic Cosmogeny", Seite 9

Auf der Inselgruppe der Kerguelen am 49. Südlichen Breitengrad gibt es nur 18 einheimische Pflanzenarten, die das raue Klima überleben können. Im Vergleich dazu liegt die Insel Island mit 65 Grad nördlicher Breite, 16 Grad weiter im Norden des Äquators als die Kerguelen im Süden. Dennoch gibt es auf Island 870 einheimische Pflanzenarten.

Über der gerade am 54. Südlichen Breitengrad liegenden Sandwich-Inseln von Süd-Georgien (South Georgia), vergleichbarer Breitengrad wie Kanada oder England im Norden, wo dichte Wälder und zahlreiche große Bäume reichlich vorhanden sind, schrieb der berühmt-berüchtigte Captain Cook, dass er keinen einzigen Busch vorgefunden hätte, der groß genug wäre, um aus ihm einen Zahnstocher zu machen!

Abb. 89: Fotos - Arktis

Cook schrieb: „*Kein einziger Baum war zu sehen. Die Länder, die im Süden liegen, sind von der Natur zu ewiger Kälte verdammt. Sie fühlen zu keiner Zeit die Wärme der Sonnenstrahlen. ihr grausames und wildes Erscheinungsbild kann ich mit Worten nicht beschreiben. Selbst das maritime Leben ist sehr spärlich in gewissen Landstrichen von großer Ausdehnung; Seevögel werden nur selten beim Überfliegen dieser einsamen Ödnis beobachtet. Die Kontraste zwischen den Grenzen des organischen Lebens in den arktischen und antarktischen Regionen sind sehr bemerkenswert und aussagekräftig. Pflanzen und auf dem Festland lebende Tiere sind im Norden bis fast zum 80. Breitengrad auffindbar, während ab dem 58. Breitengrad im Süden nur noch Flechten und ähnliche Pflanzen die Felsen bedecken zu entdecken sind. An den einsamen Stränden sind lediglich einige Seevögel und Wale zu beobachten.*“

Abb. 90: arktischer Sommer

In der Arktis gibt es vier klar zu unterscheidende Jahreszeiten, warme Sommer und eine große Vielfalt der Flora und Fauna. Nichts davon kann von der Antarktis behauptet werden. Eskimos sind hier bis zum 79. nördlichen Breitengrad beheimatet, während im Süden kein Eingeborener höher als bis zum 56. anzutreffen ist.

Admiral Ferdinand von Wrangel, der im 19. Jhd. Die russische Arktis erforschte, schrieb über den Norden: „*Unzählige Herden von Rentieren, Elchen, Schwarzbären, Füchse, Zobel und Grauhörnchen bevölkern die Hochlandwälder des Nordens. Steinfüchse und Wölfe streifen über das flache Land.*

Riesige Schwärme von Schwänen, Gänsen und Enten kommen im Frühling an und suchen abgelegene Plätze, um ihr Federkleid zu wechseln und ihre Nester in Sicherheit zu bauen. Adler, Möwen und Eulen verfolgen ihre Beute entlang der Meeresküste. Schneehühner rennen gruppenweise durch die Büsche. Kleine Schnepfen tummeln sich an Bächen und in Sümpfen. Die geselligen Krähen suchen die Nähe menschlicher Behausungen. Wenn die Sonne im Frühling scheint, kann man manchmal sogar den aufheiternden Ruf des Finks und im Herbst den Gesang der Drossel vernehmen.“

„Jenseits des 70. Südlichen Breitengrades erblickt das Auge keinen Baum mehr, der mit einer weißen Schneeweste bekleidet ist. Wälder, einzelne Bäume und sogar Büsche sind verschwunden und machen Platz für die wenigen Flechten und verwelkenden Hölzern, welche den verhärteten Boden spärlich bekleiden. Dennoch beansprucht die Natur im äußersten Norden ihr Geburtsrecht der Schönheit; und im kurzen und schnellen Sommer bringt sie zahlreiche Blumen und Gräser hervor, die für ein paar Tage blühen, um dann wieder vom schnell wiederkehrenden Winter vernichtet zu werden. Der rasante Feuereifer des arktischen Sommers hatte die schneebedeckte Einöde bereits am 1. Juni in eine üppige,

blumen- und grasreiche Weidefläche, die fast so lebendig aussah wie eine englische Wiese, verwandelt." -W. und R. Chambers – Arctic Explorations, 1850

Abb. 91: Polarhase im arktischen Sommer

In Neuseeland, das am 42. südlichen Breitengrad liegt, geht die Sonne zur Wintersonnenwende um 4:31 Uhr auf und um 19:29 Uhr unter, so dass der längste Tag des Jahres 14 Stunden und 58 Minuten dauert. Zur Sommersonnenwende geht die Sonne in Neuseeland um 7:29 Uhr auf und um 16:31 Uhr unter, so dass der kürzeste Tag 9 Stunden und 2 Minuten lang ist. Währenddessen beträgt in England, das volle 10° weiter nördlich vom Äquator liegt, als Neuseeland im Süden, der längste Tag 16 Stunden und 34 Minuten und der kürzeste Tag 7 Stunden und 45 Minuten. Der längste Tag in Neuseeland ist also 1 Stunde und 36 Minuten kürzer als der längste Tag in England, und der kürzeste Tag in Neuseeland ist 1 Stunde und 17 Minuten länger als der kürzeste Tag in England.

William Swainson, ein Engländer, der auswanderte und Mitte des 19. Jhd. der Generalstaatsanwalt von Neuseeland wurde, lebte in beiden Ländern und schrieb über ihre Unterschiede. Er observierte folgendes:

„Die Temperaturspanne ist begrenzt, es gibt weder ein Übermaß an Hitze noch an Kälte; verglichen mit dem Klima in England ist der Sommer in Neuseeland nur wenig wärmer, aber wesentlich länger. Selbst im Sommer denken die Menschen hier nicht daran, abends auf ein Feuer zu verzichten; aber obwohl die Tage sehr warm und sonnig sind, sind die Nächte immer kalt. Im letzten Sommer gab es sieben Monate lang keinen einzigen Tag, an dem die Sonne nicht so strahlend schien, wie in England an einem der schönsten Tage im Juni; und obwohl sie hier mehr Kraft hat, ist die Hitze nicht annähernd so drückend. Aber es gibt auch nicht die Dämmerung, die man in England erlebt. Hier ist es bis etwa acht Uhr hell, dann wird es in wenigen Minuten zu dunkel, um etwas sehen zu können. Der Wechsel vollzieht sich fast im Handumdrehen. Die Jahreszeiten sind umgekehrt zu denen in England. Der Frühling beginnt im September, der Sommer im Dezember, der Herbst im April und der Winter im Juni. Die Tage sind im Sommer an jedem Ende des Tages eine Stunde kürzer und im Winter eine Stunde länger als in England."

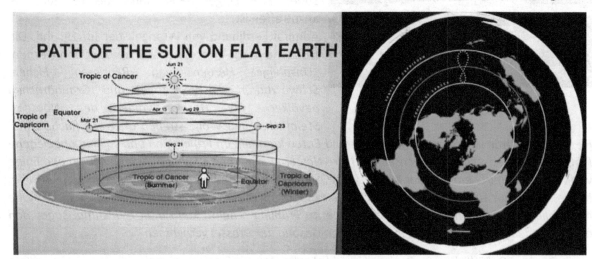

Abb. 92: Pfad der Sonne um die flache Erde

Im Flache-Erde-Modell sind diese arktischen/antarktischen Vorgänge leicht zu erklären und genau das, was auch zu erwarten wäre. Wenn die Sonne die Erde alle 24 Stunden umkreist und dabei alle 6 Monate von Wendekreis zu Wendekreis wandert, würde die nördliche, zentrale Region jedes Jahr viel mehr Wärme und Sonnenlicht abbekommen als die südliche Umfangsregion. Da die Sonne die größere südliche Region in denselben 24 Stunden durchlaufen muss, wie die schmalere nördliche Region, erfolgt die Durchquerung zwangsläufig auch in einer proportional höheren Geschwindigkeit. Aus diesem Grund ist die Morgen- bzw. Abenddämmerung in der Antarktis sehr abrupt. Im hohen Norden hingegen dauert die Dämmerung noch Stunden nach Sonnenuntergang an, während die Sonne in vielen Mittsommernächten überhaupt nicht untergeht!

Abb. 93: Mercator Nordpol, 1595

„Wenn die Sonne stationär wäre und die Erde sich unter ihr drehte, würden auf beiden Seiten des Äquators bei gleicher Entfernung die gleichen Phänomene auftreten; aber das ist nicht der Fall! Was kann dazu führen, dass die Dämmerung in Neuseeland wesentlich abrupter verläuft, oder dass die Nächte so viel kälter sind als in England? Die südliche "Hemisphäre" kann sich nicht schneller drehen als die nördliche! Die Breitengrade sind ungefähr gleich, und der Umfang wäre bei 50° Süd derselbe wie bei 50° Nord. Da sich das Ganze einmal in 24 Stunden drehen würde, würde die Oberfläche an beiden Orten mit der gleichen Geschwindigkeit unter der Sonne hindurchgehen, und das Licht würde sich am Morgen nähern und am Abend auf genau die gleiche Weise wieder entfernen, und doch ist genau das Gegenteil die Realität! .... Das konstante Sonnenlicht des Nordens entwickelt mit äußerster Schnelligkeit zahlreiche Formen pflanzlichen Lebens und bietet Millionen von Lebewesen eine Lebensgrundlage. Im Süden dagegen, wo das Sonnenlicht niemals länger verweilt oder sich in einer zentralen Region aufhält, sondern schnell über Meer und Land hinwegfegt, um in 24 Stunden den großen Kreis des südlichen Erdumfangs zu vollenden, hat es keine Zeit, die Oberfläche anzuregen und zu stimulieren. Daher hat sogar in gemäßigten südlichen Breiten alles eine gewisse Trostlosigkeit. Diese Unterschiede zwischen Nord und Süd könnten nicht existieren, wenn die Erde eine Kugel wäre, die sich um eine Achse unter einer unbewegten Sonne dreht. Die beiden Halbkugeln hätten auf denselben Breitengraden dieselben Werte an Licht und Wärme und dieselben allgemeinen Naturerscheinungen in Art und Vielfalt. Die Besonderheiten, welche im Süden im Vergleich zum Norden vorgefunden werden, kann es nur auf einer unbeweglichen, flachen Erde mit einem ringförmigen Pfad der wandernden Sonne geben.“
-Dr. Samuel Rowbotham – "Zetetic Astronomy", Seite 116-121

„Jedes Jahr ist die Sonne so lange südlich des Äquators wie im nördlich davon; und wenn die Erde nicht ausgestreckt (stretched out) wäre, wie sie in der Tat ist, sondern nach unten gedreht (turned under), wie es die Newton'sche Theorie suggeriert, würde sie sicherlich einen ebenso hohen Anteil an Sonnenstrahlung im Süden als im Norden erhalten. Da aber die südliche Region aufgrund der erwähnten Tatsache weitaus ausgedehnter ist als die nördliche, bewegt sich die Sonne, die alle 24 Stunden eine Umdrehung vollziehen muss, umso schneller, je weiter südlich sie sich von September bis Dezember befindet. Die Zeit, in der sich der Einfluss der Sonne an einem bestimmten Punkt akkumulieren kann, ist also geringer. Die Realität müsste bei einer runden Erde anders aussehen, somit ist dies ein weiterer Beweis, dass unsere Erde keine Kugel sein kann.“
-William Carpenter – „100 Proofs the earth is not a globe", Proof No. 53

DIE MITTERNACHTSSONNE BEWEIST DAS GEOZENTRISCHE UNIVERSUM

Abb. 94:Time-Lapse - Midnight sun

Während des arktischen Sommers, vom 22. – 25. Juni kann bei einem ausreichend hohen Breitengrad und ebensolcher Höhenlage das als „Mitternachtssonne" bekannte Naturschauspiel betrachtet werden. Die Sonne bleibt für ununterbrochene 3 Tage sichtbar am Himmel. Die Mitternachtssonne geht am 22. Juni auf und verschwindet die nächsten 72 h nicht aus dem Blickfeld. Sie geht alle 12 Stunden langsam auf und ab und zeigt drei brillante „Sonnenuntergänge" bzw. „Sonnenaufgänge", ohne jemals hinter dem Horizont zu verschwinden.

Im „Brighton Examiner" vom Juli 1870 beschreibt der amerikanische Botschafter in Norwegen, Herr Campbell, wie er mit einer Gruppe auf einer Klippe 1.000 Fuß oberhalb des arktischen Meeres am 69. Nördlichen Breitengrad, Zeuge des Ereignisses wurde:

„Es war spät, doch es gab noch Sonnenlicht. Das arktische Meer breitete sich ruhig zu unseren Füßen aus, der Klang der Wellen erreichte kaum unseren luftigen Aussichtspunkt. Die gute, alte Sonne schwang tief am Horizont entlang, wie der sachte Schlag der großen Standuhr in Großvaters Stube. Wir alle standen ruhig da und schauten auf unsere Uhren. Als um Mitternacht beide Zeiger zusammenstanden, hing der runde Himmelskörper erhaben über den Wellen – eine goldene Brücke gen Norden schmückte das Wasser zwischen ihm und uns. Da schien ihre Hoheit und kannte keinen Untergang. Unbewusst nahmen wir unsere Hüte ab – kein Wort wurde gesagt. Denke dir den schönsten Sonnenaufgang, den du je sahst und dessen Schönheit wird vor den umwerfenden Farben, die das Meer, den Himmel und die Berge erleuchteten, erblassen. In einer halben Stunde hat sich die Sonne merklich zu ihrem Takt aufgeschwungen, die Farben änderten sich zu denen des Morgens. Eine frische Brise kräuselte die blühende See; ein Singvogel nach dem anderen trällerte aus dem Hain hinter uns – wir glitten in einen neuen Tag."

„Die Touristen aus Haparanda ziehen es vor, nach Aavasaksa zu fahren, einem Hügel 680 Fuß über dem Meer, von wo aus sie, obwohl sich acht oder zehn Meilen südlich des Polarkreises befindend, drei Tage lang die Mitternachtssonne sehen können. Als sich die Reise dem Ende zuneigte und wir uns

Abb. 95: Time-Lapse - Midnight sun

dem oberen Ende des Bottnischen Meerbusens näherten, war die Dämmerung verschwunden. Zwischen dem Untergang und dem Aufgang der Sonne verging kaum eine Stunde. Haparanda befindet sich auf 65° und 31' nördlichen Breitengrades und 41 Meilen südlich des Polarkreises. Es ist 1° und 18' nördlicher als Archangelsk und entsprechend dem Breitengrad des nördlichsten Teils von Island. Die Sonne geht am 21. Juni um 00:01 auf und um 23:37 unter. Vom 22.–25. Juni darf sich der Reisende des Anblicks der Mitternachtssonne von Aavasaksa erfreuen."
-M. Paul B. du Chaillu, „The Land of the Midnight Sun "

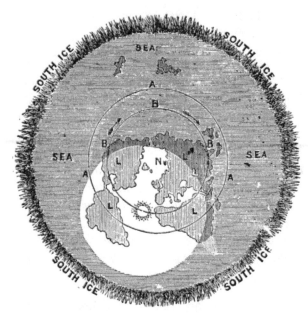

Abb. 96: Ancient Flat-Earth-Map

Wenn die Erde wirklich eine rotierende, sich um die Sonne drehende Kugel wäre, dann wären die einzigen Orte, an denen solch ein Schauspiel, wie die Mitternachtssonne, zu beobachten wäre, die polaren Regionen. Von jedem anderen Aussichtspunkt ab dem 89. Breitengrad aus, unabhängig von der Neigung, könnte die Sonne niemals 24 Stunden lang am Stück gesehen werden. Um die Sonne an einem anderen Punkt der Erdkugel für eine ganze Umdrehung bewundern zu können, müsste man durch viele Kilometer von Land- und Wassermasse hindurchschauen können!

Jeder, der sich unterhalb des 89. Breitengrades befindet, könnte die Sonne niemals 72 Stunden lang, d. h. drei ganze Erdumdrehungen lang, beobachten. Denn dazu müsste die Voraussetzung erfüllt sein, dass wir durch den Globus hindurchschauen können! Da eine solche Annahme lächerlich ist und die Mitternachtssonne dennoch deutlich bis zum 65. Breitengrad zu sehen ist, ist dies ein weiterer absoluter Beweis dafür, dass die Erde das flache, stationäre Zentrum des Universums ist.

„Wenn die Erde eine Kugel wäre, dann müsste unser Auge sogar am 65. nördlichen Breitengrad Tausende Kilometer an Land und Wasser durchdringen, um die Sonne um Mitternacht erblicken zu können. Die Tatsache, dass die Sonne im hohen Norden während des nördlichen Sommers tagelang zu sehen ist, beweist, dass mit der Globus-Hypothese etwas ganz und gar nicht stimmt. Abgesehen davon, wie kommt es, dass die Mitternachtssonne nie im Süden, während des südlichen Sommers zu sehen ist? Cook stieß weit südlich bis zum 71 Breitengrad vor; Weddell

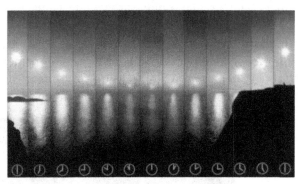

Abb. 97: Time-Lapse Midnight sun

erreichte 1893 den 74. Breitengrad; Sir James C. Ross erreichte 1841 und 1842 den 78. Breitengrad. Ich weiß jedoch nichts von Aufzeichnungen dieser Seefahrer bezüglich dieses fantastischen Naturschauspiels." -Thomas Winship, - "Zetetic Cosmogeny", Seite 63

Heliozentriker können auch nicht erklären, warum das Phänomen der Mitternachtssonne nicht irgendwo auf der südlichen Halbkugel stattfindet, egal zu welcher Jahreszeit. Ziemlich das Gegenteil wurde von der Königlich Belgischen Geographischen Gesellschaft in „Expedition Antarctique Belge" aufgezeichnet: Während des härtesten Teils des antarktischen Winters, ab dem 71. südlichen Breitengrad, geht die Sonne am 17. Mai unter und wird bis zum 21. Juli nicht mehr am Horizont gesehen! Dies spricht gänzlich gegen die Erdkugel-Theorie, kann jedoch mit Leichtigkeit mit dem geozentrischen Modell erklärt werden.

Die Mitternachtssonne ist während des arktischen Sommers von hohen Standorten aus, in extremen nördlichen Breiten zu sehen, weil die Sonne in ihrem innersten Zyklus so eng um das polare Zentrum kreist, dass sie für jemanden an einem solchen Aussichtspunkt über dem Horizont sichtbar bleibt. Gleichermaßen verschwindet die Sonne in extremen südlichen Breitengraden, während des arktischen Sommers, für mehr als zwei Monate vollständig aus dem Blickfeld, weil die Sonne sich im nördlichen

Wendekreis, am innersten Bogen ihrer Bumerang-Reise befindet. Sie kreist zu eng um das nördliche Zentrum, als dass sie von der südlichen Peripherie aus gesehen werden könnte.

„Es ist offensichtlich, dass in den großen, den Süden umgebenden Ozeanen und den zahlreichen Inseln und Teilen der Kontinente, die jenseits des Teils der Erde liegen, in dem die Sonne senkrecht steht, die Tage, Nächte, Jahreszeiten usw. nicht genau wie in der nördlichen Region verlaufen können. Der Norden ist der Mittelpunkt, und Süden ist der aus der Mitte ausgestrahlter, riesiger ozeanischer Umfang, der an einer kreisförmigen Eiswand endet. Diese Eiswand bildet eine undurchdringliche, gefrorene Barriere. Da der Norden zentral liegt, führt das Licht der vorrückenden und zurückweichenden Sonne zu langen Perioden, in denen sich Licht und Dunkelheit abwechseln; im äußersten Süden jedoch kann die Sonne, selbst wenn sie sich auf ihrer äußeren Bahn bewegt, ihr Licht nur bis zu einer bestimmten Entfernung werfen, jenseits derer ewige Dunkelheit herrschen muss. Es gibt keine Anzeichen dafür, dass es dort wie im Norden lange Perioden von Licht und Dunkelheit, die sich regelmäßig abwechseln, gibt. Im Norden scheint das Licht der Sonne im Sommer, wenn sie sich auf ihrer inneren Bahn bewegt, monatelang ununterbrochen auf die zentrale Region. Dadurch entfalten sich zahlreiche Formen des tierischen und pflanzlichen Lebens." -Dr. Samuel Rowbotham – "Zetetic Astronomy", Seite 115

Um die Mitternachtssonne, die problematischen arktischen und antarktischen Phänomene und die Tatsache, dass der Polarstern etwa 23,5° südlich des Äquators zu sehen ist, zu erklären, änderten verzweifelte Heliozentriker im späten 19. Jahrhundert ihre Theorie dahingehend ab, dass die Kugel-Erde tatsächlich um 23,5° um ihre vertikale Achse geneigt ist, wodurch sich viele Probleme auf einen Schlag erklären ließen. Wenn sie sich einfach nur ständig in dieselbe Richtung neigen würde, wäre dies jedoch immer noch keine Erklärung für die Phänomene, denn nach sechs Monaten angeblicher Umlaufbahn um die Sonne wäre jede Neigung genau entgegengesetzt, was ihre angebliche Erklärung für die arktischen/antarktischen Unregelmäßigkeiten widerlegen würde.

Um das zu erklären, fügten die Heliozentriker hinzu, dass die Erde in einer komplizierten Kombination von Modellen, wie das „planetare Nicken – planetary nutation", das „Chandler-Wackeln – Chandler Wobble" und der „axiale Kreisel – axial precession", zusätzlich noch „wackelt", was dann in ihrer lebhaften Phantasie irgendwie den gesunden Menschenverstand beschwichtigen soll.

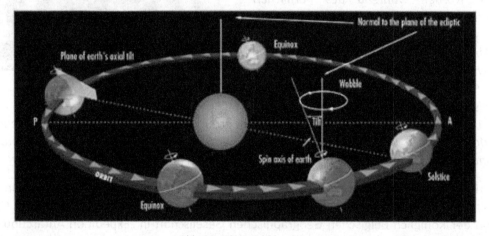

Abb. 98: Tilt - Wobble - Spin

Der gesunde Menschenverstand besagt jedoch, dass, wenn die Hitze der Sonne 93.000.000 Meilen zurücklegt, um uns zu erreichen, eine kleine axiale Neigung und ein kleiner Wobble, also der Unterschied von ein paar tausend Meilen, völlig vernachlässigbar sein sollte. Wenn sich die Kugel-Erde tatsächlich 93.000.000 Meilen von der Sonne entfernt drehen würde, müssten Temperatur und Klima weltweit fast gleichmäßig sein, unabhängig von Neigung und Wackelbewegungen. Wenn die Hitze der Sonne wirklich 93.000.000 Meilen zurückgelegt hat, um den Äquator der Erde zu erreichen, dann wären die zusätzlichen paar tausend Meilen zu den Polen, sicherlich vernachlässigbar, um diese intensive Hitze auszugleichen, unabhängig von jeglicher vermeintlichen „Neigung" oder „Wabbelei", egal wie ausgeprägt sie ist!

„Die Vermutung, dass die Jahreszeiten durch die jährliche Bewegung der Erde um die Sonne verursacht werden, ist absurd. Laut Piazzi ist die Sonne 329.360-mal größer als die Erde, der Durchmesser übertrifft den der Erde um das 112-fache. Die Erde erscheint, wie Biot sagt: „Im Vergleich zur Sonne, wie ein Sandkorn". Diese enorme Ausbreitung des Lichtes, gebündelt auf ein „Sandkorn", auf eine Entfernung von 93 Mio. Meilen würde durchweg eine einheitliche Jahreszeit verursachen. Die wenigen, belanglosen Meilen, die London vom südafrikanischen Kapstadt trennen, könnten nie verschiedene Jahreszeiten verursachen und auch könnten die Entfernung von London zur französischen Riviera nicht die unterschiedlichen Klimabedingungen rechtfertigen, die beide Orte ausmachen."
-E. Eschini – "Foundations of many generations", Seite 7

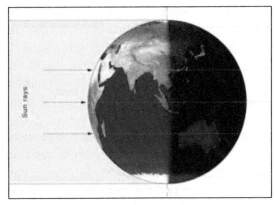

Abb. 99: Bei den Größenverhältnissen sollten die Sonnenstrahlen parallel auf die Erde auftreffen

Der gesunde Menschenverstand sagt einem auch, dass es überall das ganze Jahr über 12h Tag und 12h Nacht sein sollte, falls die Erde wirklich eine sich täglich mit einheitlicher Geschwindigkeit um die Sonne drehende Kugel wäre. Die große Diversität der Tag- und Nachtlängen im Laufe eines Jahres, bestätigt die Tatsache, dass wir uns nicht auf einem rotierenden Kugelplaneten befinden. Es kann weder Phänomene, wie die Mitternachtssonne, noch irgendetwas wie den antarktischen Winter (Sonne ist während dieser Zeit über 2 Monate nicht zu sehen) auf einer Erdkugel geben!

„Die Theorie der Erdrotation kann ein für alle Mal als unpraktikabel verworfen werden, indem auf folgende Unachtsamkeit hingewiesen wird. Es wird behauptet, die Rotation dauere 24 Stunden und ihre Geschwindigkeit sei gleichmäßig. In diesem Fall müssten die Tage und Nächte das ganze Jahr über eine identische Dauer von jeweils zwölf Stunden haben. Die Sonne müsste immer zur gleichen Zeit am Morgen aufgehen und am Abend untergehen, so dass vom 1. Januar bis zum 31. Dezember jeden Tag das Äquinoktium herrschen würde. Darüber sollte nachgedacht werden, bevor behauptet wird, die Erde habe eine Drehbewegung. Wie erklärt das Gravitationssystem die jahreszeitlichen Schwankungen der Tages- und Nachtlängen, wenn sich die Erde mit gleichmäßiger Geschwindigkeit in 24 Stunden dreht!?"
-Gabrielle Henriet, „Heaven and Earth ", Seite 10

Abb. 100:Time-Lapse – Mitternachtssonne - Nordkap

POLARIS THE NORTH POLE STAR – DER NORDSTERN POLARIS

Abb. 101: Time Lapse - Star Trails

Die NASA und die moderne Astronomie sagt, dass die Erde eine riesige Kugel ist, die mit 1.000 mph am Äquator um ihre Achse rotiert, mit 67.000 mph um die Sonne kreist, mit 500.000 mph um die Milchstraße wirbelt, während die gesamte Galaxie mit lächerlichen 670 Mio. mph durch das Universum katapultiert wird. All diese Bewegungen resultieren von einer „Urknall" genannten, weltenerschaffenden Explosion vor 14 Milliarden Jahren. Niemand hat jemals derartige Bewegungen gesehen, gefühlt, gehört, gemessen oder bewiesen, doch die überwiegende Mehrheit der Menschen nimmt es widerspruchslos hin, dass die offensichtlich bewegungslose Erde unter ihren Füßen sich tatsächlich mit über 600 Millionen Meilen pro Stunde bewegt!

Die NASA und die moderne Astronomie sagen, dass Polaris, der Stern über dem Nordpol, irgendwo zwischen 323-434 Lichtjahren oder etwa 2 Billiarden Meilen von uns entfernt ist! Erstens: Das sind zwischen 1.938.000.000.000.000 und 2.604.000.000.000.000 Meilen, also eine Differenz von 666.000.000.000.000.000 (über sechshundert Billionen) Meilen! Wenn sich die moderne Astronomie nicht einmal auf die Entfernung von Sternen innerhalb von Hundert Billionen Meilen einigen kann, ist ihre "Wissenschaft" vielleicht fehlerhaft und ihre Theorie muss überdacht werden. Selbst wenn ihnen die obskur weit entfernten Sterne zugestanden werden, können die heliozentrischen Astronomen jedoch nicht angemessen erklären, wie es dem Polarstern gelingt, immer fast perfekt gerade über dem Nordpol ausgerichtet zu bleiben.

Wenn sich die Erde wirklich mit 1.000 mph in West-Ost-Richtung drehen, die Sonne mit 67.000 mph gegen den Uhrzeigersinn umkreisen, mit 500.000 mph spiralförmig um die äußeren Arme der Milchstraße kreisen und mit 670.000.000 mph durch das Universum schießen würde, wie wäre es dann überhaupt möglich, dass der zwei Billiarden Meilen entfernte Polarstern Tag für Tag, Jahr für Jahr seine Position direkt über dem Nordpol beibehält?

Das würde bedeuten, dass der Polarstern aus einer Entfernung von 2 Billiarden Meilen die verschiedenen simultanen Taumel-, Rotations-,

Abb. 102: Foto - kurze Time Lapse - Star Trails

Spiral- und Schussbewegungen der Erde perfekt widerspiegeln müsste. Polaris müsste mit genau 670.000.000 Meilen pro Stunde in dieselbe Richtung durch das Universum schießen; er müsste mit 500.000 mph in einer 225-Millionen-Jahre-Spirale um die Milchstraße kreisen und dieselbe Umlaufbahn um unsere Sonne mit 67.000 mph in 365 Tagen widerspiegeln! Oder aber, die Erde ist stationär - wie der gesunde Menschenverstand und tägliche Erfahrungswerte belegen.

„Im Rahmen der Newton'schen Theorie wird angenommen, dass die Erde im Juni etwa 190 Millionen Meilen (190.000.000) von ihrer Position im Dezember entfernt ist. Da wir nun (in den mittleren nördlichen Breiten) den Nordstern sehen können, wenn wir aus einem Fenster schauen, das ihm

zugewandt ist - und zwar aus derselben Ecke derselben Glasscheibe im selben Fenster - und zwar das ganze Jahr über, ist das für jeden vernünftigen Menschen Beweis genug, dass wir überhaupt keine Ortsveränderung vorgenommen haben."
-William Carpenter – "100 Proofs the earth is not a globe", Proof No. 80

Abb. 103: Time Lapse - Star Trails

Und nicht nur das: Von einer kugelförmigen Erde aus betrachtet, dürfte der Polarstern, der sich fast genau über dem Nordpol befindet, nirgendwo auf der südlichen Hemisphäre sichtbar sein. Damit der Polarstern von der südlichen Hemisphäre einer kugelförmigen Erde aus, gesehen werden könnte, müsste der Beobachter irgendwie "durch die Kugel" hindurchschauen, und kilometerlange Land- und Meeresflächen müssten transparent sein. Der Polarstern kann jedoch bis etwa 23,5° südlicher Breite gesehen werden.

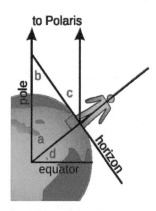

„Wenn die Erde eine Kugel ist und der Polarstern über der Nordachse hängt, wäre es unmöglich, ihn auch nur ein einziger Grad jenseits des Äquators oder 90 Grad vom Pol entfernt zu sehen. Die Sichtlinie würde eine Tangente an die Kugel werden und folglich mehrere tausend Meilen von der Position des Polarsterns entfernt sein und davon abweichen. Es sind jedoch viele Fälle bekannt, in denen der Polarstern weit jenseits des Äquators sichtbar war, sogar bis zum Wendekreis des Steinbocks."
-Dr. Samuel Rowbotham – "Zetetic Astronomy", 2nd Edition, Seite 41

„Die Theorie der Astronomen von einer kugelförmigen Erde zwingt zu der Schlussfolgerung, dass es unmöglich ist, den Nordstern südlich des Äquators zu sehen. Es ist jedoch bekannt, dass dieser Stern von Seefahrern wahrgenommen wurde, wenn sie sich mehr als 20 Grad südlich des Äquators befanden. Diese Tatsache, wie Hunderte anderer Fakten, widerlegt die Theorie und beweist, dass die Erde keine Kugel ist."
-William Carpenter – "100 proofs the earth is not a globe", Proof No. 71

Um dieses eklatante Problem in ihrem Modell richtigzustellen, behaupten verzweifelte Heliozentriker seit dem späten 19. Jahrhundert, dass sich die Erdkugel tatsächlich entspannte 23,5° auf ihrer senkrechten Achse neigt. Selbst diese brillante Überarbeitung ihrer Theorie kann jedoch die Sichtbarkeit vieler anderer Konstellationen nicht erklären.
Zum Beispiel kann der Große Bär (Ursa Major), sehr nahe an Polaris gelegen, vom Nordpol bis hinunter zum 30. südlichen Breitengrad gesehen werden.
Das Sternbild Vulpecula (Fuchs) kann vom Nordpol bis zum 55. südlichen Breitengrad gesehen werden.
Stier, Fische und Löwe vom Nordpol kann bis zum 65. südlichen Breitengrad gesehen werden (Taurus, Pisces und Leo).
Wassermann und Waage können vom 65. Nördlichen Breitengrad bis zum 90. Südlichen Breitengrad gesehen werden! (Aquarius und Libra)
Das Sternbild Jungfrau oder Virgo ist sichtbar vom 80. Breitengrad im Norden bis hinunter zum 80. südlichen Breitengrad.
Orion kann von 85° Nord bis zum 75° Süd gesehen werden!
Trotz irgendeiner Neigung sollte ein Betrachter auf einer Erdkugel folglich nicht in der Lage sein, so weit zu sehen.

„Eine weitere Gewissheit ist, dass vom Äquator aus, der Polarstern sowie die Sternbilder Ursa Major, Ursa Minor und viele andere von jedem Meridian aus gleichzeitig gesehen werden können, während auf der südlichen Seite des Äquators weder der so genannte Südpol-Stern noch das bemerkenswerte

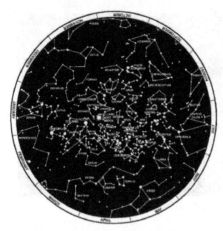

Sternbild „Kreuz des Südens" gleichzeitig von jedem Meridian aus gesehen werden können. Das zeigt, dass alle Sternbilder des Südens einen großen südlichen Bogen durchlaufen, von ihrem Aufgang am Abend bis zu ihrem Untergang am Morgen. Wenn aber die Erde eine Kugel ist, dann wären Sigma Octantis und das Kreuz des Südens, zur gleichen Zeit von jedem Längengrad aus auf identischen Breitengraden sichtbar, so wie es bei den Nordpolsternen und den nördlichen zirkumpolaren Sternbildern der Fall ist. Das ist jedoch keineswegs der Fall."
-Dr. Samuel Rowbotham – „Zetetic Astronomy", S. 286

Abb. 104: Übersicht Sternbilder

Einige Heliozentriker haben sogar versucht zu behaupten, dass die allmähliche Deklination des Polarsterns über uns, je weiter südlich der Beobachtungsort liegt, ein Beweis für eine kugelförmige Erde sei. Weit gefehlt, die Deklination des Polarsterns oder jedes anderen Objekts ist einfach eine Folge unserer perspektivischen Gesetzmäßigkeit. Das Gesetz der Perspektive besagt, dass der Winkel und die Höhe, in der ein Objekt gesehen wird, abnimmt, je weiter man sich von dem Objekt entfernt. An einem bestimmten Punkt konvergieren die Sichtlinie und die scheinbar ansteigende Erdoberfläche zu einem Fluchtpunkt (bzw. der Horizontlinie), jenseits dessen das Objekt nicht mehr sichtbar ist.

„Wenn wir eine flache Straße von einer Meile Länge, auf der eine Reihe von Laternen steht, auswählen, werden wir feststellen, dass die Lampen von dort, wo wir stehen, allmählich zum Boden hin absinken, wobei die hinteren Objekte sich scheinbar ganz dem

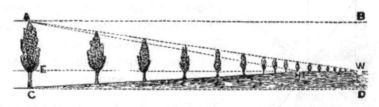

Abb. 105: Blickwinkel - Perspektive

Boden annähern. Betrachte die Lampe am Ende der Straße, entferne dich weitere 100 Yards von ihr und sie wird dem Boden viel näher erscheinen, als vorher. Gehe weiter weg von ihr und sie erscheint allmählich herabgesenkt, bis sie das letzte Mal über dem Boden gesehen wird und dann tatsächlich aus unserem Blickwinkel verschwindet. Nun, nach Angaben der Astronomen war die ganze Meile nur etwa acht Zoll von einem Ende zum anderen geneigt, so dass diese acht Zoll nicht für die enorme Absenkung der Laterne verantwortlich sein können, wenn wir uns von ihr entfernen. Dies beweist, dass die Absenkung des Polarsterns bezogen auf eine ebene Fläche stattfinden kann und auch stattfindet, einfach weil wir unseren Abstand zu ihm vergrößern, entsprechend dem Beispiel der Straßenlampe. Mit anderen Worten, je weiter wir uns von einem Objekt über uns, wie z.B. einem Stern, entfernen, desto mehr sinkt er. Wenn wir uns weit genug entfernen, sinkt er (oder scheint zu sinken) bis zur Horizontlinie und verschwindet dann aus unserem Blickfeld. Der Autor hat das Straßenlaternen-Experiment mehrfach mit demselben Ergebnis ausprobiert."
-Thomas Winship – "Zetetic Cosmogeny", Seite 34

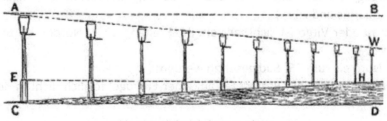

Abb. 106: Blickwinkel - Perspektive

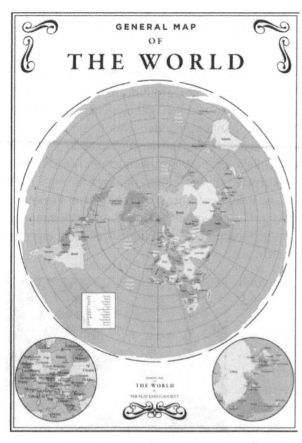

Abb. 107: General map of the world

„Es wird häufig darauf gepocht, dass die Erde eine Kugel sein muss, weil die Sterne in der südlichen „Hemisphäre" um einen Südpolarstern kreisen, genau wie jene im Norden um einen Nordpolarstern. Dies ist ein weiteres Beispiel für die Opferung der Wahrheit und die Weigerung unseren Sinnen zu vertrauen, zum Zwecke der Untermauerung einer Theorie, welche in allen Punkten falsch und unnatürlich ist.

Es ist jedem Beobachter bekannt, dass der Nordpolarstern den Mittelpunkt einer Reihe von Sternbildern, die sich in kreisender Richtung über die Erde bewegen, darstellt. Diejenigen, die ihm am nächsten sind, wie der „Große Bär" usw. sind während ihrer 24-stündigen Umlaufbahn in England stets zu sehen. Die weiter südlich gelegenen Sterne gehen im Nord-Nordosten auf und im Süd-Südwesten unter; noch weiter südlich gehen sie im Nord-Osten auf und im Nord-Westen unter. Die am weitesten südlich von England aus, sichtbaren Sterne gehen eher im Osten bzw. Südosten auf und im Westen bzw. Südwesten unter.

Aber alle von London aus, sichtbaren Sterne gehen in einer Weise auf und unter, die mit der Lehre der Rotundität der Erde nicht vereinbar ist.

Wenn wir zum Beispiel mit dem Rücken zum Norden auf der als „Arthur's Seat" bekannten Anhöhe in der Nähe von Edinburgh stehen und die Sterne im Zenit unserer Position beobachten, werden sich diese nach und nach in Richtung Nordwesten bewegen. Wenn wir das Gleiche auf dem Woodhouse Moor in der Nähe von Leeds oder auf einem der Berggipfel in Yorkshire oder Derbyshire tun, wird das gleiche Phänomen beobachtet. Ähnliches lässt sich von der Spitze des Primrose Hill in der Nähe des Regent's Park in London, von Hampstead Heath oder Shooter's Hill in der Nähe von Woolwich beobachten. **Wenn wir die ganze Nacht verweilen, werden wir dieselben Sterne beobachten, die von Nordosten her in Richtung unserer Position emporsteigen, was zeigt, dass sich die Bahn aller Sterne zwischen uns und dem nördlichen Zentrum um den Polarstern als gemeinsames Rotationszentrum bewegt; genauso, wie sie es über einer Ebene tun müssen, wie es die Erde erwiesenermaßen ist.** Wenn wir nun auf die gleiche Weise die Zenitsterne vom "Rock of Gibraltar" aus beobachten, wird genau dasselbe Phänomen festgestellt. Dasselbe ist auch der Fall am Kap der Guten Hoffnung, in Sydney und Melbourne in Australien, in Neuseeland, in Rio Janeiro, Monte Video, Valparaiso und anderen Orten im Süden. **Wenn nun die Zenitsterne aller Orte auf der Erde, an denen Beobachtungen gemacht worden sind, am Morgenhorizont zum Zenit eines Beobachters aufsteigen und am Abendhorizont wieder abfallen, und zwar nicht in einer Ebene, die mit dem Standort des Beobachters übereinstimmt, sondern in einem Kreisbogen, der konzentrisch zum Polarstern verläuft, so ist damit bewiesen, dass die Erde eine Ebene ist, und die Rundheit insgesamt widerlegt - ja sogar als unmöglich erwiesen."**

-Dr. Samuel Rowbotham – "Zetetic Astronomy", Seite 284

Abb. 108: Mond

NASA und die moderne Astronomie behaupten, dass der Mond ein fester, kugelförmiger, erdähnlicher Lebensraum ist, zu dem der Mensch tatsächlich geflogen ist und den er betreten hat. Sie behaupten, der Mond sei ein nicht leuchtender Planetoid, der sein gesamtes Licht von der Sonne empfängt und reflektiert. In Wirklichkeit ist der Mond jedoch kein fester Körper, er ist eindeutig kreisförmig, nicht kugelförmig, und in keiner Weise ein erdähnlicher Planetoid, auf den der Mensch seinen Fuß setzen könnte. Vielmehr ist der Mond weitgehend durchsichtig und strahlt sein eigenes, einzigartiges Licht aus.

Das Sonnenlicht ist golden, warm, trocknend, erhaltend und keimtötend, während das Mondlicht silbern, kühl, feuchtend, verderbend und faulend ist. Die Sonnenstrahlen vermindern die Verbrennung eines Lagerfeuers, während die Strahlen des Mondes die Verbrennung verstärken. Pflanzliche und tierische Substanzen, die dem Sonnenlicht ausgesetzt sind, trocknen schnell, schrumpfen, verfestigen sich und verlieren die Tendenz, sich zu zersetzen und zu verwesen; Weintrauben und andere Früchte werden fest, teilweise kandiert und konserviert wie Rosinen, Datteln und Pflaumen; tierisches Fleisch gerinnt, verliert seine flüchtigen gasförmigen

Abb. 109: Sonne

Bestandteile, wird fest, trocken und verwest langsam. Bei Mondlicht zeigen pflanzliche und tierische Stoffe jedoch eher Fäulnis- und Verwesungserscheinungen.

Abb. 110: Mond

Im direkten Sonnenlicht wird das Quecksilber im Thermometer höher steigen, als im Schatten. Im vollen, direkten Mondlicht zeigt ein Thermometer jedoch einen niedrigeren Wert an, als im Mondschatten!
Wenn das Sonnenlicht in einer großen Linse gebündelt wird und auf einen Brennpunkt geworfen wird, kann es eine beträchtliche Hitze entwickeln, während ein ähnlich gebündeltes Mondlicht überhaupt keine Hitze entwickelt.
Im „Lancet Medical Journal" vom 14.3.1856 werden Fälle von Experimenten geschildert, bei denen bewiesen wurde, dass gebündelte Mondstrahlen tatsächlich die Temperatur eines Thermometers um über 8°C senken können.

„Wenn das Sonnenlicht durch eine Reihe von ebenen oder konkaven Spiegeln, die das Licht auf denselben Punkt werfen, oder durch eine große Brennlinse gebündelt wird, entsteht ein schwarzer oder nicht leuchtender Brennpunkt, in dem die Hitze so stark ist, dass metallische und alkalische Substanzen schnell geschmolzen, erdige und mineralische Verbindungen fast sofort vitrifiziert und alle tierischen und pflanzlichen Strukturen in wenigen Sekunden zersetzt, verbrannt und zerstört werden. Das auf diese Weise konzentrierte Mondlicht erzeugt einen Brennpunkt, der so brillant und leuchtend ist, dass es schwer ist, ihn zu betrachten; dennoch kommt es zu keiner Temperaturerhöhung. Im Brennpunkt des Sonnenlichts gibt es große Hitze, aber kein Licht. Im Brennpunkt des Mondlichts gibt es viel Licht, aber keine Hitze."
-Dr. Samuel Rowbotham, - "Zetetic Astronomy", Seite 144

„Reflektiertes Licht muss zwangsläufig dieselben Eigenschaften aufweisen, wie jenes von dem die Reflexion ausging. Mondlicht ist jedoch anders als Sonnenlicht, daher kann das Licht des Mondes kein reflektiertes Sonnenlicht sein.

Das Licht der Sonne ist rot und heiß, das des Mondes fahl und kalt - das Sonnenlicht trocknet und konserviert bestimmte Arten von Fischen und Früchten, wie Kabeljau und Trauben, das Mondlicht verwandelt sie jedoch in Fäulnis - das Sonnenlicht löscht oft ein Kohlenfeuer, während die Strahlen des Mondes es heller brennen lassen – Die Strahlen der Sonne, die durch ein Brennglas gebündelt werden, setzen Holz in Brand und bringen sogar Metalle zum Schmelzen, während die Strahlen des Mondes, auf die stärkste Kraft konzentriert, nicht die geringsten Anzeichen von Hitze entwickeln. Ich selbst habe lange Zeit geglaubt, dass das Licht des Mondes elektrisch ist, aber wie dem auch sei, selbst ein Schulkind kann erkennen, dass sein Licht völlig anders ist als das der Sonne."

Abb. 111: Mond

-David Wardlaw Scott – "Terra Firma", Seite 151

Sonnenlicht und Mondlicht weisen also ganz offensichtlich völlig unterschiedliche Charakteristika auf. Darüber hinaus kann der Mond selbst physikalisch gesehen nicht gleichzeitig ein kugelförmiger Körper und ein Reflektor für das Licht der Sonne sein! Reflektoren müssen flach oder konkav sein, damit die Lichtstrahlen einen beliebigen Einfallswinkel haben. Wenn die Oberfläche eines Reflektors konvex ist, zeigt jeder Lichtstrahl auf eine direkte Linie mit dem Radius senkrecht zur Oberfläche, was zu keiner Reflexion führt.

„Nochmals: Wenn der Mond eine Kugel ist, was er angeblich ist, wie kann seine Oberfläche das Licht der Sonne reflektieren? Wenn seine Oberfläche eine Masse aus poliertem Silber wäre, könnte er nicht mehr als einen bloßen Punkt reflektieren! Hält man eine versilberte Glaskugel von beträchtlicher Größe vor eine Lampe oder ein Feuer von beliebiger Größe, so wird man sehen, dass nicht die gesamte Oberfläche das Licht reflektiert, sondern nur ein sehr kleiner Teil. Aber die gesamte Oberfläche des Mondes ist brillant beleuchtet! Ein Zustand oder Effekt, der bei einer Kugel völlig unmöglich ist."

-Dr. Samuel Rowbotham – "The earth not a globe", 2nd Edition, Seite 97

Abb. 112: Fotos - Sonne und Mond gleichgroß

In der Bibel wird ebenfalls bestätigt, dass der Mond selbstleuchtend ist, und kein Reflektor des Sonnenlichts. In Genesis 1:16 steht: „Gott schuf zwei Leuchtkörper, einen größeren, der über den Tag herrschen soll und einen kleineren, der über die Nacht herrschen soll."

Der Mond ist nicht nur eindeutig selbst-lumineszierend und strahlt sein eigenes, einzigartiges Licht aus, sondern er ist auch weitgehend transparent! NASA-Fotografen behaupten, der Mond sei ein dunkler, kugelförmiger Planetoid, doch wir können mit unseren eigenen Augen oder durch ein Teleskop feststellen, dass er in Wirklichkeit ein heller, kreisförmiger, halbtransparenter Himmelskörper ist. In klaren Nächten, während eines zu- oder abnehmenden Zyklus, ist es sogar möglich, gelegentlich Sterne und Planeten direkt durch die Oberfläche des Mondes zu sehen!

Abb. 113: Stern-Mond-Symbolik im Islam

Am 7.3.1794 schrieben 4 Astronomen (3 in Norwich, 1 in London) im „The philosophical Transactions of the Royal Astronomical Society", dass sie **„einen Stern im dunklen Teil des Mondes sahen"**.

Sir James South vom Königlichen Observatorium in Kensington schrieb in einem Brief an die Times vom 7.4.1848, dass *„Am 15.3.1848, als der Mond 7 ½ Tage alt war, sah ich den nicht-illuminierten Teil noch nie so schön. Als ich das erste Mal in das Teleskop schaute, war ein Stern von ungefähr 7 Magnitudo[1] einige Minuten von einem Grad vom dunklen Rand des Mondes entfernt. Ich sah, dass seine Okkultation durch den Mond unvermeidlich war ...*
Sobald der Rand des Mondes mit ihm in Berührung kam, verschwand der Stern nicht, sondern glitt scheinbar auf der dunklen Seite des Mondes, als ob der Mond durchsichtig wäre; oder als ob der Stern sich zwischen mir und dem Mond befände ... Ich habe eine ähnliche scheinbare Erscheinung mehrere Male gesehen ... Die Ursache dieses Phänomens ist ein undurchdringliches Geheimnis."

In den monatlichen Aufzeichnungen der Königlichen Astronomischen Gesellschaft vom 8.6.1860, schrieb Thomas Gaunt, dass die *„Okkultation von Jupiter durch den Mond, am 24.5.1860, mit einer farblosen Linse von 3,3 inches Blende, 50 inches Fokus, der Immersion Stärke 50, und Emersion Stärke 70, gesehen wurde. Bei dieser Immersion konnte ich nicht den dunklen Part des Mondes sehen, bis ein Planet es zu berühren schien. Was mich am meisten überraschte, war die Erscheinung auf dem Mond, als er sich Jupiter über den Planeten bewegte. **Es schien, als ob der Planet über den glitt, anstatt hinter ihm.**
*Ich habe persönlich ebenfalls Sterne durch den ab/zunehmenden Mond gesehen. Es passiert eigentlich recht oft; wenn man an sternenklaren Nächten sorgfältig und gezielt nach diesem Phänomen Ausschau hält, dann kann man es gelegentlich sogar mit bloßem Auge sehen.

*„Während einer partiellen Sonnenfinsternis wurde der Umriss der Sonne oft durch den Körper des Mondes gesehen. Aber diejenigen, die gelehrt wurden zu glauben, dass der Mond eine feste opake Kugel ist, sind stets bemüht, "Erklärungen", oft von höchst widersprüchlichem Charakter, zu finden, anstatt die simple Tatsache der Semi-Transparenz anzuerkennen. Dies wird nicht nur dadurch bewiesen, dass die Umrisse der Sonne durch Segmente und manchmal sogar durch das Zentrum des Mondes hindurch zu sehen sind, sondern auch dadurch, dass bei Neumond die Umrisse der Sonne und sogar die verschiedenen Lichtschattierungen auf dem gegenüberliegenden und beleuchteten Teil deutlich zu sehen sind. **Mit anderen Worten, wir sind oft in der Lage, durch die dunkle Seite des Mondkörpers hindurch bis zum Licht auf der anderen Seite zu sehen."***
-Dr. Samuel Rowbotham, „Zetetic Astronomy", Seite 337

THE SHRINE/ISLAM CONNECTION

Abb. 114: The Fez - Kopfbedeckung – Stern-Mond-Symbolik

*„Dass der Mond kein vollkommen undurchsichtiger Körper ist, sondern eine kristallisierte Substanz, geht aus der Tatsache hervor, dass wir durch den unbeleuchteten Teil des Mondes hindurch das Licht auf der anderen Seite sehen können, wenn er ein paar Stunden alt oder sogar schon ein 1/4 des Mondes zu sehen ist. **Sterne sind ebenfalls durch die Mondoberfläche hindurch beobachtet worden!"***
-J. Atkinson – „Earth Review Magazine"

---

[1] Maß für die scheinbare Helligkeit eines Sterns

Abb. 115: Shriner Masonic Emblem

Ein Stern, der einen Halbmond bedeckt, ist seit langem ein beliebtes Symbol des Islam, war das Symbol des Osmanischen Reiches und findet sich auf den Flaggen von Algerien, Aserbaidschan, Libyen, Malaysia, Mauretanien, Pakistan, Singapur, Tunesien und der Türkei sowie in den Wappen von Ländern wie Kroatien, Deutschland, Irland, Polen, Portugal, Rumänien, Schweden, der Ukraine und dem Vereinigten Königreich. Dessen Ursprünge können Tausende Jahre zur antiken Hindukultur zurückverfolgt werden, wo es als Symbol für das Wort „Om" erscheint, die wichtigste Bezeichnung für den Allmächtigen, die Vereinigung von Gott Shiva und der Göttin Shakti.

Warum das Symbol eine so weitreichende historische Bedeutung hat, lässt sich nur vermuten, aber unabhängig von der Interpretation ist das Bild des Sterns/der Sterne, der/die den Mond verdeckt/verdecken, seit langem ein geläufiges und bedeutungsvolles Motiv.

Dass Sterne und Planeten durch den Mond gesehen wurden, ist eine Tatsache, aber bis heute behaupten die NASA, die moderne Astronomie und eine Welt voller gehirngewaschener Heliozentriker, dass der Mond ein kugelförmiger, erdähnlicher Lebensraum ist, auf dem Raumschiffe landen können. Sie behaupten, der Mond (und der Mars übrigens auch!) seien bewohnbare Wüstenplaneten, ähnlich wie Tatooine in Star Wars, Arrakis in Dune und andere imaginäre Science-Fiction-Welten. Schon lange vor den inszenierten Apollo-„Mondlandungen" haben diese freimaurerischen Sonnenanbeter behauptet, der Mond sei ein fester Planetoid samt Ebenen, Plateaus, Bergen, Tälern und Kratern, obwohl selbst mit den besten Teleskopen nichts dergleichen zu erkennen ist.

Abb. 116: Auswahl von Flaggen mit Halbmond Stern Symbolik

Abb. 117: Shiva und Shakti - göttliche Dualität

„Astronomen haben so stark in ihrer Vorstellungskraft geschwelgt, dass der Mond nun als eine feste, kugelförmige Welt betrachtet wird, die Berge, Täler, Seen oder Meere, vulkanische Krater und andere Bedingungen, ähnlich denen der Erde, aufweist. Diese Vorstellung ist so weit gediehen, dass die gesamte sichtbare Scheibe kartografiert und ihren verschiedenen Besonderheiten besondere Namen gegeben wurden, als ob sie sorgfältig observiert und tatsächlich von einer Gruppe irdischer Vermessungsingenieure ausgemessen worden wären.

All dies steht in direktem Gegensatz zu der Tatsache, dass derjenige, der zum ersten Mal und ohne vorherige Voreingenommenheit die Oberfläche des Mondes durch ein starkes Teleskop betrachtet, nicht sagen kann, was er wirklich sieht, oder wie er den Mond mit irgendetwas Bekanntem vergleichen soll. Welcher Vergleich möglich ist, hängt von der Geisteshaltung des Betrachters ab. Es ist bekannt, dass jemand, der die raue Rinde eines Baumes, die unregelmäßigen Linien oder Adern in bestimmten Marmor- und Steinarten oder die rote Glut in einem stumpfen Feuer betrachtet, je nach dem Grad der Aktivität der Vorstellungskraft in der Lage ist, viele verschiedene Formen, sogar die Umrisse von Tieren und menschlichen Gesichtern zu sehen. Auf diese Weise kann man sich vorstellen, dass die Oberfläche des Mondes in Hügel und Täler unterteilt ist und andere Beschaffenheiten aufweist, wie man sie auch auf der Erde findet. Aber dass auf dem Mond irgendetwas zu sehen ist, was der Oberfläche unserer eigenen Welt wirklich ähnlich ist, ist völlig abwegig."

-Dr. Samuel Rowbotham, „Zetetic Astronomy", Seite 335

The Sun and Moon Equal Divine Balanced Opposites - Sonne und Mond sind gleichwertige ausgewogene göttliche Gegensätze

Abb. 118: Sonne und Mond - göttliche Dualität

Wenn du zu Sonne und Mond hochschaust, dann siehst du zwei gleichgroße, gleich weit entfernte Kreise, die in einer ähnlichen Geschwindigkeit, ähnliche Pfade auf einer flachen, bewegungslosen Erde beschreiten. Die „Experten" der NASA behaupten jedoch, dass der täglichen Erfahrung sowie dem gesunden Menschenverstand kein Gehör geschenkt werden kann! Es fängt damit an, dass sie sagen, die Erde ist nicht flach, sondern eine große Kugel.

Sie sagen die Erde steht nicht fest, sondern sie dreht sich mit 19 mps. Sie sagen, die Sonne dreht sich nicht um die Erde, wie es scheint, sondern die Erde um die Sonne; der Mond hingegen, dreht sich um die Erde, wenn auch nicht von Ost nach West, wie es erscheint, sondern West nach Ost; die Sonne ist eigentlich 400-mal größer als der Mond und 400-mal weiter entfernt!

Das stimmt, du kannst deutlich sehen, dass sie gleich groß und gleich weit entfernt sind, du kannst sehen, dass die Erde flach ist, du kannst fühlen, dass die Erde stationär ist, aber nach dem Evangelium der modernen Astronomie liegst du falsch und bist ein Schwachkopf, der endlosen Spott verdient, wenn du es wagst, deinen eigenen Augen und Erfahrungswerten zu glauben!

Abb. 119: Fotos - Sonne-Mond

Mit hochnäsiger Arroganz wird dich der nächstbeste Heliozentriker dann informieren, dass der Durchmesser der Sonne 865.374 Meilen beträgt und 92.955.807 Meilen entfernt ist; der Mond 2.159 Meilen im Durchmesser und 238.900.Meilen entfernt ist. Das sind zufällig **genau** die Durchmesser und Entfernungen, die erforderlich sind, damit ein Betrachter von der Erde aus die 2 Himmelskörper fälschlicherweise als gleich groß wahrnehmen kann!

Na siehst du, du dummer Flacherdler, es ist alles eine Illusion und die scheinbare Gleichartigkeit Tag- und Nacht-Leuchtkörper am Himmel resultiert aus einer rein zufälligen Parallaxenperspektive! Die Sonne dreht sich nicht um die Erde, wie es den Anschein hat; vielmehr dreht sich die Erde mit 1.038 Meilen pro Stunde unter deinen Füßen und umkreist die Sonne mit 67.108 mph! Der Mond dreht sich tatsächlich um die Erde, aber nicht so, wie es scheint! Obwohl er sich wie die Sonne und alles andere am Himmel von Osten nach Westen zu bewegen scheint, dreht sich der Mond in Wirklichkeit mit 10,3 mph von Westen nach Osten, während er die Erde mit 2.288 mph umkreist. In Kombination mit der Drehung der Erde mit 1.038 mph und der Umlaufbahn um die Sonne mit 67.108 mph ergeben sich zufällig alle Bewegungen, die sich perfekt aufheben, so dass der Mond sich scheinbar mit ähnlicher Bahn und ähnlicher Geschwindigkeit, wie die Sonne

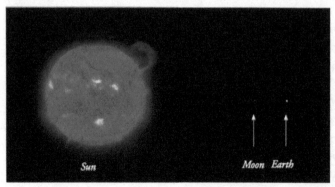

Abb. 120: Sonne - Mond - nicht maßstabsgetreu

Abb. 121: Sonne männlich - Mond weiblich

über den Himmel bewegt, während er uns immer nur eine Seite seiner Oberfläche zeigt und seine „dunkle Seite" für immer verbirgt.

„Der Mond stellte ein besonderes mathematisches Problem für die Konstruktion des heliozentrischen Modells dar. Die einzige Möglichkeit, den Mond mit den anderen Annahmen in Einklang zu bringen, bestand darin, seine Richtung gegenüber dem, was jeder, der jemals gelebt hat, gesehen hat, umzukehren. Das mathematische Modell konnte den Mond nicht einfach aufhalten, wie es das mit der Sonne getan hat, das würde nicht funktionieren. Außerdem konnte es nicht zulassen, dass er sich weiterhin von Ost nach West bewegt, wie wir es sehen, sei es mit der gleichen oder mit einer anderen Geschwindigkeit. Die einzige Möglichkeit bestand darin, die beobachtete Ost-West-Richtung umzukehren und seine Geschwindigkeit von etwa 64.000 mph auf etwa 2.200 mph zu ändern. Diese Umkehrung sowie die Änderung der Geschwindigkeit waren unvermeidliche Annahmen, die übernommen werden mussten, wenn das Modell eine Chance haben sollte, die Realität nachzuahmen." -Bernard Brauer

„Sie reden dir ein, dass die Rotation des Mondes perfekt mit seiner Umlaufbahn zeitlich abgestimmt ist, sodass wir stets immer nur eine Seite des Mondes sehen, anstatt das Offensichtliche zu folgern – der Mond rotiert NICHT! Mehr noch, sie mussten die Geschwindigkeit des Mondes um 58.870 mph verringern UND seinen West–Ost-Pfad umkehren, um der leichtgläubigen Öffentlichkeit erfolgreich ihr albernes, heliozentrisches System anzudrehen. Ich denke nicht, dass es auch nur einen von vielen Tausenden Menschen gibt – ungeachtet dessen Schulbildung – der weiß, dass das Kopernikanische Modell die sichtbare Richtung des Mondes umkehren musste und ihm eine neue Geschwindigkeit gab, um die Mondphasen und Eklipsen erklären zu können." -Marshall Hall

Abb. 122: Mond - Sonne

Es gibt mehrere Theorien über die relative Größe und Entfernung von Sonne und Mond, die alle ihre Argumente haben und sich gegenseitig in Frage stellen. Im Laufe der Jahrhunderte haben die Anhänger der flachen Erde mit Sextanten und Trigonometrie versucht, solche Berechnungen anzustellen, wobei sie in der Regel zu dem Ergebnis kamen, dass Sonne und Mond einen Durchmesser von nur etwa 32 Meilen haben und nur wenige tausend Meilen von der Erde entfernt sind. Das vielleicht am wenigsten plausible Modell, sicherlich aber das übertriebenste und phantasievollste, ist die vorherrschende heliozentrische Theorie, die besagt, dass die Sonne einen Durchmesser von sage und schreibe 865.374 Meilen hat und 92.955.807 Meilen von der Erde entfernt ist, während der Mond einen Durchmesser von 2.159 Meilen hat und 238.900 Meilen von der Erde entfernt ist.

Abb. 123: Sonne Mann - Mond Frau

Die Zahlen der Heliozentriker bezüglich der Astronomie klingen immer sehr präzise, aber sie waren in der Vergangenheit dafür bekannt, sie regelmäßig und drastisch zu ändern, um sie ihren verschiedenen Modellen anzupassen. So berechnete Kopernikus zu seiner Zeit die Entfernung der Sonne von der Erde auf 3.391.200 Meilen. Im nächsten Jahrhundert entschied Johannes Kepler, dass sie tatsächlich 12.376.800 Meilen entfernt ist. Issac Newton sagte einmal: "Es spielt keine Rolle, ob wir sie 28 oder 54 Millionen Meilen weit weg vermuten, denn beides wäre genauso gut!" Wie wissenschaftlich!? Benjamin Martin berechnete zwischen 81 und 82 Millionen Meilen, Thomas Dilworth meinte, es seien 93.726.900 Meilen, John Hind meinte, es seien 95.298.260 Meilen, Benjamin Gould meinte, es seien mehr als 96 Millionen Meilen, und Christian Mayer meinte, es seien mehr als 104 Millionen!

„Da die Sonne laut der „Wissenschaft" irgendwas von 3 bis 104 Mio. Meilen entfernt sein darf, gibt es genügend Raum für Spekulation. Es ist wie der Schausteller und das Kind. Du zahlst den Eintritt – für verschiedene astronomische Arbeiten – und hast dafür die Auswahl, dir eine Entfernung zur Sonne zu wünschen. Wenn du ein bescheidener Mensch bist, dann nehme wenige Millionen, wenn du aber sehr „wissenschaftlich" und „mathematisch genau" bei deinen Zahlen sein möchtest, dann rate ich dir zu der Wahl irgendwo um die 150 Millionen. Dann wirst du viel „space" haben, diesen Wert anzupassen, sollte die nächste Berechnung nicht deiner Zahl entsprechen. Du kannst stets ein paar Millionen dazugeben, um „mit der Zeit zu gehen"

Abb. 124: Säulen des Jachin und Boas

oder eben so viel wieder abziehen. Wenn man über Lächerlichkeit redet ist die ganze moderne Astronomie eine absurde Komödie, voll von Überraschungen. Niemand weiß, welche monströse oder lächerliche Absurdität als nächstes auftauchen wird. Man darf die gewöhnlichen Regeln des gesunden Menschenverstands nicht auf astronomische Vermutungen anwenden. Nein, die Sache würde in sich zusammenfallen, wenn man das täte." -Thomas Winship – "Zetetic Cosmogeny", Seite 115

Abb. 125: Sonne und Mond - göttliche Dualität

„Ganze Regimente von Zahlen sind angetreten, mit all dem Fachjargon, für den die Wissenschaft berühmt ist, aber man könnte ebenso gut zum Himmel schauen, um Gewissheit zu erlangen, als zu erwarten, sie von den Verkündern der modernen Astronomie zu erhalten. Gibt es denn keine Möglichkeiten diese ewig wechselnden und unsteten Spekulationen gegenzuprüfen, um diese zu beenden? Doch, es gibt sie. Die Entfernung zur Sonne kann mit hoher Genauigkeit gemessen werden, in derselben Weise wie ein Haus, ein Baum, oder ein Kirchturm gemessen wird, mit planer Triangulation. Es ist die Methode, mit der ein Haus gebaut, ein Tisch gefertigt oder ein Kriegsschiff gebaut wird ... Die Sonne ist stets irgendwo zwischen dem nördlichen und dem südlichen Wendekreis, eine Entfernung die offiziell weniger als 5.000 km beträgt. Wie kann sich dann die Sonne, wenn sie so viele tausende Kilometer im Durchmesser ist, in so einen Raum quetschen? Aber schau dir doch die Entfernung der Sonne an, sagen die Professoren! Wir haben dies bereits getan und nicht einer der weisen Männer, die wir so oft herausforderten, hat je versucht, die Methode, mit der wir die Entfernung zur Sonne messen, zu widerlegen ... Wenn der Seefahrer den Radius der Sonne bei seinen Beobachtungen im Zuge seiner Navigation nicht berücksichtigt, dann ist er 16 nautische Meilen abseits der Position, in der sich sein Schiff befindet. Eine Minute auf dem Bogen eines Sextanten steht für eine nautische Meile und wenn der Radius 16 Meilen ist, dann ist der Durchmesser natürlich 32 Meilen. Wer

das widerlegen möchte, nur zu. Wenn je eine Widerlegung versucht wird, dann wird es eine literarische Sensation, würdig eingerahmt zu werden."

-Thomas Winship – "Zetetic Cosmogeny", S. 114-120

Abb. 126: Sonne und Mond - Freemasonry

Messungen mit Sextanten und Berechnungen mit linearer/planer Trigonometrie ergeben, dass die Durchmesser von Sonne und Mond beide lediglich rund 32 Meilen betragen und ca. 5.000 km von der Erde entfernt sind.

Wie bereits im letzten Kapitel gezeigt, ist der Mond ein halbdurchsichtiger Leuchtkörper und kein fester, kugelförmiger Planet, wie uns die NASA glauben machen will. Tatsächlich ist es wahrscheinlich, dass Sonne und Mond überhaupt keine festen Körper sind und einfach nur leuchtende, flache Scheiben, die in der Lage sind während Eklipsen aneinander und durch den anderen Körper vorbeizuziehen.

„Die Ergebnisse neuester Forschung bewiesen, dass die himmlischen Leuchtkörper keine Welten (feste Materie) sind, sondern Lichter. Diese sollten alle Menschen, die dazu verleitet wurden, die Theorie von Kopernikus über die Bewegungen der Erde als bewiesen anzusehen, dazu veranlassen, dieses Thema zu überdenken." -E. Eschini – "Foundations of many Generations", Seite 3

Abb. 127: Alchemical Wedding - Sun and Moon

„Die Satelliten der Erde sind keine Materiemassen. Sie sind leuchtende und transparente Scheiben ohne Masse. Insbesondere der Mond erweckt den Eindruck einer ätherischen Erscheinung, und der unsichere und trügerische Charakter, der diesem Trabanten gewöhnlich zugeschrieben wird, ergibt sich gerade aus seiner immateriellen Natur. Schon früh wurde erkannt, dass die Trabanten der Erde, insbesondere Sonne und Mond, keine festen, undurchsichtigen Körper sind. Sie wurden zunächst als Seelen oder Geister betrachtet, was nicht auf eine physische Natur schließen lässt, bis Aristoteles auftauchte. Für die Menschen der Antike waren sie einfach Lichter, und sie gaben Sonne und Mond einen sehr treffenden Namen. Sie nannten sie Gestirne (Luminaries)."

-Gabrielle Henriet – „Heaven and Earth", Seite 34-36

Im Flache-Erde-Modell umkreisen die Sonne und Mond die Erde einmal in 24 Stunden und beleuchten dabei die von ihnen überflogenen Gebiete wie Scheinwerfer. Die jährliche Reise der Sonne von Wendekreis zu Wendekreis, von Sonnenwende zu Sonnenwende, bestimmt die Länge und den Charakter der Tage, Nächte und Jahreszeiten. Aus diesem Grund herrschen in äquatorialen Regionen fast das ganze Jahr über Sommer und Hitze, während in höheren Breitengraden im Norden und vor allem im Süden ausgeprägtere Jahreszeiten mit strengen Wintern herrschen.

Das heliozentrische Modell vertritt die Ansicht, dass sich die Jahreszeiten aufgrund der angeblichen "axialen Neigung" der Erdkugel und ihrer „elliptischen Umlaufbahn" um die Sonne ändern. Ihr fehlerhaftes aktuelles Modell besagt sogar, dass wir im Januar

Abb. 128: Modell - Geozentrik

der Sonne am nächsten sind (91.400.000 Meilen), obwohl es eigentlich Winter ist, und im Juli am weitesten von der Sonne entfernt sind (94.500.000 Meilen), obwohl in weiten Teilen der Erde eigentlich Sommer ist. Es wird behauptet, dass aufgrund der Neigung des Erdballs die verschiedenen Orte unterschiedlich viel direktes Sonnenlicht erhalten und dass dies die Ursache für die Jahreszeiten und Temperaturschwankungen ist. Das macht jedoch wenig Sinn, denn wenn die Wärme der Sonne über 90 Millionen Meilen reist, um die Kugel-Erde zu erreichen, wie kann dann eine leichte Neigung, höchstens ein paar tausend Meilen, die 90 Millionen Meilen lange Reise der Sonne zunichtemachen und uns gleichzeitig tropische Sommer sowie antarktische Winter bescheren?

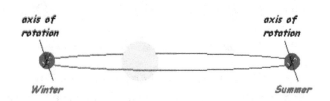

Abb. 129: Absurdität - Abstand Sonne-Erde im Verlauf eines Jahres

„Die Erde hat eine „stretched-out" Struktur, welche sich vom Nordpol aus in alle Richtungen zum Süden hin ausdehnt. Der Äquator befindet sich in der Mitte zwischen dem Zentrum im Norden und dem südlichen antarktischen Umfang, Somit teilt dieser den Lauf der Sonne in eine nördliche und eine südliche Bahn. Den längsten Kreis um die Erde macht die Sonne, wenn sie den südlichen Wendekreis erreicht hat. Der Kreis verengt sich, wenn der Pfad der Sonne wieder in die nördliche Richtung geht. Etwa 3 Monate nachdem sie den Tropic of Capricorn erreicht hat, macht die Sonne einen Kreis auf dem Äquator. Weitere 3 Monate später ist der nördliche Wendekreis – Tropic of Cancer - erreicht, danach wandert die Sonne wieder südwärts. Beim Pfad in nördlicher Richtung geht sie in den nördlichen Breiten jeden Tag früher auf, steht mittags höher am Himmel und geht später unter. Währenddessen sie zur selben Zeit in südlichen Breiten logischerweise später aufgeht, mittags eine geringere Höhe erreicht und früher untergeht.

In nördlichen Breiten, sagen wir von September bis Dezember, geht die Sonne an jedem Tag später auf, steht niedriger am Mittag und geht früher unter. Währenddessen sie im Süden früher aufgeht, mittags eine größere Höhe erreicht und jeden Tag später untergeht.

Diese tägliche Bewegung um die Erde ist die Ursache für das Wechselspiel von Tag und Nacht, während ihre nördliche bzw. südliche Umlaufbahn die Jahreszeiten hervorbringt.

Wenn die Sonne südlich des Äquators steht, ist im Süden Sommer und im Norden Winter; und umgekehrt. Die Tatsache, dass sich die Jahreszeiten abwechseln, widerspricht dem Newton'schen Irrglauben, die Erde drehe sich auf einer Umlaufbahn um die Sonne. Es wird behauptet, dass der Sommer dadurch verursacht wird, dass die Erde der Sonne am nächsten ist, und der Winter dadurch, dass sie am weitesten von der Sonne entfernt ist. Wenn der Leser jedoch der Argumentation in einem beliebigen Lehrbuch folgt, wird er feststellen, dass laut dieser Theorie der Sommer sowohl in den nördlichen als auch in den südlichen Breitengraden herrschen muss, wenn die Erde der Sonne am nächsten ist; gleichermaßen muss auf der ganzen Erde Winter herrschen, wenn sie am weitesten von der Sonne entfernt ist, da die gesamte Erdkugel dann am weitesten von der Sonne entfernt ist!!! Kurzum, es ist unmöglich, den Jahreszeitenwechsel zu erklären, vorausgesetzt, die Erde ist kugelförmig und dreht sich auf einer Umlaufbahn um die Sonne."
-Thomas Winship – „Zetetic Cosmogeny", Seite 124

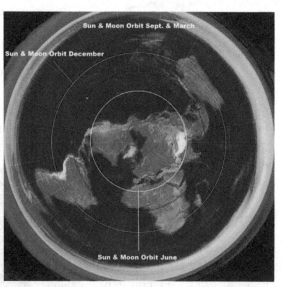

Abb. 130: Orbit von Sonne und Mond - Entstehung Jahreszeiten

„Die Jahreszeiten werden durch den Lauf der Sonne in einer spiralförmigen Ekliptik um die Erde verursacht. Bei der Wintersonnenwende (21. Dezember) befindet sich die Sonne senkrecht über dem südlichen Wendekreis. Von London aus südwärts geschaut, scheint sie einen kleinen Bogen im südlichen Himmel zu machen, während des gleichen Zeitraums befindet sie sich fast senkrecht über Kapstadt und bringt damit der südlichen Hemisphäre den Sommer. Bei der Sommersonnenwende (21. Juni), befindet sich die Sonne senkreicht über dem nördlichen Wendekreis (fast senkrecht über London). Währenddessen man von Kapstadt aus nördlich schaut, scheint sie einen kleinen Bogen am nördlichen Himmel zu machen und verursacht dadurch Sommer in der nördlichen und Winter in der südlichen Hemisphäre." -E. Eschini – "Foundations of many Generations", S. 7*

„Das wesentliche Merkmal eines Jahres ist dessen Unterteilung in zwei gleiche Zeiträume von 6 Monaten, basierend auf:
1. *Die Tageslängen überschreiten die Länge der Nächte und umgekehrt. Bedingungen, die durch die variierenden Zeiten von Sonnenaufgang und Sonnenuntergang geregelt sind.*
2. *Die Höhe, die die Sonne in der Mittagszeit erreicht.*
Der erste Zyklus, in dem die Tage länger sind als die Nächte und die Sonne ihren höchsten Stand im Jahr erreicht, dauert von der Frühlings-Tagundnachtgleiche bis zur Herbst-Tagundnachtgleiche, d. h. vom 21. März bis zum 22. September; der zweite Zyklus, in dem umgekehrt die Nächte länger sind als die Tage und die Sonne ihren tiefsten Stand im Jahr erreicht, dauert von der Herbst-Tagundnachtgleiche bis zur Frühlings-Tagundnachtgleiche, d. h. vom 23. September bis zum 20. März.
Diese zwei sechsmonatigen Zeiträume sind auch durch eine Gegenläufigkeit der Temperaturen gekennzeichnet."
-Gabrielle Henriet – "Heaven and Earth", Seite 3-4

Abb. 131: Illustration eines antiken Modells des Universums

Im Modell der flachen Erde schweben die Scheinwerfer der Sonne und des Mondes fortwährend über und parallel zur Erdoberfläche. Von unserem Standpunkt aus scheinen die Tag-/Nachtlichter aufgrund des Gesetzes der Perspektive am östlichen Horizont aufzusteigen, in einem Bogen über uns zu wandern und anschließend am westlichen Horizont unterzugehen. Sie entweichen nicht auf die Unterseite der flachen Erde, wie man sich das vorstellen könnte, sondern drehen sich in konzentrischen Kreisen im Uhrzeigersinn um den Erdumfang von Wendekreis zu Wendekreis. Die Erscheinung von Aufgang, Höchststand und Untergang ist auf das allgemeine Gesetz der Perspektive zurückzuführen, wonach hohe Objekte in der Nähe hoch über dem Horizont erscheinen, während sie in der Ferne zum Fluchtpunkt hin immer kleiner werden und zu sinken scheinen.

„Obwohl sich die Sonne stets über der Erdoberfläche und parallel zu ihr befindet, scheint sie vom Morgen bis zum Mittag am Firmament aufzusteigen und am Abend unter den Horizont zu sinken. Dies ergibt sich aus einem einfachen und überall sichtbaren Gesetz der Perspektive. Ein Vogelschwarm, der über ein flaches oder sumpfiges Land zieht, scheint immer abzusteigen, wenn er sich entfernt; und wenn der Schwarm groß ist, erscheint der erste Vogel niedriger oder näher am Horizont als der letzte. Das am Weitesten entfernte Licht in einer Reihe von Laternen erscheint am niedrigsten, obwohl jede Lampe die gleiche Höhe hat. Wenn wir uns diese Phänomene vor Augen halten, wird es leicht verständlich, dass die Sonne, obwohl sie immer parallel zur Erdoberfläche steht, bei ihrer Annäherung scheinbar aufsteigt und beim Verlassen des Meridians oder der Mittagsposition wieder absinkt."
-Dr. Samuel Rowbotham – "Earth not a globe", 2nd Edition, Seite 85

„Was kann leichter verständlich sein, als die Feststellung, dass wenn man sich an einem Ende einer Reihe von Laternenpfählen befindet, die am nächsten stehenden, am höchsten erscheinen, während die am weitesten entfernten, die niedrigsten zu sein scheinen. Die Laternen, denen wir uns nähern, scheinen immer höher zu steigen, während die, die wir hinter uns lassen, sich allmählich zu senken beginnen ... Es ist ein gewöhnlicher Effekt der Perspektive, dass ein Objekt immer niedriger erscheint, je weiter sich der Betrachter von ihm entfernt. Versuchen Sie einmal, einen Leuchtturm, einen Kirchturm, ein Denkmal, eine Gaslampe oder ein anderes erhöhtes Objekt aus einer Entfernung von wenigen Metern zu betrachten, und beachten Sie den Winkel, in dem Sie es ansehen. Wenn Sie sich weiter entfernen, wird der Winkel, mit dem Sie das Objekt ansehen, immer kleiner. Das Objekt erscheint mit zunehmender Entfernung des Beobachters immer niedriger, bis an einem bestimmten Punkt die Sichtlinie zum Objekt und die sich scheinbar erhebende Erdoberfläche, zu dem Winkel konvergieren, der den "Fluchtpunkt" oder den Horizont bildet; jenseits dieses Punktes ist es unsichtbar.“
-Dr. Samuel Rowbotham – "Zetetic Astronomy", Seite 230

Heliozentriker reden einem das genaue Gegenteil von dem ein, was jeder Mensch auf der Welt mit den eigenen Augen schon gesehen hat. Es ist für jedes Kind und für jeden eigenständig denkenden Erwachsenen offensichtlich, dass sich Sonne, Mond, Sterne und Planeten, also jedes Lichtobjekt im Himmel über uns, um die bewegungslose Erde zu unseren Füßen drehen. Es ist auch klar zu sehen, dass Sonne und Mond beide annähernd dieselbe Größe haben und sich relativ nahe zur Erde befinden, nicht etwa Millionen über Millionen Meilen entfernt sind und sich in der Größe extrem unterscheiden.

Abb. 132: Fluchtpunkt Perspektive - Bsp. Laternen

Die eigenen Sinne und Alltagserfahrungen zugunsten solcher unbegründeten Science-Fiction-Phantasien aufzugeben, ist ein so extremer Trugschluss, dass der gehirngewaschene Gläubige nicht in der Lage ist, seinen eigenen natürlichen Instinkten zu vertrauen, und für immer an die phantasievollen Ausführungen astronomischer Scharlatane gefesselt bleibt.

„Noch hat niemand die Erde mit der enormen Geschwindigkeit, die ihr zugeschrieben wird, durch den Weltraum rasen sehen oder diese enormen Bewegungen gespürt, aber jeder, der nicht blind ist, kann die Bewegung der Sonne sehen. Die Angelegenheit kann jedoch überprüft werden. Es lässt sich mit Sicherheit feststellen, ob sich die Sonne bewegt oder nicht. Nehmen Sie einen Schulglobus und setzen Sie einen Stab auf den Halbkreis, der ihn in Position hält. Lassen Sie den Globus vor einer Lampe auf einem Tisch rotieren, und Sie werden feststellen, dass der Schatten, der auf dem Globus zurückbleibt, immer parallel zum Äquator verläuft, egal in welchem Winkel Sie den Globus neigen. Wenn man außerdem die Länge des Stabs so wählt, dass der Schatten auf eine ebene Fläche fällt und den Globus in Richtung der Lampe bewegt, wird der Schatten eine gerade Linie darstellen. Wenn also der Schatten, den die Sonne auf der Erde hinterlässt, eine gerade Linie ist, dann ist die Sonne zweifellos stationär.
Schlagen Sie einen Pfahl so in den Boden, dass er den größten Teil eines Tages - wenn möglich den ganzen Tag - der Sonne ausgesetzt ist. Markieren Sie das Ende des Schattens jede Viertelstunde, und Sie werden feststellen, dass die Markierungen Teil einer langgestreckten Kurve sind, was eindeutig beweist, dass sich die Sonne über eine stationäre Erde bewegt.“
-Thomas Winship – „Zetetic Cosmogeny", Seite 113

„Die Bahn der Sonne ist konzentrisch und erweitert bzw. verringert sich täglich in einem sechsmonatigen Intervall. Dies lässt sich leicht beweisen, indem man einen Stock, z. B. am 21. Dezember um die Mittagszeit, so anbringt, dass die Sichtlinie den unteren Rand der Sonne berührt, wenn man an ihm entlang schaut. Diese Sichtlinie wird mehrere Tage lang ziemlich gleichbleiben, aber am neunten oder zehnten Tag kann festgestellt werden, dass der Stab erheblich in Richtung Zenit bewegt werden muss, um den unteren Rand der Sonne zu berühren, und jeden Tag danach muss er bis zum 22. Juni angehoben werden. Nun wird sich wiederum einige Tage lang wenig ändern, aber danach muss der Balken Tag für Tag gesenkt werden, bis zum 21. Dezember, wenn die Sonne am weitesten vom nördlichen Zentrum entfernt ist und es dort dunkel wird. Diese Expansion und Kontraktion der Sonnenbahn setzt sich jedes Jahr fort und wird als nördliche und südliche Deklination bezeichnet und sollte den gegenwärtigen Astronomen die Absurdität vor Augen führen, die Erde als Planet zu bezeichnen, da sie stationär bleibt, während die Sonne kontinuierlich am Himmel über uns kreist."
-David Wardlaw Scott – „Terra Firma", Seite 184-185

EARTH IS NOT A PLANET, PLANETS ARE JUST STARS AND STARS ARE NOT SUNS – DIE ERDE IST KEIN PLANET, PLANETEN SIND STERNE UND STERNE SIND KEINE SONNEN

Abb. 133: Illustration - Heliozentrisches Sonnensystem

Im heliozentrischen Modell stellt die Erde lediglich einen von 8 Planeten unseres „Sonnensystems" dar. All diese Planeten sollen riesige kugelförmige erdähnliche Gebilde oder kugelförmige Gasriesen, die Millionen von Meilen entfernt sind, darstellen. Es wird behauptet, die Erde unter unseren Füßen drehe sich zusammen mit den sieben anderen Planeten in konzentrischen Kreisen/Ellipsen um die Sonne - daher der Begriff „heliozentrisch". Das zuvor vorherrschende „geozentrische" Modell sah die Erde als unbewegliches Zentrum des Universums an, wobei sich Sonne, Mond, Sterne und „Planeten" um uns drehten, so wie es den Anschein hat. Im heliozentrischen Modell jedoch, das passender als „azentrisches" Modell bezeichnet werden sollte, ist die Sonne nur das Zentrum unseres „Sonnensystems", während sie sich angeblich simultan mit 500.000 mph in Spiralen um die „Milchstraßengalaxie" dreht, die ihrerseits permanent mit 670.000.000 mph als Folge einer angeblichen „Urknall"-Schöpfungsexplosion am Anfang der Zeit wegschießt!

Im geozentrischen Modell waren die 7 „Planeten" als Wandelsterne bekannt. Die Vielzahl der anderen Sterne wurden als Fixsterne bezeichnet. Die Wandelsterne bekamen ihren Namen, weil sie ihre eigenen einzigartigen Pfade am Himmel ziehen, während alle anderen Sterne sich fest am selben Platz in ihrer Gruppenbewegung um Polaris drehen. Die Wandelsterne gehören auch zu den hellsten Leuchtkörpern des Nachthimmels. Die Wandelsterne gehören übrigens zu den Hellsten am Nachthimmel, und so wie die Heliozentriker fälschlicherweise behaupten, der Mond sei ein bloßer Reflektor des Sonnenlichts, so wollen sie uns weismachen, das helle Leuchten dieser „Planeten" sei ebenfalls bloß eine Reflexion des Sonnenlichts! Dies hat sich jedoch bereits als geometrisch unmöglich erwiesen, da konvexe Körper das Licht nicht auf diese Weise reflektieren können.

Im heliozentrischen Modell handelt es sich bei den Wandelsternen um kugelförmige, erdähnliche Gebilde, die mehrere Millionen Meilen von uns entfernt sind, während es sich bei den Fixsternen um weit entfernte „Sonnen" handeln soll. Diese sollen unserer eigenen Sonne ähneln, aber mehrere Billionen Meilen entfernt sein und über eigene „Sonnensysteme" und dazugehörige Planeten, die vielleicht sogar von empfindungsfähigen außerirdischen Wesen wie uns bevölkert werden, verfügen! Die aktuellen „offiziellen" astronomischen Statistiken der NASA geben an, dass es mehr als 10 Billionen solcher „Planeten" allein in unserer „Galaxie" gibt und mindestens 200 Milliarden Galaxien im Universum! Daher, so behaupten sie, ist die Erde nur 1 von 1.000.000.000.000.000.000.000.000, oder eine Septillion Planeten im Universum!

Abb. 134: So könnte es auf anderen Planeten aussehen

Abb. 135: Vincent van Gogh - Die Sternennacht

„Unsere modernen Astronomen stellen sich die Sterne als riesige Welten oder Sonnen vor, manche von ihnen tausendfach größer als unsere und in einer enormen Entfernung. Sir Robert Ball, in seinem Werk „Cause of an Ice-age" sagt über Sirius: „Der Stern ist eine Million Mal weiter entfernt von uns, als die Sonne"
Die Sonne ist angeblich 92.000.000 Meilen von uns entfernt. Es wird angenommen, dass sich die Sterne in einem mehr oder weniger fortgeschrittenen Entwicklungsstadium befinden und dass wahrscheinlich einige von ihnen bereits von Lebewesen, die an ihre Atmosphäre angepasst sind,
bewohnt werden. Ihre Distanz zu uns wird als so gewaltig eingeschätzt, dass laut Sir William Herschel das Licht bestimmter Sterne 1.000 Jahre brauchen wird, um unsere Erde zu erreichen!"
-David Wardlaw Scott – „Terra Firma", Seite 153

„Es wird angenommen diese Sterne wären so weit von der Erde entlegene Orte, dass die Entfernung kaum ausgedrückt werden kann. Zahlen können tatsächlich niedergeschrieben werden, aber wenn man sie liest, wird dem Verstand keine anwendbare Vorstellung vermittelt. Viele sollen so weit entfernt sein, dass sie, wenn sie mit Lichtgeschwindigkeit fallen würden, d.h. mit über 160.000 mps, also 600.000.000 mph, fast 2.000.000 Jahre brauchen würden, um die Erde zu erreichen! Sir William Herschel behauptet in einem Aufsatz über "The power of telescopes to penetrate into space", dass er mit seinen leistungsfähigen Instrumenten leuchtende Himmelskörper entdeckt hat, die so weit von der Erde entfernt sind, dass das von ihnen ausgestrahlte Licht mindestens eine Million neunhunderttausend Jahre unterwegs gewesen sein kann!" -Dr. Samuel Rowbotham – „Zetetic Astronomy", Seite 376

„Die Fixsterne werden so genannt, weil sie sich nicht nennenswert in ihrer relativen Position verändern. Es sind lediglich Lichtpunkte, so klein, dass leistungsstärksten Teleskope sie nicht zu Scheiben vergrößern können. Dennoch wird angenommen, dass es sich um Sonnen von immenser Größe handelt, die von den Astronomen in unermessliche Distanzen von uns entfernt wurden, um ihren Theorien Glaubwürdigkeit und Geltung zu verleihen."
-Albert Smith – "The Sea-Earth Globe and its monstrous hypothetical Motions", Seite 32

Diese sollen angeblich bildhafte "Beweise" für die Validität ihres Modells zur Erde zurücksenden! Diese Hubble-Bilder zeigen, dass die wandernden Sterne in Wirklichkeit kugelförmige, erdähnliche Planeten sind, genau wie sie es die ganze Zeit über behauptet haben! Diese Hubble-Bilder zeigen, dass die Fixsterne in Wirklichkeit tatsächlich Sonnen sind, Billionen von Meilen entfernt, genau wie sie es immer behauptet haben! Diese Hubble-Bilder und -Videos, die allesamt nicht von einer guten Photoshop- oder Hollywood-Produktion zu unterscheiden sind, bestätigen den hypnotisierten Konsumenten die

Abb. 136: CGI - Hubble Teleskop

Wahrheit der NASA-Behauptungen und die Existenz verschiedener Himmelserscheinungen, wie Planeten, Galaxien, Schwarze Löcher, Quasare usw., die nur die NASA und ihre hochentwickelten Kameras zeigen können.

Selbst mit den fortschrittlichsten Teleskopen, die nicht von der NASA stammen, scheinen die Fix- und Wandelsterne jedoch nichts weiter zu sein als winzige Punkte aus mehrfarbigem Licht. Es lässt sich nicht feststellen, ob es sich bei den Fixsternen tatsächlich um ferne Sonnen handelt, ob es sich bei den Wandelsternen tatsächlich um erdähnliche Planeten handelt oder ob irgendeine der Behauptungen der NASA, abgesehen von ihren angeblichen bildlichen

Beweisen mit diesen ferngesteuerten, fliegenden Weltraumteleskop-Bildern, überhaupt Gültigkeit hat! Welche Beweise außer der NASA haben wir, dass Sterne tatsächlich entlegene Sonnensysteme sind? Welche Beweise gibt es dafür, dass Planeten erdähnliche Orte im Weltraum sind? Das sind sicherlich interessante und glaubhafte Ideen, aber es gibt absolut keine empirischen Beweise, die sie unterstützen. Hätte die NASA diese Ideen nicht in die Köpfe der Menschen eingepflanzt, würden wohl

nur sehr wenige Menschen in den Nachthimmel schauen und annehmen, dass diese kleinen Lichtpunkte allesamt erdähnliche Objekte sind, Millionen von Meilen entfernt; oder Sonnen, die Billionen von Meilen entfernt sind, samt Planeten und Monden, die sie umkreisen, so ähnlich wie bei uns! Der einzige Grund, warum die Menschen glauben, dass Wandelsterne erdähnliche Planeten und Fixsterne weit entfernte Sonnen sind, ist die Propaganda der NASA.

„Planeten sind keine festen, undurchsichtigen Massen aus Materie, wie man glaubt. Sie sind einfach immaterielle, leuchtende und transparente Scheiben."
-Gabrielle Henriet – „Heaven and Earth", S. 23

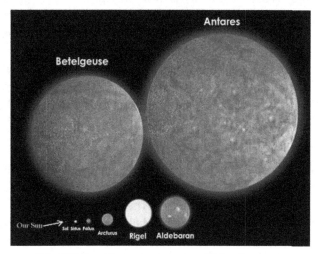
Abb. 137: Bezeichnung anderer angeblicher Sonnen im Universum

„Mit Hilfe des Teleskops wurden im Sternengewölbe der Himmelsfelder, die das Licht durchquert, wie in den Korallen unserer blühenden Pflanzen oder in den Metalloxiden, fast alle Abstufungen der prismatischen Farben zwischen den beiden Extremen der Brechbarkeit entdeckt. Ein Sternhaufen in der Nähe des Kreuzes des Südens erscheinen sie in rot, grün, blau und blaugrün, wie Edelsteine in vielen Farben, wie ein prächtiges Schmuckstück." -Alexander von Humboldt

Wenn alle Sterne entfernte Planeten oder Sonnen sind, wie kommt es, dass bestimmte Phänomena beobachtet wurden, wie Farbwechsel, Änderung der Stärke des Lichts, plötzliches Auftauchen/ Verschwinden oder das Schießen von einem Ort zum anderen? Ich selbst habe einzelne Sterne regelmäßig ihre Farbe wechseln sehen, wie eine Discokugel. Andere schossen durch den Himmel und verschwanden. Einmal habe ich sogar einen Stern gerade aufwärts für zwei Sekunden durch den Himmel schießen sehen und dann hat er einfach angehalten!

Damals im späten 16. Jahrhundert, als die heliozentrische Theorie sich anschickte, in den Vorstellungen der unvorbereiteten Öffentlichkeit Fuß zu fassen, setzte sich der dänische Astronom Tycho Brahe für

Abb. 138: CGI - Jupiter

die Geozentrik ein. Er argumentierte, dass wenn die Erde in einer Umlaufbahn um die Sonne kreisen würde, eine Veränderung der relativen Position nach 6 Monaten Bewegung auf jeden Fall zu sehen wäre. In Wirklichkeit ist jedoch nach 190.000.000 Meilen angeblicher Umlaufbahn um die Sonne kein einziger Zentimeter Parallaxe bei den Sternen zu erkennen!

*„Zu Zeiten von Tycho Brahe hieß es, die Erde drehe sich um die Sonne, aber er vertrat die Ansicht, dass die relative Position der Sterne sich sehr stark verändern würde, wenn sich die Erde um die Sonne drehen würde, und dass dies in der Natur der Sache liegt und leicht zu erkennen ist. Dementsprechend wurden Experimente in zeitlichen Abständen von sechs Monaten durchgeführt, und **das Ergebnis zeigte, dass sich die Sterne genau in der gleichen Position befanden wie sechs Monate zuvor. Damit war bewiesen, dass sich die Erde überhaupt nicht bewegt.**"*
-Thomas Winship – "Zetetic Cosmogeny", Seite 122

*„Wenn sich die Erde am 1. Januar an einem bestimmten Punkt im Weltraum befindet und nach heutigem Stand der Wissenschaft sechs Monate später 190.000.000 Meilen von diesem Punkt entfernt ist, so folgt daraus, dass sich die relative Position der Sterne verändert haben muss, egal wie klein der Winkel der Parallaxe auch sein mag. **Die Tatsache, dass diese Veränderung nirgends sichtbar ist und nie beobachtet wurde, beweist unbestreitbar, dass die Erde ruht und sich nicht auf einer Umlaufbahn um die Sonne bewegt.**"*
-Thomas Winship – "Zetetic Cosmogeny", Seite 67

Abb. 139: Foto - Time Lapse Sternenbewegung

Als Tycho Brahe nachwies, dass nach 190.000.000 Meilen angeblicher Umlaufbahn um die Sonne kein einziger Zentimeter Parallaxe festgestellt werden konnte, versuchten die Heliozentriker verzweifelt, das eklatante Loch in ihrer Theorie zu stopfen, indem sie ihre hypothetischen Entfernungen zu den Sternen auf Billionen von Meilen ausdehnten und versicherten, der nächstgelegene Stern, Proxima Centauri, sei lächerliche 25 Billionen Meilen entfernt, wodurch alle Sterne so weit entfernt seien, dass keine nennenswerte Parallaxe festgestellt werden könne! Diese zweckdienliche Erklärung, an der die Heliozentriker seither festhalten, hat sich als zufriedenstellend erwiesen, um die manipulierten Gemüter der Massen zum Schweigen zu bringen.

Abb. 140: Star Chart, 1709

„Es ist durch Observationen festgestellt worden, dass die Sterne alle 24h vier Minuten früher auf den Meridian kommen als die Sonne, wenn die Sonnenzeit als Richtlinie genommen wird. Das macht 120 min alle 30 Tage, und 2h im Jahr. Alle Sternbilder sind also in dieser Zeit vor oder hinter der Sonne vorbeigezogen. Dies ist die einfache Tatsache, wie sie in der Natur zu beobachten ist, aber die Theorie der Rundheit und der Achsenbewegung auf einer Umlaufbahn hat keinen Platz dafür. Die sichtbare Wahrheit muss ignoriert werden, weil diese Theorie im Weg steht und ihre Anhänger daran hindert, sie zu verstehen."
-Dr. Samuel Rowbotham – "Zetetic Astronomy", S. 321

„Mehr als eine Million unserer Erden wären nötig, um einen Körper wie die Sonne zu errichten – sagen uns die Astronomen. Mehr als 53.000 Sonnen wären nötig, um den Rauminhalt der Sterns Vega zu füllen. Und Vega ist ein „Kleiner Stern"! Es gibt unzählige Millionen dieser Sterne! Es dauert 30.000.000 Jahre, bis das Licht einiger dieser Sterne uns mit einer Geschwindigkeit von 12.000.000 Meilen pro Minute erreicht. Mr. Proctor sagt: „Ich denke eine zurückhaltende Schätzung des Alters der Erde wäre 500 Mio. Jahre!". „Ihr Gewicht", sagt dieselbe Person, „beträgt 6.000.000.000.000.000.000.000 Tonnen!". Nun, da kein menschliches Wesen in der Lage ist, diese Dinge wahrzunehmen, ist es eine Beleidigung - ein Frevel - sie der Welt mitzuteilen. Und obwohl sie alle aus der einen Annahme entstanden sind, dass die Erde ein Planet ist, zerren sie diese Annahme, anstatt sie aufrechtzuerhalten, durch das Gewicht ihrer eigenen Absurdität zu Boden und lassen sie im Staub liegen - ein Beweis dafür, dass die Erde kein Globus ist."

-William Carpenter – "100 proofs the earth is not a globe", Proof No. 75

Abb. 141: Airy's Altazimuth Telescope (1847)

Etliche Experimente sind seitdem von angesehenen Wissenschaftlern, wie Albert Michelson, Edward Morley, George Airy oder Georges Sagnac, durchgeführt worden. Sie bewiesen, dass es die Sterne sind, die sich um eine feststehende Erde drehen und nicht umgekehrt.

Die schlüssigen Ergebnisse ihrer Experimente sind unangefochten, werden aber nicht einmal erwähnt in den Büchern der modernen Astronomie. Sie werden lieber bequem unter den Teppich gekehrt, damit neugierige Gemüter die Lügen nicht durchschauen. Bei dem von George Airy durchgeführten Experiment, bekannt als „Airy's Failure" (weil es scheitert die Heliozentrik zu beweisen) wird ein Teleskop mit Wasser gefüllt, um die Lichtgeschwindigkeit darin zu verlangsamen. Üblicherweise müssen Teleskope leicht gekippt werden, damit das Sternenlicht entlang der Achse des Teleskoprohrs einfällt, was angeblich auf die „Geschwindigkeit der Erde um die Sonne" zurückzuführen ist. Airy entdeckte, dass das Sternenlicht bereits im richtigen Winkel einfiel, so dass keine Anpassung erforderlich war. Damit war bewiesen, dass sich die Sterne relativ zu einer stationären Erde bewegen und nicht umgekehrt, denn wenn sich das Teleskop bewegen würde, müsste er den Winkel ändern.

„Alle Planeten, einschließlich der Sonne, drehen sich um die Erde. Diese Umstände können nicht bestritten werden, da sie offensichtlich sind, entweder auf dem gewöhnlichen Wege mit dem Auge oder mit Hilfe eines Teleskops. In diesem Zusammenhang kann gesagt werden, dass bei einer Wissenschaft, die sich ausschließlich auf Beobachtungen und nicht auf Spekulationen stützen sollte, wie es bei der Astronomie der Fall ist, der Beweis anhand der Wahrnehmung das einzige Element ist, auf das sich Schlussfolgerungen stützen können und dürfen. Wenn man sieht, dass sich die Planeten um die Erde drehen, ist das der entscheidende Faktor dafür, dass sie sich tatsächlich so drehen. Es wird behauptet, dass dies nicht der Fall ist, sondern dass sich die Erde und die Planeten um die Sonne drehen. Wir stellen jedoch mit Erstaunen die bizarre und durchaus fragwürdige Tatsache fest, dass diese Planetenbewegungen nicht sichtbar sind. Man kann sie nicht sehen, und doch werden sie als real bezeichnet! Wie kann man diese Bewegungen nachweisen und ihre Geschwindigkeit bestimmen, wenn sie doch nicht sichtbar sind?

Andererseits sind die vorhandenen geozentrischen planetaren Bewegungen, die beobachtet und gemessen werden können und die folglich ein vollkommen funktionierendes System ergeben, als scheinbar und unwirklich verdammt! Nebenbei darf eine passende Bemerkung zu diesem Thema nicht fehlen. Warum geben die astronomischen Tabellen, die Jahr für Jahr veröffentlicht werden, die

sogenannten scheinbaren Bewegungen der Planeten im Zodiak an? Warum macht man sich überhaupt die Mühe, sie zu berechnen und zu notieren, wenn sie nicht real sind? Warum werden außerdem die so genannten realen Bewegungen der Planeten nicht erwähnt?"
-Gabrielle Henriet – "Heaven and Earth", Seite 15

Abb. 142: Foto - Time Lapse - Sternenbewegung

„Vertraut euren Augen und euren Kameras! Sie haben keinen Grund euch in Bezug auf die Bewegung der Sterne zu täuschen! Dann behaltet bitte im Kopf: Die Polaris umkreisenden „Star-Trails" wurden schon Tausende Male fotografiert. Sie können nicht bestritten werden und müssten eigentlich von der Theoretischen Wissenschaft angesprochen und erklärt werden.

All jene unbewiesenen Annahmen – eine sich drehende Erde auf einer Umlaufbahn; Milliarden Lichtjahre Entfernung zu den Sternen; ein 15 Milliarden Jahre altes Universum; das ganze Urknall–Modell; all die vermutete Evolution von Universum, Erde und Menschheit - sozusagen: die ganze moderne, auf der Evolutionstheorie basierende Kosmologie, die das heutige „Wissen" prägt - all das ist vollkommen annulliert, wenn die Sterne das tun, was die Kameras zeigen. Was tun sie? Sie kreisen um die Erde mit Polaris als Mittelpunkt ... Wenn Ihr Euch ein paar Minuten Zeit nehmen könnt, lasst die kopernikanische Indoktrination, die mit solchen Bildern einhergeht, beiseite und schaut Euch diese Fotos von etwas, das wirklich jede Nacht passiert, genau an. Seht Ihr, was ich sehe? Ich sehe alle sichtbaren Sterne am Nordhimmel, die sich in perfekten Kreisen um den Nordstern drehen. Mit anderen Worten, ich sehe alle Sterne, die auf diesen Zeitaufnahmen zu sehen sind, tatsächlich um den Navigationsstern, den Gott für uns in der nördlichen Hemisphäre vorgesehen hat, kreisen."
-Marshall Hall – "The size and structure of the Universe"

Matthew Boylan, ehemaliger NASA-Operational-Graphics-Manager, arbeitete jahrelang an der Erstellung fotorealistischer Computergrafiken für die NASA. Jetzt ist Boylan ein überzeugter Flat-Earther und behauptet, dass der einzige Grund für die Existenz der NASA darin besteht, die Öffentlichkeit zu propagieren und dieses falsche heliozentrische Weltbild zu promoten. Ursprünglich wurde er aufgrund seiner Fähigkeiten und seines Rufs als

Abb. 143: Matt Boylan

hyperrealistischer Multimedia-Künstler eingestellt. Er begann mit Projekten wie dem Photoshoppen verschiedener Beleuchtungs- und Atmosphären-Effekte auf Bilder der Erde, des Mondes, des Jupiters, Europas usw. Nachdem er sich bewährt hatte und in der Absicht befördert zu werden und folglich klassifiziertere Aufgaben zu übernehmen, wurde ihm und einigen anderen in einem Raum mit höheren NASA-Mitarbeitern während einer Party als eine Art Initiationsritus die Realität des geozentrischen Modells der flachen Erde und wie sie die ganze Welt getäuscht haben, im Detail erklärt!

Boylan weigerte sich, Teil ihrer Täuschung zu sein, kappte seine Verbindungen zur NASA, begann die flache Erde selbst zu recherchieren und ist in letzter Zeit zu einer mächtigen Stimme auf Vortragsreisen und im Internet geworden. In seinen komödiantischen Vorträgen spricht er offen und eloquent darüber, wie einfach es ist, mit nichts anderem als Adobe Photoshop und einem Video-Editor jede Art von Bild zu erstellen, das die NASA angeblich "vom Hubble-Teleskop empfängt". Er weist darauf hin, dass sich die faulen NASA-Grafiker in den meisten Kugel-Erde-Videos nicht einmal die Mühe machen, die Wolkenstrukturen in gewöhnlichen oder Zeitrafferaufnahmen zu verändern; die gleiche Form, Farbe und Beschaffenheit der Wolkendecke bleibt oft 24 Stunden lang und länger völlig unverändert! Boylan stellt unmissverständlich fest, dass alle Bilder und Videos von der Kugelerde, sämtliche Mond- und Marslandungen, die

Abb. 144: Matt Boylan

Existenz von Satelliten in der Umlaufbahn, Raumstationen und alle Aufnahmen von Hubble gefälscht sind. Er erzählt sogar Anekdoten darüber, wie NASA-Beamte und Astro-Nots, die die Wahrheit über die flache Erde kennen, hysterisch über die gehirngewaschene Zombie-Öffentlichkeit, die unhinterfragt ihren Fernsehgeräten glaubt, lachen würden.

„Die Pluralität der Welten beruht auf Annahmen, die den bekannten Gegebenheiten so sehr widersprechen, dass die „große Idee" in den Papierkorb geworfen werden muss. Die vermeintlich große Entfernung der Sonne von der Erde ist die Hauptursache für die Wahnvorstellungen der Gelehrten, dass die sogenannten Welten über uns besiedelt seien. Diese Entfernung beruht auf einer fiktiven Vorstellung, nämlich der von der Rotation der Erde um die Sonne, die ich bereits als grundlegend falsch dargelegt habe. Die Sonne ist ein kleiner Lichtkörper und nahe der Erde, daher sind alle Entfernungen der Sterne, ihre Größen und alle anderen Annahmen falsch. Die Pluralität der Welten ist nur dann die logische Folge des Glaubens, dass die Erde ein sich schnell drehender Globus sei. Dies hat sich jedoch als äußerst lächerlich erwiesen. Unabhängig von jeglicher Theorie wurden Beweise vorgelegt, die eine solche Annahme vollständig widerlegen und ad absurdum führen. Sie belegen, dass eine solche unnatürliche Idee nicht den Hauch einer natürlichen Grundlage hat, die sie stützt. Die große Lehre von der Pluralität der Welten muss daher, wie alle anderen großen Lehren der gegenwärtigen Astronomie, in die Vergessenheit verbannt werden. Wenn gezeigt werden kann, dass diese Welt ein Globus ist und nach welchem bekannten Prinzip sich die Bewohner an der schwingenden Kugel festhalten können, so wie die Stubenfliege an der Decke entlang krabbelt, wird es Zeit genug dafür geben, über die Pluralität der Welten zu sprechen."

-Thomas Winship – „Zetetic Cosmogeny", Seite 103

NASA
in need
of urgent
Photoshop
tuition

Abb. 145: ISS im „Weltraum" – Chris Hadfield

RELATIVITY DOES NOT EXIST – RELATIVITÄT GIBT ES NICHT

Gegen Ende des 19. Jahrhunderts entwickelte Albert Einstein seine Spezielle Relativitätstheorie, um das sterbende heliozentrische Modell vor den schlüssigen Experimenten von Airy, Michelson, Morley, Gale, Sagnac, Kantor, Nordmeyer und anderen zu retten. Eine glänzende Überarbeitung der Heliozentrik, die in einem Streich den Äther des Universums aus den wissenschaftlichen Forschungen verbannte und ihn mit einer Formel des Relativismus, er Heliozentrismus und Geozentrismus gleichberechtigt nebeneinanderstehen ließ, ersetzte. Wenn es kein absolutes ätherisches Medium gibt, dann kann man hypothetisch die Theorie des vollkommenen Relativismus bezüglich der Bewegung von zwei Objekten, so wie Erde und Sonne, aufstellen. Zu dieser Zeit haben die Michelson-Morley sowie Michelson-Gale Experimente schon längst die Existenz des Äthers nachgewiesen, aber die Heliozentrik-Kirche ließ sich nicht beirren. Einstein versuchte nie die Experimente wissenschaftlich anzufechten. Einstein versuchte nie, die Experimente wissenschaftlich zu widerlegen, sondern wandte sich stattdessen auf philosophischer Ebene mit seiner "absoluten Relativitätstheorie" dagegen. Er behauptete, alle gleichförmigen Bewegungen seien relativ und es gebe keinen absoluten Ruhezustand irgendwo im Universum. Heutzutage wird Einsteins Relativitätstheorie, genau wie die heliozentrische Theorie, weltweit als grundlegende Wahrheit akzeptiert, auch wenn er selbst zugab, dass der Geozentrismus ebenso zu rechtfertigen sei:

„Der in den Anfängen der Wissenschaft so heftige Kampf zwischen den Ansichten von Ptolemäus und Kopernikus wäre dann völlig bedeutungslos. Beide Koordinatensysteme könnten mit gleicher Berechtigung verwendet werden. Die beiden Sätze „die Sonne ruht und die Erde bewegt sich" oder „die Sonne bewegt sich und die Erde ruht" würden einfach zwei verschiedene Konzepte für zwei verschiedene Koordinatensysteme bedeuten."
-Albert Einstein – "The Evolution of Physics: From Early Concepts to Relativity and Quanta"

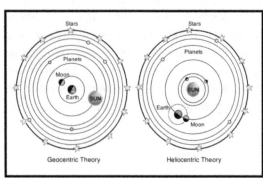
Abb. 146: Geozentrik vs. Heliozentrik

„Die Leute müssen sich im Klaren sein, dass es ein weites Feld an Modellen gibt, die die gemachten Beobachtungen erklären könnten. Zum Beispiel kann ich dir ein kugelförmiges, symmetrisches Universum mit der Erde in dessen Mitte aufbauen und du kannst es nicht anhand von Beobachtungen widerlegen. Du kannst es nur mit philosophischen Ansätzen ausschließen. Meiner Ansicht nach ist daran absolut nichts falsch. Was ich damit ausdrücken will, ist die Tatsache, dass wir bei der Wahl unseres Modells philosophische Kriterien anwenden."
-George Ellis – "Thinking globally, Acting Universally"

Einstein's notwendige Modifikation der heliozentrischen Theorie führte schließlich zu ihrer Umwandlung in die „azentrische" Theorie des Universums, da die Sonne nicht mehr das Zentrum von allem war und alle Bewegungen nur relativ waren. Die Azentriker begannen bald zu postulieren, dass sich nicht nur die Erde mit 1.000 mph dreht und mit 67.000 mph um die Sonne kreist, sondern dass die Erde, die Sonne und das gesamte Sonnensystem als Ganzes gleichzeitig mit 500.000 mph um die Milchstraßengalaxie rotieren! Darüber hinaus schießt die gesamte Galaxie mit der Erde, der Sonne und dem gesamten Sonnensystem auch gleichzeitig mit 670.000.000 mph durch das Universum, ausgehend von einer Urknallexplosion am Anfang der Zeit!

„Die Theorie der drei [jetzt vier] Bewegungen der Erde und die daraus resultierende "Relativität" ist das Ergebnis des Versuchs, eine Lüge durch eine andere zu vertuschen. Sie sagen, dass wir, während wir in London mit einer Geschwindigkeit von fast 11 Meilen pro Minute herumwirbeln, mit fast 20 mps um die Sonne im Weltraum umherschießen, während die Sonne selbst sich mit der immensen

Geschwindigkeit von 150.000.000 Meilen pro Jahr um einen Punkt im Weltraum bewegt, und unsere arme Erde mit der zusätzlichen Geschwindigkeit - der Entfernung, die uns von der Sonne trennt - mit sich zieht. In diesem wahnsinnigen Bewegungs-Wirrwarr versuchen sie, die sphärische Trigonometrie von Euklid auf die Bestimmung von Entfernungen anzuwenden - deren Daten von Euklid nur zur Bestimmung von Fixpunkten gedacht waren - mit dem Ergebnis, dass sie wilde Berechnungen hervorgebracht haben, die dogmatisch auf eine leichtgläubige Welt abgewälzt wurden, die aber ungefähr so unfehlbar sind wie die Äußerungen von Borgia." -E. Eschini – "Foundations of many generations", Seite 7

Abb. 147: Globus

„Die meisten Menschen, die die Bewegungen der Erde akzeptieren, denken es ist eine bewiesene Tatsache. Sie wissen nicht, dass nicht nur die Bewegung der Erde nie bewiesen wurde, sondern durch das Konstrukt der modernen Physik und Kosmologie nicht bewiesen werden kann.

Nochmals, nicht mal die moderne Kosmologie behauptet, sie sei in der Lage, die Bewegung der Erde nachzuweisen. Tatsächlich fußt das beste Argument für die Bewegung der Erde auf purer „Genügsamkeit" und nicht auf Logik, Beobachtung und Erfahrung. Wenn irgendjemand die Bewegung der Erde beweisen könnte, würde er berühmter werden als Einstein, Hawking oder andere. Sie mögen alle Narren sein, aber selbst sie würden nicht so eine ignorante Behauptung hinsichtlich der Bewegung der Erde aufstellen. Jene die dies tun, erkennen nicht, wie unwissend hinsichtlich der Physik sie wirklich sind!

Bevor die Leute demonstrieren, wie unwissend sie sind, sollten sie folgendes beachten:

1. Das Verhältnis von Mach´s Prinzipien und Relativität.
2. Das Verhältnis von Gravitation - Trägheit und Gravitation - Beschleunigung (und die gegebenen Widersprüche)
3. Relativität behauptet nicht die Bewegung der Erde beweisen zu können, in Wirklichkeit diktiert es die Idee, dass Bewegung nicht gemessen werden kann
4. Relativität „suggeriert" Bewegung; sie kann die Erde als Mitte des Universums nicht widerlegen!
5. Nur Diejenigen, die keine Ahnung von Physik haben, versuchen aufgrund von Wetterlagen, Flugbahnen, synchron mit der Erde schwebenden Erdsatelliten und Foucault´s Pendel den Nachweis der Bewegung der Erde zu erbringen

Für all die Genies da draußen: Nicht einmal Einstein würde eine solche Blödsinnigkeit behaupten."
-Allen Daves

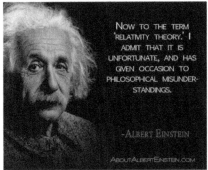

Abb. 148: Zitat Einstein

Als Einstein der Welt seine Relativitätstheorie vorstellte, benutzte er öfters als Vergleich das Bild eines Fuhrwerkes, das eine Straße entlangrollt. In einer Vorlesung an der Universität von Princeton sagte er: „Was wir mit relativer Bewegung meinen, ist im Grunde jedem vollkommen klar. Wenn wir uns ein Fuhrwerk vorstellen, dass sich die Straße entlang bewegt, wissen wir, dass es möglich ist, dass das Fuhrwerk steht und die Straße sich bewegt oder eben umgekehrt. Dies jedoch ist ein sehr eigener Teil der Ideen, die in der Relativitätstheorie enthalten sind."

„Das wäre richtig lustig, wenn wir es in einer Comiczeitschrift lesen würden, aber da es Professor Einstein in einer Vorlesung an der Princeton Universität sagte, dürfen wir nicht lachen; das ist der einzige Unterschied. Es ist dumm, aber ich darf die Angelegenheit nicht einfach mit dieser Bemerkung abhaken und so antworte ziemlich ernst, dass es mir nur möglich ist, von bewegten Straßen zu sprechen, während das Fuhrwerk stillsteht, wenn ich all meine Lebenserfahrung verbanne und nicht mehr länger in der Lage bin, Herr meiner Sinne *zu sein; was Wahnsinn ist ... Solch eine Selbsttäuschung, wie diese ist kein Schlussfolgern; es ist die Ablehnung der logischen Denkweise, welche die Fähigkeit ist, richtige Schlüsse aus beobachteten Sachverhalten zu ziehen und sie gemäß gemachter Erfahrung zu beurteilen. Es ist unserer Intelligenz unwürdig und eine Verschwendung unserer größten Gabe, aber diese Einführung dient sehr gut dazu, die Art der Täuschung, die in der Relativität verwurzelt ist, zu beschreiben. Wenn er annahm, dass sich die Straße bewegt haben könnte, während das Fuhrwerk mit seinen sich drehenden Rädern stillsteht, bittet er uns vorzustellen, dass in einer ähnlichen Weise die Erde sich bewegen könnte, während die Sterne starr sind.*

Es ist wie in einer Berufungsverhandlung, bei der Einstein die Rolle der Verteidigung der überführten Kopernikanischen Astronomie gegen den Richterspruch von Michelson- Morley, Nordmeyer, die Physik als solches, Beweise, Erfahrung, Beobachtung und den Verstand übernahm."
-Gerrard Hickson – „Kings Dethroned", Seite 65

Oberflächlich betrachtet mag die Relativität nachvollziehbar erscheinen, besonders wenn ein charismatischer Man, wie Einstein sie präsentiert. Ist es jedoch wirklich so einfach und unkompliziert? Tatsächlich ist Einsteins Relativitätstheorie so kompliziert und verschlungen, dass bei einer frühen, öffentlichen Vorstellung gesagt wurde, weniger als ein Dutzend Menschen weltweit wären in der Lage sie zu verstehen!

Nachdem Einstein seine Theorie der Königlichen Astronomischen Gesellschaft vorstellte, versprach der Philanthrop Eugene Higgins eine Prämie von 5.000$ für die beste Erklärung, sodass die breite Öffentlichkeit verstehen könnte, worum es sich hierbei überhaupt handelt. Der Gewinner des Preises, Herr L. Bolton, gab selbst zu, dass sie „sogar in ihrer einfachsten Form eine harte Herausforderung" bleibe.

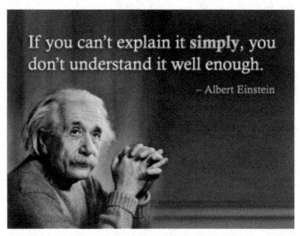

Abb. 149: Zitat Einstein

Zusammen mit Einstein's Ablehnung des Äthers und allem Gültigen (außer der Gültigkeit der Relativität) musste er eine lange Litanei von neuen Ideen und Bezeichnungen kreieren, die alle voneinander abhängig waren und dazu beitrugen, das Ganze zu untermauern. Zum Beispiel behauptete Einstein, es gäbe keinen Äther, dass Zeit eine vierte räumliche Dimension sei, dass „Unendlichkeit" und „Ewigkeit" nicht existieren und dass Licht ein materieller Stoff ist. Die Zeit wurde also zu den drei Dimensionen Länge, Breite, und Höhe hinzugefügt, „Raum oder space" wurde zu „Kontinuum" umbenannt und ein „Punkt, Ort" im „Raum- Zeit Kontinuum" bekam den Ausdruck „Ereignis oder Event".

„Was wir immer als „Punkt" kannten nach dem Ausdruck von Euklid, nennt Einstein ein „Event"! Wenn aber Wörter überhaupt eine Bedeutung haben, dann sind ein Punkt und ein Ereignis zwei total verschiedene Dinge. Ein Punkt ist eine Ortsangabe, eine Gegend oder ein Platz. Er wird nur im Zusammenhang mit materiellen Dingen verwendet, während ein Ereignis eine Begebenheit ist, etwas das passiert. Es gibt so viel Unterschiede zwischen ihnen wie in es ihn in dem Satz „Das ist ein Korb voller Äpfel" und „Diese Äpfel kommen aus Neuseeland" gibt.

Während er Zeit als vierte Dimension bezeichnet, erklärt Einstein, dass „wir unter einer Dimension nur eine von vier unabhängigen Größen zur Lokalisierung eines Ereignisses im Raum verstehen müssen". Dies impliziert, dass die anderen drei Dimensionen, die allgemein gebräuchlich sind, unabhängige Größen seien, was nicht der Fall ist. Denn Länge, Breite und Dicke liegen im Wesentlichen in Kombination vor; sie koexistieren in jedem physikalischen Ding, so dass sie miteinander in Beziehung stehen - sie sind also keine unabhängigen Größen. Im Gegenteil, die Zeit IST eine unabhängige Größe.

Sie ist unabhängig von allen drei Proportionen der materiellen Dinge, sie ist in keiner Weise mit ihnen verbunden und kann daher nicht als vierte Dimension verwendet werden."
-Gerrard Hickson – „Kings Dethroned", Seite 69

Einstein's Relativitätstheorie behauptet, Licht sei eine materielle Sache, daher ein Gewicht aufweist und der Gravitation unterliegt. Diese Idee bedeutet: Sternenlicht könnte sich nun unter deren Gewicht krümmen und ihren Pfad kurvenförmig gestalten, basierend auf der Entfernung und der Masse der Objekte entlang ihrer Flugbahn. Dies veranlasste Heliozentriker, wie Einstein dazu zu behaupten, dass Sterne in Wirklichkeit nicht dort sind wo sie erscheinen und die Sterne seien mit dieser neuen Geometrie sehr viel weiter entfernt, als vorher angenommen.

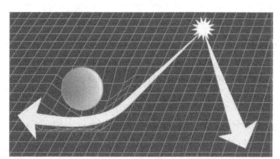

Abb. 150: General relativity leads us to expect that mass curves space-time — and that should, in turn, affect the path of light.

„Folglich dürften die Himmelskörper weiter weg sein, als bisher angenommen. Jede Methode, die auf der Geometrie von Euklid und der Triangulation von Hipparchus beruht, wird bei der Feststellung der Entfernung zu einem Stern scheitern, weil seine wirkliche Position nicht mehr bekannt ist.
Die neue Art der Geometrie, die Einstein erfunden hat, um die Positionen der Sterne zu berechnen, ist eher als Metaphysik zu charakterisieren."
-Gerrard Hickson – „Kings Dethroned", Seite 66

Einstein's „Gesetz der Beständigkeit der Lichtgeschwindigkeit" besagt, dass Licht immer mit derselben Geschwindigkeit unterwegs ist – 186.414 mps (671.090.400 mph), Einstein behauptet jedoch auch, dass die Gravitation Licht dazu bringt, sich auf seiner Flugbahn in Richtung massiven Objekten zu krümmen. Wenn man einem Lichtstrahl zubilligt, sich aufgrund der Gravitation von Massen entlang seines Pfades zu krümmen oder vom Kurs abzuweichen, dann muss dieses Licht zwangsläufig beim Annähern an diese Objekte beschleunigen und beim Entfernen entschleunigen. Wenn sich Licht jedoch unter seinem eigenen Gewicht oder dem Gesetz der Gravitation krümmen kann, wie Einstein dies behauptet, dann ist es nicht absolut und kann es auch nicht sein.

„Während Einstein behauptet, dass alles in Bewegung und nichts in Ruhe ist, erlaubt er merkwürdigerweise einer Sache und nur dieser Sache, außerhalb der Wirkungskraft der Relativität zu bleiben, unabhängig von allem anderen. Er behauptet die Geschwindigkeit des Lichts sei unter allen Umständen konstant und damit absolut.
Dies ist ein Patzer erster Ordnung, aber ich denke nicht, dass er ihm aus Versehen unterlaufen ist. Es ist ziemlich klar, dass er in diese falsche Angabe getrieben wurde. Er war gezwungen zu sagen, die Lichtgeschwindigkeit sei konstant, weil er sonst zugeben müsste, seine Geometrie sei nutzlos...
Uns wird erzählt Licht sei materiell und ein Lichtstrahl könne auf seiner geraden Linie von der Gravitation irgendeines Objektes, das in seiner Nähe ist, abgelenkt werden, wenn er in seinem Einflussbereich eindringt. Weiterhin wird uns versichert Licht hätte immer die konstante Geschwindigkeit von 186.414 Meilen pro Sekunde.
Wir müssen jedoch Professor Einstein daran erinnern, dass dies anhand der Ergebnisse der Experimente von Physikern wie Cornu, Fizeau, Foucalt, Michelson und Newcomb widerlegt wurde, all jene Experimente wurden in der Erdatmosphäre durchgeführt, auf bekanntem Terrain. Bei all diesen Experimenten wurde ein Lichtstrahl zwischen zwei mehrere Kilometer voneinander entfernten Spiegeln reflektiert, so dass er immer durch die Atmosphäre hin- und herwandern musste, wobei nicht anzunehmen ist, dass sich das Licht oder irgendetwas anderes mit der gleichen Geschwindigkeit durch die Luft bewegen kann wie durch das Vakuum, das Einstein als Weltraum bezeichnet.
Lasst es uns umkehren, um es besser zu verstehen. Es ist zu vermuten, dass irgendeine materielle Sache mit einer höheren Geschwindigkeit in einem Vakuum unterwegs ist, als durch Luft, welches ein bestimmtes Maß an Dichte oder Durchlässigkeit aufweist. Wenn irgendetwas keinen Unterschied

zwischen Luft und einem Vakuum aufweisen kann, dann ist es keine materielle Sache, es kann keine Materie sein. Andererseits muss Materie einen solchen Unterschied aufweisen, folglich kann Lichtgeschwindigkeit nicht konstant sein." -Gerrard Hickson – „Kings Dethroned", Seite 70

Abb. 151: Einstein

Die allgemeine Meinung vor Einstein's Theorie war, dass Licht keine materielle Sache war, dass es sich in einer geraden Linie in alle Richtungen von der Quelle aus ausbreitete, dass es nicht durch Gravitation beeinflusst werden konnte, sich nicht durch irgendetwas krümmen konnte oder von seinem Kurs abweichen würde.

Wie Lord Kelvin sagt: *„Licht breitet sich von einer leuchtenden Mitte in alle Richtungen aus."* Seine Geschwindigkeit mag durch die Dichte des Mediums, durch das es strahlt, beeinflusst werden. Dies beweist jedoch nur, dass Einstein's „Gesetz von der Konstanz der Lichtgeschwindigkeit" nicht richtig ist.

„Die Länge der von Newcomb verwendeten Strecke zur endgültigen Festlegung der Lichtgeschwindigkeit war 7,44242km. Wenn der Lichtstrahl nur um eine Haaresbreite von der absolut geraden Linie abgewichen wäre, wäre er nie durch die Zwischenräume der sehr feinen Verzahnung seines Drehrades gegangen oder zum anvisierten Punkt auf seinen Ausgangs- und Empfangsspiegeln, die 3,72121 km voneinander entfernt waren, zurückgekehrt.

Die Tatsache, dass der Lichtstrahl von Spiegel zu Spiegel und durch das Rad hindurchging, beweist, dass er eine gerade Linie beibehielt; daher ist es sicher, dass er nicht durch die Gravitation der Erde zwischen den beiden Spiegeln von seinem Kurs abgelenkt wurde; somit ist es offensichtlich, dass er nicht von der Gravitation beeinflusst wurde. Wir stellen also fest, dass gerade die Experimente, mit denen die anerkannte Lichtgeschwindigkeit von 186.414 Meilen pro Sekunde gemessen wurde - Experimente, die mit äußerster Sorgfalt und Genauigkeit durchgeführt wurden - beweisen, dass ein Lichtstrahl nicht im Geringsten durch die Gravitation der Erde beeinflusst wird. Wenn also diese Experimente gut genug waren, um die ganze Welt dazu zu bringen, die "Lichtgeschwindigkeit" zu akzeptieren, so können sie ebenso gut als Beweis dafür angeführt werden, dass ein Lichtstrahl sich nicht durch sein eigenes Gewicht krümmt und dass das Licht nicht von der Gravitation beeinflusst wird."
-Gerrard Hickson, „Kings Dethroned", Seite 71

„Was Einstein angeht: Wenn Sie glauben wollen, dass Strecken schrumpfen, wenn sich ein Objekt bewegt, die Zeit sich dabei ändert und die Masse zunimmt, nur um die Anomalien des Michelson-Experiments zu erklären, dann ist das Ihr Privileg, aber ich würde darauf antworten, dass Masse, Zeit und Strecke unverändert bleiben und die Erde sich nicht bewegt, und ich bin genauso "wissenschaftlich" wie Sie, wenn ich das sage." -Robert Sungenis

„Relativität ist schlau, aber sie gehört zur selben Kategorie wie Newton's Gesetz der Gravitation und die Nebulartheorie von Kant- Herschell- Laplace. Ein raffinierter Versuch der Vorstellungskraft, eine Theorie über das Universum zu erhalten, gegen die jede Tatsache spricht."
-Gerrard Hickson – „Kings Dethroned", Seite 65

Abb. 152: Gravitation is eine Lüge

Wenn man einen Ballon mit Helium füllt, ein Stoff, der leichter ist als Stickstoff, Sauerstoff und weitere Elemente, die in der Luft enthalten sind, dann wird der Ballon sofort aufsteigen. Wenn man ihn mit Wasserstoff füllt, einem Stoff, der noch leichter als Helium ist, dann wird der Ballon sogar noch schneller aufsteigen. Wenn man den Samen der Pusteblume aus der Hand pustet, eine Substanz kaum schwerer als Luft, wird er davonwehen und irgendwann langsam zu Boden schweben. Wenn man einen Amboss aus der Hand fallen lässt, ein Objekt das viel schwerer als Luft ist, dann wird er schnell und auf direktem Wege zu Boden fallen. Nun, das hat absolut nichts mit Gravitation zu tun. Die Tatsache, dass leichte Dinge aufsteigen und schwere Dinge zu Boden fallen liegt an den natürlichen Eigenschaften des Gewichts. Das ist der große Unterschied zur Gravitation. Die Schwerkraft ist eine hypothetische, magnetähnliche Kraft, die von großen Massen ausgeht und die Isaac Newton zur Erklärung der heliozentrischen Theorie des Universums benötigte.

„Die meisten Menschen haben gehört oder gelesen, dass Sir Isaac Newton's Gravitationstheorie von dessen Betrachtung von dem Fall eines Apfels von einem Baum in seinem Garten stammt. Mit gesundem Menschenverstand ausgestattete Individuen würden sagen, der Apfel fiel zu Boden, weil er nun mal schwerer war, als die ihn umgebende Luft. Wenn sich nun anstatt des Apfels eine flauschige Feder vom Baum gelöst hätte wäre sie durch eine Briese weggeweht worden. Die Feder würde nicht auf die Erde niedergehen, bis die umgebende Luft sich soweit beruhigt hat, dass die Feder aufgrund ihrer eigenen Dichte zu Boden fallen würde."

-Lady Blount – "Clarion's Science vs God's Truth", Seite 40

Abb. 153: Illustration - Raum-Zeit-Krümmung

Abb. 154: Helium entflieht Gravitation

Wilbur Voliva, ein berühmter Befürworter der Geozentrik im frühen 20. Jahrhundert, gab in ganz Amerika Vorlesungen gegen Newton's Astronomie. Am Anfang seiner Vorlesung betrat er die Bühne mit einem Buch, einem Ballon, einer Feder und einem Ziegelstein. Er fragte das Publikum: „Wie kommt es, dass ein Gesetz der Gravitation einen Ballon nach oben ziehen kann, aber keinen Stein? Ich werfe dieses Buch hoch. Warum geht es nicht nach oben? Das Buch ging hoch, weil die Kraft dahinter es dazu zwang und es fiel dann, weil es schwerer als die Luft ist. Das ist der einzige Grund dafür. Ich schneide die Schnur eines Kinderballons durch. Er steigt, erreicht eine bestimmte Höhe, wo er verweilt. Ich nehme diesen Ziegel und eine Feder. Ich puste die Feder. Da fliegt sie dahin. Letztendlich verweilt sie und kommt herunter. Dieser Ziegel geht so weit nach oben, wie eine Kraft ihn dazu bewegt. Dann fällt er herunter, weil er schwerer als die Luft ist, die ihn umgibt. Das ist alles."

„Jedes Objekt, das schwerer als die Luft ist und das unbeeinflusst ist, hat eine natürliche Neigung aufgrund des Eigengewichts, zu fallen. Newton's berühmter Apfel von Woolsthorpe, oder jeder andere reife Apfel löst sich von seinem Stiel und fällt zwangsläufig zu Boden, weil er schwerer ist als Luft. Die Erdanziehung spielt hierbei keine Rolle. Wenn es eine solche Anziehung geben würde, warum zieht die Erdanziehung nicht den aufsteigenden Rauch an, der nicht annähernd so schwer ist wie der Apfel? Die Antwort ist einfach: Rauch ist leichter als Luft und daher fällt er nicht, sondern steigt auf. Gravitation ist nur eine Ausrede, von Newton für seinen Versuch eingesetzt, die Drehung der Erde um die Sonne zu beweisen und je schneller sie in „the tomb of all the Capulets" verfrachtet wird, je besser für die Menschheit." -David Wardlaw Scott – „Terra Firma", Seite 8

Abb. 155: Wilbur Voliva - Flat Earth

„Das „Gesetz der Gravitation" gilt bei den Vertretern des Newton'schen Systems der Astronomie als größte Entdeckung der Wissenschaft und als Grundstein der gesamten modernen Astronomie. Wenn festgestellt werden kann, dass Gravitation reine Theorie und nur eine Vorstellung ist, dass es sie außerhalb der Gedanken ihrer Verkünder und Beschützer nicht gibt, bricht die ganze Hypothese dieser sogenannten modernen Wissenschaft in sich zusammen. Diese „genaueste aller Wissenschaften", diese wunderbare „Meisterleistung des Intellektes" wird dann sofort der lächerlichste Aberglaube und der gigantischste Schwindel, dem Ignoranz, Unwissenheit und Leichtgläubigkeit je ausgesetzt waren."
-Thomas Winship – "Zetetic Cosmogeny", Seite 36

Einstein's Relativitätstheorie und das ganze heliozentrische Modell des Universums hängt am seidenen Faden von Newton's „Gesetz der Gravitation". Heliozentriker behaupten die Sonne wäre der massivste Körper am Himmel, massiver als die Erde. Daher sind die Erde und andere Planeten dem „Gesetz" nach in der Gravitation der Sonne gefangen und gezwungen, diese in ewigen Kreisen/Ellipsen zu umlaufen. Sie behaupten der Gravitation sei es zu verdanken, dass Menschen, Gebäude, ganze Meere etc. an der Unterseite ihres „Erdballs" kleben, ohne herunterzufallen.

Nun, selbst wenn Gravitation existieren würde, warum würde sie gleichzeitig verursachen, dass Planeten die Sonne umkreisen und Menschen an der Erde haften? Gravitation sollte entweder dafür sorgen, dass Menschen in einer Umlaufbahn um die Erde schweben, oder sie sollte verursachen, dass die Erde von der Sonne angezogen wird und auf sie prallt! Welche Art von Zauber ist „Gravitation"? Sie klebt die Füße der Menschen an die Erdkugel, während sie die Erde selbst dazu bringt, sich in Ellipsen um die Sonne zu drehen! Diese beiden Auswirkungen sind sehr verschiedenartig und doch wird ihnen dieselbe Ursache zugeschrieben.

„Man nehme den Fall eines von einer Kanone abgefeuerten Schuss. Durch die Explosionswirkung und den Einfluss der angeblichen Gravitation bildet der Schuss eine Parabel und fällt letztlich zu Boden. Hier dürfen wie fragen, warum - wenn doch die Kräfte dieselben sind (direkter Impuls und Gravitation) - der Schuss keine Umlaufbahn, wie die der Planeten bildet und um die Erde kreist? Die Anhänger von Newton mögen antworten, dass der Impuls, der den Schuss antreibt nur zeitlich begrenzt ist und, dass der Impuls, der die Erde antreibt, beständig ist. Aha, aber warum ist der Impuls im Falle des um die Sonne kreisenden Planeten beständig? Was ist die Ursache dieser Beständigkeit?" -N. Crossland – „New Principia"

Abb. 156: Illustration - Sonnensystem

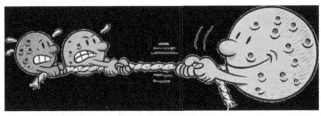
Abb. 157: Gravitation

„Wenn die Sonne mit solch einer Kraft an der Erde und all ihren Schwesterplaneten zieht, warum fallen sie dann nicht auf sie?"
-A. Giberne – "Sun, Moon and Stars"

Diese magnetartige Anziehung massiver Objekte, die der Gravitation zugeschrieben wird, kann nirgendwo in der Natur vorgefunden werden. Es gibt kein natürliches Beispiel einer massiven Kugel oder irgendeines massiven Objektes mit anderer Kontur, welches aufgrund ihrer Masse allein, kleinere Objekte dazu bringt an ihm zu haften oder um ihn zu kreisen! Es gibt auf der Erde nichts das massiv genug ist und diese Zustände nicht mal mit Staubbällchen bewirken kann! Versuche einen nassen Tennisball, oder irgendein anderes kugelförmiges Objekt mit kleineren Dingen daraufgesetzt, zu rotieren und es wird sich zeigen, dass alles herunterfällt und nichts daran haftet oder darum kreist. Behauptungen über die Existenz eines physikalischen „Gesetzes" ohne ein einziges praktisches Beweisbeispiel sind Hörensagen und keine Wissenschaft.

„Es ist eine Tatsache, dass sich Körper in einigen Fällen gegenseitig annähern; aber, dass ihre gegenseitige Annäherung auf eine „Anziehungskraft" dieser Körper zurückzuführen ist, ist letztlich eine bloße Theorie. Hypothesen mögen manchmal zulässig sein, aber wenn sie erfunden werden, um andere Hypothesen zu stützen, sind sie nicht nur anzuzweifeln, sondern zu diskreditieren und zu verwerfen. Die Hypothese einer universellen Kraft, die Gravitation genannt wird, basiert auf einer anderen Hypothese und wurde tatsächlich aufgestellt, um diese zu stützen. Diese Hypothese besagt, dass die Erde und das Meer zusammen einen riesigen Globus bilden, der durch das Weltall schwirrt und daher eine oder mehrere Kräfte benötigt, um ihn auf seiner verrückten Reise zu führen und ihn so zu kontrollieren, dass er seine jährliche Umlaufbahn um die Sonne einhalten kann!
Die Theorie macht die Erde zunächst zu einer Kugel; dann zu einer nicht vollkommenen Kugel (not a perfect globe), sondern zu einem flachgedrückten Sphäroid (oblate spheroid), das an den "Polen" abgeflacht ist; dann wird sie immer flacher, bis sie Gefahr läuft, so flach zu werden, dass sie wie ein Käselaib aussieht. Schließlich wird uns gesagt, dass die Erde birnenförmig sei und dass der „Ellipsoid durch einen Apoiden ersetzt wurde". Welche Form sie als nächstes annehmen wird, können wir nicht sagen; das wird von der Laune oder der Fantasie von schlauen und spekulierenden „Wissenschaftlern" abhängen." -Lady Blount und Albert Smith – "Zetetic Astronomy", Seite 14

Gravity
Just a theory.
Abb. 158: Gravity - Nur eine Theorie!

Wie kommt es, dass die „Schwerkraft" so stark ist, dass sie alle Ozeane, Gebäude und Menschen an der Unterseite der Kugelerde festhalten kann, aber so schwach ist, dass sie es Vögeln, Käfern oder Rauch und Luftballons erlaubt, sich ihrem Einfluss ganz lässig zu entziehen? Wie kommt es, dass die „Gravitation" unsere Körper an der Unterseite der Kugel-Erde hält, wir aber dennoch problemlos unsere Beine und Arme heben, gehen oder springen können und dabei keine konstante, nach unten gerichtete Zugkraft spüren? Wie kann es sein, dass die „Gravitation" die Planeten dazu bringt, sich auf elliptischen Bahnen um ein einzelnes Anziehungszentrum zu drehen? Ellipsen erfordern von Natur aus zwei Anziehungspunkte, und die Gravitationskraft müsste regelmäßig zu- und abnehmen, um die Planeten auf einer konstanten Umlaufbahn zu halten und zu verhindern, dass sie auf direkten Kollisionskurs gezogen werden!

„Die Tatsache, dass die Sonnenbahn nur für etwa vier Zeiträume im Jahr eine exakte Kreisbahn darstellt, und dann auch nur für wenige Stunden - zu den Tagundnachtgleichen und den Sonnenwenden - widerlegt vollständig das „hätte sein können" der kreisförmigen Gravitation, und folglich jeglicher Art von Gravitation ... Wenn die Sonne gerade genug Kraft hätte, die Erde in der Umlaufbahn um sie zu halten (Zeitpunkt: Erde am nähesten zur Sonne), dann würde die Anziehungskraft (sofern nicht erheblich gesteigert) gänzlich unfähig sein, das Abdriften der Erde ins Weltall „in einer endlos geraden Linie", wie die Astronomen sagen würden, zu verhindern (Zeitpunkt: Erde am Weitesten entfernt von der Sonne).

Auf der anderen Seite ist es ebenso klar, dass, wenn die Anziehungskraft der Sonne gerade ausreichen würde, um die Erde in ihrer richtigen Bahn zu halten, wenn sie am weitesten von der Sonne entfernt ist, und somit zu verhindern, dass sie in den Weltraum davon rast, würde die gleiche Anziehungskraft, sobald die Erde der Sonne am nächsten ist, so viel größer sein, dass (es sei denn, die Anziehungskraft wäre sehr stark vermindert) nichts die Erde daran hindern würde, auf die Sonne zuzurasen und von ihr absorbiert zu werden, da es keinen ausgleichenden Bezugspunkt gibt, um eine solche Katastrophe zu verhindern!

Da die Astronomie keinen Hinweis auf die Zunahme und Abnahme der Anziehungskraft der Sonne, die Gravitation genannt wird, für die oben genannten wichtigen Punkte gibt, sind wir wieder zu dem Rückschluss gezwungen, dass die große „Entdeckung", auf die die Astronomen so stolz sind, nicht existent ist." -Thomas Winship – "Zetetic Cosmogeny", Seite 44

„Die Newtonianer verlangt von uns zu glauben, dass die Wirkung der Schwerkraft, die wir leicht durch die geringste Willensanstrengung überwinden können, indem wir eine Hand oder einen Fuß heben, so überwältigend heftig ist, dass diese unter normalen Bedingungen nicht wahrnehmbare Kraft unter außergewöhnlichen Umständen den Bruch aller unserer Gliedmaßen verursachen kann, wenn wir das Gleichgewicht verlieren und ein paar Meter fallen? Der gesunde Menschenverstand muss diese Interpretation zurückweisen. Die Gravitation liefert keine befriedigende Erklärung für die hier beschriebenen Phänomene, während die bereits erwähnte Definition des Gewichts dies tut, denn ein Körper, der auf die leichteste Weise seine Stabilität sucht, würde genau das Resultat liefern, das wir erleben. Wäre der Einfluss, der uns fest an die Erde

Abb. 159: Gravitron

bindet, identisch mit dem Einfluss, der stark genug ist, um einen fernen Planeten in seiner Bahn zu beeinflussen, wären wir uns unmittelbar dessen meisterhafter Gegenwart und Wirksamkeit bewusst, während dieser Einfluss gerade dort, wo er am stärksten sein soll, so schwach ist, dass wir uns mit der Idee der Existenz dieses Einflusses nur schwer anfreunden können."
-N. Crossland – „New Principia"

Heliozentriker behaupten, der Erdball drehe sich ständig mit atemberaubenden 1.000 mph um seine Längsachse und trotzdem können Menschen, Tiere, Gebäude, Ozeane und andere Dinge sich irgendwie an der Unterseite des rotierenden Erdballs halten, ohne abzufallen oder herunterzuschleudern. Fahre jedoch auf dem „Gravitron" auf deinem örtlichen Jahrmarkt und du wirst feststellen, je schneller es sich dreht, desto mehr wirst du vom Drehmittelpunkt WEGGEDRÜCKT und nicht in Richtung desselben. Selbst wenn es die zentripetale (nach innen ziehende) Kraft der Schwerkraft gäbe, was nicht der Fall ist, müsste die zentrifugale (nach außen drückende) Kraft der angeblichen Drehung der Erde mit 19 mps ebenfalls vorhanden sein und somit überwunden werden. Für beide gegensätzlichen Kräfte gilt

jedoch: Ihre Existenz wurde nie außerhalb der Phantasie der heliozentrischen „Wissenschaftler"
nachgewiesen.

„Gravitation ist der Begriff, der heutzutage verwendet wird, um zu "erklären", was Menschen mit gesundem Menschenverstand als unerklärlich ansehen. Die Globalisten sagen, dass alle Himmelskörper im Weltraum Kugeln sind, die im Verhältnis zu ihrer Größe und Anziehungskraft zueinander „gravitieren. Dabei gibt es eine „zentripetale" Kraft (die zum Zentrum gerichtet ist) und eine „zentrifugale" Kraft (die vom Zentrum weg gerichtet ist). Wie allerdings eine träge Masse eine automatische Kraft entfalten und einen Körper dazu bringen kann, sich einem anderen Körper anzunähern, wurde noch nie für unsere Sinne erkennbar gemacht. Das gehört in den Bereich der Metaphysik (nur in Gedanken existierend)."

Abb. 160: Gravitron

-Lady Blount – "Clarion's Science vs. God's Truth", Seite 40

„Wir sind nicht wie Fliegen, die durch die besondere Beschaffenheit ihrer Füße auf einem Ball krabbeln können, sondern wir sind Menschen, die eine ebene Fläche benötigen, auf der sie laufen können. Wie könnten wir an der Erde befestigt sein, die laut Ihrer Theorie mit einer Geschwindigkeit von 19 Meilen pro Sekunde um die Sonne kreist? Das berühmte Gesetz der Gravitation wird nicht greifen, obwohl uns gesagt wird, dass fünfzehn Pfund Atmosphäre auf jeden Quadratzentimeter unseres Körpers drücken. Dies erscheint jedoch nicht besonders logisch, denn es gibt viele Athleten, die fast ihre eigene Körpergröße überspringen und eine Meile in weniger als fünf Minuten laufen können, was sie unmöglich tun könnten, wenn sie so beeinträchtigt wären." -David Wardlaw Scott – „Terra Firma", S.3

„Es heißt, die Anziehungskraft der Gravitation sei an der Erdoberfläche stärker als in größerer Entfernung. Ist das so? Wenn ich senkrecht nach oben springe, kann ich mich mit aller Kraft nicht mehr als vier Fuß vom Boden erheben; wenn ich aber in einem Bogen mit einer niedrigen Bewegungsbahn springe und meine maximale Höhe bei etwa drei Fuß halte, kann ich mit einem Sprung einen Raum über der Erde von etwa 18 Fuß überwinden; so dass ich praktisch die so genannte Anziehungskraft in einer Entfernung von vier Fuß im Verhältnis 18 zu 4 überwinden kann, was genau das Gegenteil von dem ist, was ich nach der Newton'schen Hypothese tun könnte."
-N. Crossland – „New Principia"

Abb. 161: Gegenseitige Anziehung?

Newton theoretisierte – und das wird heutzutage allgemein gelehrt - dass die Gezeiten der Erde durch die gravitative Anziehungskraft des Mondes verursacht werden. Wenn der Mond allerdings nur einen Durchmesser von 2.160 Meilen hat und die Erde dagegen 8.000 Meilen, dann folgt aus ihren eigenen Berechnungen und „Gesetzen", dass die Erde 87-mal massiver ist und daher das größere Objekt das Kleinere anziehen sollte, und nicht umgekehrt. Wenn es die größere Schwerkraft der Erde ist, die den Mond in seiner Umlaufbahn hält, ist es unmöglich, dass die geringere Schwerkraft des Mondes, die Gravitation der Erde auf Meereshöhe, wo die Anziehungskraft der Erde noch stärker ausgeprägt wäre, übertrifft. Ganz zu schweigen davon, dass die Geschwindigkeit und die Umlaufbahn des Mondes einheitlich sind und daher eine einheitliche Wirkung auf die Gezeiten der Erde ausüben sollten. In Wirklichkeit sind die Gezeiten der Erde jedoch sehr vielfältig. Wenn die Gezeiten der Ozeane durch die Schwerkraft des Mondes verursacht werden, wie kommt es dann, dass Seen, Teiche und andere kleinere stehende

Gewässer außerhalb des Einflusses des Mondes bleiben, während die riesigen Ozeane derart beeinflusst werden?

Abb. 162: antike Darstellung unserer Kosmologie

„Falls der Mond das Wasser anheben würde, ist es naheliegend, dass das Wasser in Küstennähe weggezogen werden würde und eine Ebbe statt einer Flut verursacht werden würde. Außerdem sind die Geschwindigkeit und die Umlaufbahn des Mondes gleichmäßig, woraus folgt, dass wenn er irgendeinen Einfluss auf die Erde ausüben würde, dieser Einfluss nur ein einheitlicher Einfluss sein könnte. Allerdings sind die Gezeiten nicht gleichmäßig. In Port Natal beträgt der Anstieg und Abfall etwa 6 Fuß, während er in Beira, etwa 600 Meilen die Küste entlang, bei 26 Fuß liegt. Damit ist eindeutig geklärt, dass der Mond keinen Einfluss auf die Gezeiten hat. Die Gezeiten werden durch das sanfte und allmähliche Anheben und Absenken der Erde im Schoß der mächtigen Tiefe verursacht. In Binnenseen treten keine Gezeiten auf, was ebenfalls beweist, dass der Mond weder die Erde noch das Wasser anziehen kann, um Gezeiten zu verursachen.“
-Thomas Winship – "Zetetic Cosmogeny", Seite 130

„Es heißt, dass die Intensität der Anziehung bei Annäherung zunimmt, und umgekehrt. Wenn der Mond genug Anziehungskraft besitzt, um überhaupt die Gewässer der Erde anzuheben, sogar den kleinsten Tropfen von ihren tiefsten Tiefen, dort wo die Erdanziehung viel größer ist, dürfte es eigentlich nichts geben, was ihn daran hindert, all das Wasser, das er beeinflusst zu sich selbst zu nehmen. Es heißt, das Wasser fließe durch das Gesetz der Schwerkraft oder der Anziehungskraft des Erdmittelpunkts. Ist es also möglich, dass der Mond, nachdem er einmal die Kraft der Erde überwunden hat, seinen Einfluss auf das

Abb. 163: Stephen Hawking - Zero G Plane

Wasser verliert, und zwar durch den Einfluss einer Kraft, die er besiegt hat und die daher geringer als seine eigene ist? ... Die genannten Schwierigkeiten und weitere Faktoren, die im Zusammenhang mit der Erklärung der Gezeiten durch das Newtonsche System bestehen, haben viele, darunter auch Sir Isaac Newton selbst, dazu veranlasst zuzugeben, dass diese Erklärung der am wenigsten zufriedenstellende Teil der „Gravitationstheorie" darstellt. So sind wir durch die Wucht der Beweise zu dem Schluss gelangt, dass die Gezeiten des Meeres nicht durch die Anziehungskraft des Mondes entstehen, sondern einfach durch das Auf- und Absteigen der treibenden Erde in den Gewässern der „großen Tiefe": Die Ruhe, die auf dem Grund der großen Meere herrscht, wäre nicht möglich, wenn das Wasser abwechselnd vom Mond angehoben und von der Erde heruntergezogen würde.“
-Dr. Samuel Rowbotham – "Zetetic Astronomy", Seite 159

„Sogar Sir Isaac Newton selber gab zu, dass die Erklärung der Wirkung des Mondes auf die Gezeiten, der am wenigsten befriedigende Anteil seiner Theorie der Gravitation war. Diese Theorie behauptet, größere Objekte würden kleinere Objekte anziehen. Da die Masse des Mondes nur 1/8 der Erde beträgt und die Erde aufgrund der Gravitation der Sonne um diese kreist, sollte der Mond dasselbe tun, anstatt immer noch unsere Welt zu umkreisen.
Die Gezeiten variieren stark in ihrer Höhe, was vor allem auf die unterschiedliche Beschaffenheit des umliegenden Geländes zurückzuführen ist. In Chepstow steigt sie bis zu 60 Fuß, in Portishead bis zu 50 Fuß, während sie in der Bucht von Dublin nur 12 Fuß und in Wexford nur 5 Fuß beträgt ...

Abb. 164: Zero G Plane

Wodurch die Gezeiten so regelmäßig beeinflusst werden, kann derzeit nur vermutet werden. Möglicherweise ist es der atmosphärische Druck auf das Wasser der großen Tiefe. Vielleicht kann sogar der Mond selbst, wie der verstorbene Dr. Rowbotham vorschlug, die Atmosphäre beeinflussen, indem er den Luftdruck erhöht oder verringert und damit indirekt den Anstieg und Fall der Erde in den Gewässern der großen Tiefe beeinflussen."
-David Wardlaw Scott – "Terra Firma", Seite 259

„Wenn man sich diese Tatsache vor Augen hält, dass ein ständiger Druck der Atmosphäre auf die Erde ausgeübt wird, und sie mit der Tatsache in Verbindung bringt, dass die Erde eine riesige Fläche ist, die sich über das Wasser ausdehnt, wird deutlich, dass sie zwangsläufig leicht schwanken oder sich langsam im Wasser heben und senken muss. Wenn sich die Erde durch die Einwirkung der Atmosphäre langsam absenkt, bewegt sich das Wasser auf das zurückweichende Ufer zu und erzeugt eine Flut; und wenn die Erde durch die Reaktion des widerstandsfähigen ozeanischen Mediums allmählich ansteigt, zieht sich das Wasser zurück, und es entsteht eine Ebbe. Dies ist die allgemeine Ursache der Gezeiten. Welche Besonderheiten auch immer zu beobachten sind, sie können auf die Reaktion von Kanälen, Buchten, Landzungen und anderen lokalen Ursachen zurückgeführt werden ...

Die Erde weist eine vibrierende oder zitternde Bewegung auf, wie sie notwendigerweise zu einem schwimmenden und treibenden Gebilde gehören muss, was auch die Erfahrungswerte von Astronomen und Vermessungsingenieuren hinreichend belegen. Wenn eine empfindliche Wasserwaage fest auf einen Felsen oder auf ein möglichst solides Fundament gestellt wird, lässt sich das sehr merkwürdige Phänomen, dass sich die Position der Luftblase ständig verändert, beobachten. Wie sorgfältig die Wasserwaage auch eingestellt und das Instrument vor der Atmosphäre geschützt werden mag, die „Blase" wird ihre

Abb. 165: Zero G Plane

Position nicht viele Sekunden lang beibehalten. Ein ähnlicher Effekt wird in astronomischen Observatorien beobachtet, wo selbst die am besten konstruierten und in den geeignetsten Positionen angebrachten Instrumente nicht immer verlässlich funktionieren, wenn sie nicht gelegentlich nachjustiert werden."
-Dr. Samuel Rowbotham – "Earth not a Globe", 2nd Edition, Seite 108-110

Abb. 166: Zero G Plane

In den letzten Jahrzehnten hat die NASA Videos von Astronauten gezeigt, die angeblich in einer niedrigen Erdumlaufbahn völlige Schwerelosigkeit oder " Zero Gravity " erleben. Wie wird dieser Effekt der Schwerelosigkeit erreicht, wenn Gravitation doch gar nicht existiert? Wie sich herausstellte, hat die NASA zusammen mit Boeing in den letzten Jahrzehnten so genannte "Zero-G-Flugzeuge" und "Zero-G-Manöver" entwickelt und perfektioniert. Diese sind in der Lage, Schwerelosigkeit in beliebiger Höhe zu erzeugen. An Bord der umgebauten Boeing 727 vollführen speziell ausgebildete Piloten Luftmanöver, die als Parabelflüge bekannt sind. Die Flugzeuge steigen mit einem Steigungswinkel von 45° mit Hilfe des Triebwerksschubs und der Höhenrudersteuerung, und wenn die maximale Höhe erreicht ist, wird die Maschine mit hoher Geschwindigkeit auf Sturzflug gelenkt. Der Zeitraum der Schwerelosigkeit fängt mit dem Aufstieg an, dauert den ganzen Weg hoch und über die Parabelkurve, bis zum Erreichen eines unteren Kippwinkels von 30°. An diesem Punkt angelangt, wird das Manöver wiederholt.

Somit können alle NASA-Aufnahmen von Astronauten an Bord von „Raumfähren" oder der „Internationalen Raumstation" leicht gefälscht und in Erdatmosphäre an Bord eines Zero-G-Flugzeugs simuliert werden. Bei Betrachtung von Filmmaterial von Flügen mit einem Zero-G-Flugzeug im Vergleich zu Aufnahmen von NASA-Astronauten, die angeblich in ihren „Space-Shuttles" und „Raumstationen" umherschweben, ist tatsächlich kein Unterschied zwischen den beiden zu erkennen.

Astronomen behaupten, sie haben sämtliche Entfernungen, Formen, Himmelskörper, Umlaufbahnen, Gewichte, relative Positionen und Umdrehungszeiten anhand des „Gesetzes der Gravitation" festgestellt. Ohne eben diese Gravitation klappt ihre eigene Kosmologie unter ihrem eigenen Gewicht zusammen. Ohne Gravitation können die Leute nicht kopfüber auf einem Erdball stehen! Ohne Gravitation können sich die Erde und die Planeten nicht um die Sonne drehen! Ohne Newton's Gravitation, Einstein's Relativität, Kopernikus` Heliozentrik und dem Big Bang, kann es den Erdballmythos nicht geben.

„Die Erfahrung des Menschen lehrt ihn, dass er nicht wie eine Fliege, die sich an der Decke eines Zimmers genauso sicher bewegen kann wie auf dem Boden, konstruiert ist. Da die moderne Globus-Theorie eine Menge anderer Theorien benötigt, um am Leben zu bleiben – und da passt die Gravitationstheorie gut ins Bild – folgt daraus, dass die Erde keine Kugel sein kann, es sei denn wir treten den gesunden Menschenverstand mit Füßen und lassen die Lehren unserer Erfahrung außer Acht … Wenn wir uns - nachdem unser Geist einmal für das Licht der Wahrheit geöffnet wurde - einen kugelförmigen Körper vorstellen könnten, auf dessen Oberfläche menschliche Wesen existieren könnten, dann müsste

Abb. 167: Aufstieg Zero G Plane

die Kraft - egal wie man sie nennt -, die sie festhalten würde, notwendigerweise so einschränkend und erdrückend sein, dass sie gar nicht leben könnten; die Gewässer der Ozeane müssten wie eine feste Masse sein, denn Bewegung wäre unmöglich. Aber wir existieren nicht nur, sondern leben und bewegen uns, und das Wasser des Ozeans hüpft und tanzt wie etwas Lebendiges und Schönes! Dies ist ein Beweis dafür, dass die Erde keine Kugel ist."

-William Carpenter – "100 proofs the earth is not a globe", Proof No. 21 und 88

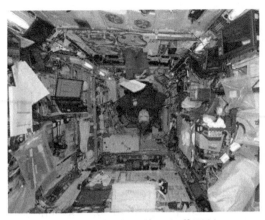
Abb. 168: ISS - Greg Chamitoff NASA

„Vor fast hundert Jahren hatte Kepler den Gedanken geäußert, dass irgendeine unbekannte Kraft die Erde und die Himmelskörper an ihrem Platz halten müsse, und nun griff Sir Isaac Newton, der größte Mathematiker seiner Zeit, diese Idee auf und formulierte das Gesetz der Gravitation. Der Name ist vom lateinischen Wort „gravis" abgeleitet, was „schwer, Gewicht haben" bedeutet, während das Gesetz der Gravitation folgendermaßen definiert wird:

„Die gegenseitige Aktion, bei der jeder Massenpunkt auf jeden anderen Massenpunkt mit einer anziehenden Gravitationskraft einwirkt. Diese Gravitationskraft ist in ihrer Stärke proportional zum Produkt der beiden Massen und umgekehrt proportional zum Quadrat ihres Abstandes." Um es kurz zu fassen, Gravitation gilt als „Das, was jeden Gegenstand zu jedem anderen Gegenstand anzieht." Das sagt uns nicht viel und das, was es sagt ist falsch. Denn ein gewissenhafter Beobachter weiß sehr wohl, dass Gegenstände nicht von jedem anderen angezogen werden … Die Definition impliziert, dass sie eine Kraft ist; aber das ist nicht ihre Aussage, denn die Bezeichnung „gegenseitige Aktion" ist mehrdeutig, und ganz und gar nicht überzeugend."
-Gerrard Hickson – „Kings Dethroned", Seite 14

„An die Stelle des Gravitationssystems, das die Sonne zum beweglichen Mittelpunkt des Universums macht, dessen merkwürdige Prinzipien alles andere als gewiss sind, da sie sich auf unsichtbare Umstände beziehen und daher nicht überprüft werden können, tritt hier das alte geozentrische System, das bis zum 17. Jahrhundert allgemein akzeptiert wurde, natürlich aufgrund seiner unbestreitbaren Offensichtlichkeit, und wonach die Erde, die sich nicht bewegt und von Planeten, einschließlich der Sonne, umgeben ist, die sich sichtbar um sie bewegen, den Mittelpunkt unseres Universums bildet.

Die beiden Tatsachen, die fast alles erklären, sind erstens die positive Existenz einer festen Kuppel über der Erde, die den Himmel bildet, und zweitens die immaterielle Beschaffenheit der Planeten und Sterne, die keine physischen Massen sind, sondern lediglich leuchtende Erscheinungen. Dies sind die beiden Umstände, die heute zu einer grundlegenden Umgestaltung der Astronomie führen."
-Gabrielle Henriet – "Heaven and Earth", Seite 6

„Die Theorie, wonach Bewegungen durch materielle Anziehung erzeugt werden, ist absurd. Der bloßen Materie, die von Natur aus, eine passive Rolle spielt, eine solche Macht zuzuschreiben, ist eine große Illusion. Es ist eine schöne und einfache Theorie, um das Gemüt eines jeden Menschen zu befriedigen, aber wenn der praktische Test kommt, fällt sie in sich zusammen und wird zu einer der lächerlichsten Theorien in Bezug auf gesunden Menschenverstand und Urteilsvermögen."
-Professor Bernstein – "Letters to the British Association"

Abb. 169: ISS - Schauspieler beim Posieren

Abb. 170 Yin Yang - Sonne Mond

Viele Leute denken, die Fähigkeit der heutigen Astronomie Mond- und Sonnenfinsternisse exakt vorherzusagen, wäre ein Beweis für die heliozentrische Theorie des Universums. Tatsache ist jedoch, dass Eklipsen seit Tausenden von Jahren weltweit mit der gleichen Genauigkeit vorhergesagt werden konnten, bevor der „heliozentrische Erdball" auch nur ein Funke in Kopernikus´ Vorstellung war. Ptolemäus hat im 1. Jhd. n.Chr. Sonnen- bzw. Mondfinsternisse für 600 Jahre auf der Grundlage einer flachen, unbewegten Erde mit der gleichen Präzision, wie es heutzutage möglich ist, vorhergesagt. Bereits 600 v. Chr. sagte Thales eine Sonnenfinsternis voraus, die den Krieg zwischen den Medern und Lydiern beendete. Sonnenfinsternisse finden regelmäßig und präzise in 18-Jahres-Zyklen statt. Unabhängig von geozentrischen oder heliozentrischen, flachen oder kugelförmigen Kosmologien können Sonnenfinsternisse präzise ermittelt werden.

„Diejenigen, die mit den Methoden zur Kalkulation von Sonnenfinsternissen und anderen Phänomenen nicht vertraut sind, neigen dazu, die Korrektheit solcher Berechnungen als schlagkräftige Argumente zu Gunsten der Erdrotationslehre und der Newtonschen Philosophie im Allgemeinen anzusehen. Eine der bedauernswertesten Manifestationen der Unwissenheit über die wahre Natur der theoretischen Astronomie ist die so oft gestellte Frage: „Wie ist es möglich, dass dieses System, das seine Professoren in die Lage versetzt, sowohl Sonnen- als auch Mondfinsternisse auf die

Abb. 171: Foto - totale Sonnenfinsternis

Sekunde genau für Hunderte von Jahren zu berechnen, falsch sein kann?". Die Annahme, dass solche Berechnungen ein wesentlicher Bestandteil der Newton'schen oder irgendeiner anderen Theorie sind, ist völlig grundlos und äußerst trügerisch und irreführend. Unabhängig davon, welche Theorie angenommen wird oder ob alle Theorien verworfen werden: Dieselben Berechnungen können angestellt werden." -Dr. Samuel Rowbotham – "Zetetic Astronomy", Seite 151

„Die Chaldäer pflegten vor dreitausend Jahren die Eklipsen mit einer Genauigkeit vorherzusagen, die in unseren Tagen nur noch von Sekundenangaben übertroffen wird, weil wir wunderbare Uhren haben, die sie nicht hatten. Dennoch hatten sie eine ganz andere Weltanschauung als wir. Tatsache ist, dass Eklipsen mit einer gewissen Regelmäßigkeit auftreten, genau wie Weihnachten und Geburtstage, so dass jeder, der die Aufzeichnungen der Eklipsen von Tausenden von Jahren besitzt, sie genauso gut vorhersagen kann wie die besten Astronomen, ohne irgendeine Kenntnis ihrer Ursache."
-Gerrard Hickson – „Kings Dethroned", Seite 40

„Die einfachste Methode, eine bevorstehende Finsternis zu ermitteln, besteht darin, die Tabellen heranzuziehen, die im Laufe von Hunderten von Jahren sorgfältiger Beobachtung entstanden sind. Alternativ kann jeder Interessierte seine eigene Tabelle erstellen, indem er eine Reihe alter Almanachs, einen für jedes der letzten vierzig Jahre, auswertet, die Daten der Eklipsen in jedem Jahr gesondert erfasst und sie in Tabellenform anordnet. Bei der Durchsicht der verschiedenen Positionen wird er schnell bestimmte Muster, Intervalle oder Zyklen von Finsternissen feststellen; d.h. wenn er die Eklipsen

Abb. 172: Foto Sonnenfinsternis

des ersten Jahres nimmt und die der folgenden Jahre analysiert, wird er Besonderheiten feststellen; aber wenn er zu den Positionen des neunzehnten und zwanzigsten Jahres kommt, wird er feststellen, dass einige der Eklipsen im früheren Teil der Tabelle wiederholt wurden, d.h. Zeiten und andere Merkmale werden sich gleichen ... Tabellen der Sonnen- und Mondstände, der Eklipsen und ähnlicher Phänomene existieren seit Tausenden von Jahren und wurden unabhängig voneinander von den Chaldäern, Babyloniern, Ägyptern, Hindus, Chinesen und anderen Astronomen der Vorzeit erstellt. Die heutige Wissenschaft hat damit nichts zu tun."
-Dr. Rowbotham – „Zetetic Astronomy", S.153

Eine weitere Annahme und ein angeblicher Beweis für die Form der Erde ist die Behauptung der Heliozentriker, dass Mondfinsternisse durch den Schatten der Erdkugel, der den Mond verdeckt, verursacht werden. Die Idee ist, dass die Sphären der Sonne, der Erde und des Mondes perfekt wie drei Billardkugeln in einer Reihe ausgerichtet sind, so dass das Licht der Sonne den Schatten der Erde auf den Mond wirft. Diese Erklärung ist leider unzulässig, da Eklipsen regelmäßig stattfinden, während Sonne und Mond gemeinsam oberhalb des Horizonts zu sehen sind. Damit das Licht der Sonne den Schatten der Erde auf den Mond werfen kann, müssen sich die 3 Körper in einer geraden 180°-Syzygie befinden.

„Newton's Hypothese bedingt die Zwangsläufigkeit, dass die Sonne, im Fall einer Mondfinsternis, auf der Gegenseite der Erdkugel ist, um ihren Schatten auf den Mond zu werfen. Da jedoch Eklipsen des Mondes stattfanden mit Sonne und Mond gemeinsam über dem Horizont, folgt daraus, dass es nicht der Schatten der Erde sein kann, der den Mond verdunkelt. Daher ist Newton's Theorie fehlerhaft. "
-William Carpenter – 100 proofs the earth is not a globe, Proof No. 57

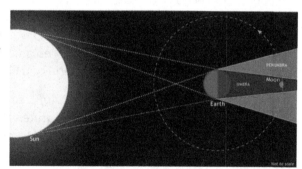

Abb. 173: Mondfinsternis in der Heliozentrik

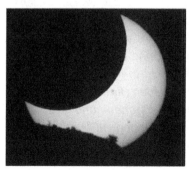

Abb. 174: Foto Sonnenfinsternis

„Dass es sich bei der Mondfinsternis um einen Schatten handelt, ist eine Vermutung, für die es keinerlei Beweis gibt. Dass der Mond sein Licht von der Sonne empfängt und dass deshalb seine Oberfläche verdunkelt ist, weil die Erde das Sonnenlicht abfängt, ist nicht bewiesen. Es ist nicht bewiesen, dass sich die Erde auf einer Umlaufbahn um die Sonne bewegt und dass es deshalb, weil sie sich in verschiedenen Positionen befindet, manchmal zu einer Konjunktion von Sonne, Erde und Mond kommt. Das Gegenteil ist eindeutig bewiesen: dass der Mond nicht von einem Schatten verdeckt wird; dass er selbst leuchtet und nicht nur ein Reflektor des Sonnenlichts ist und deshalb unmöglich von einem Schatten eines beliebigen Objekts verdunkelt oder verfinstert werden kann; und dass die Erde sich weder auf Achsen noch auf einer Umlaufbahn durch den Weltraum bewegt. Dies als Argument für die Rundheit der Erde zu bezeichnen, obwohl

jede notwendige Behauptung nur vorausgesetzt wird und das Gegenteil durch unmittelbare und praktische Beweise reichlich belegt ist, bedeutet, dass das Urteilsvermögen und jede andere argumentative Fähigkeit verkümmert."
-Dr. Samuel Rowbotham – "Zetetic Astronomy", Seite 301

„Laut der Kugeltheorie findet eine Mondfinsternis statt, wenn sich Sonne, Erde und Mond in einer direkten Linie befinden. Es ist jedoch belegt, dass seit dem 15. Jahrhundert über 50 derartiger Eklipsen stattgefunden haben, während sowohl die Sonne als auch der Mond über dem Horizont sichtbar waren." -F. H. Cook – "The terrestrial Plane"

Schon zur Zeit von Plinius (100 AD) gab es Aufzeichnungen über Mondfinsternisse, bei denen sowohl die Sonne als auch der Mond am Himmel zu sehen waren. Das Königliche Observatorium Greenwich zeichnete auf, dass *„während den Mondeklipsen von 17.7.1590, 3.11.1648, 16.6.1666 und 26.5.1668 der Mond verdunkelt aufging, während die Sonne noch über dem Horizont stand."*
McCulluch´s Geography schrieb: *„am 20.9.1717 und 20.4.1837 der Mond vor dem Sonnenuntergang verdunkelt erschien."*
Sir Henry Holland notierte ebenfalls in seinen „Recollections of Past Life" das

Abb. 175: Totale Mondfinsternis - 2011 - Iran

Ereignis des 20.4.1837, bei dem *„der Mond vor dem Sonnenuntergang verdunkelt aufging, bevor die Sonne unterging."*
Der Daily Telegraph zeichnete auf, dass es am 17.1.1870 passierte, dann wieder im Juli desselben Jahres und es geschieht bei Mondfinsternissen bis zum heutigen Tage.

Abb. 176: Totale Mondfinsternis - Timelapse

„Auf einem Globus mit einem Umfang von 25.000 Statutenmeilen am Äquator muss sich ein Mensch 24 Fuß über dem Meeresspiegel befinden, um einen Horizont von sechs Meilen vorzufinden, wobei die „Krümmung" 8 Inches pro Meile im Quadrat beträgt. Man lehrt uns also zu glauben, dass das, was zu jeder Tageszeit wie ein Halbkreis oder etwa 180° aussieht, in Wirklichkeit nur einige Meilen beträgt, da sich die Erde gegen die Sonne dreht und uns auf diese Weise täuscht. Das Phänomen der Mondfinsternis setzt allerdings entsprechend der astronomischen Lehre voraus, dass sich die Erde genau in der Mitte zwischen Sonne und Mond befinden muss, um das Licht der Sonne abzuschirmen und dadurch den Mond zu verdunkeln. Da sich diese beiden Himmelskörper nach Ansicht der Astronomen gegenüberstehen und die Erde dazwischen liegt, muss jeder von ihnen 90° oder einen Viertelkreis von einem Beobachter auf der Erdoberfläche entfernt sein - das heißt, einen halben Kreis von einem zum anderen. Was die Astronomie auf der einen Seite lehrt, dass der Horizont nur einige Meilen entfernt ist, ist nach ihrer eigenen Darstellung ein Halbkreis, denn die Sonne befindet sich auf der einen Seite des einen Quadranten und der Mond auf der

anderen Seite des Anderen. Befindet sich der Beobachter also auf dem Äquator, wenn das Phänomen auftritt, kann er laut astronomischen Messungen über 6.000 Meilen auf beiden Seiten von ihm sehen, im Osten und im Westen. Befindet er sich auf einem nördlichen bzw. südlichen Breitengrad, so sieht er entsprechend weniger, aber in jedem Fall einige tausend Meilen. Allerdings müsste er nach der gängigen Theorie 4.000 Meilen weit in den Weltraum gehievt werden, damit so etwas möglich wäre. Die Tatsache, dass Mondfinsternisse beobachtet wurden, als Sonne und Mond zum Zeitpunkt der Eklipse beide über dem Horizont standen und dass der Beobachter mit dem bloßen Auge auf beiden Seiten eine Strecke von Tausenden von Meilen - etwa einen halben Kreis - erfasst, beweist dass die Erde sich nicht dreht und dass sie kein Globus im Sinne des Volksglaubens sein kann."

-Thomas Winship – "Zetetic Cosmogeny", Seite 68

Abb. 177: Refraktion -- Wasser – Löffel

„Die Gelehrten sagen, dass die Erde bei einer Mondfinsternis einen Schatten auf den Mond wirft, indem sie das Licht der Sonne abfängt. Der Schatten, so wird behauptet, ist kreisförmig, und da nur eine Kugel einen kreisförmigen Schatten werfen kann, und da dieser Schatten von der Erde geworfen wird, handelt es sich bei der Erde natürlich um eine Kugel. Welchen besseren Beweis könnte ein vernünftiger Mensch verlangen? „Starke Argumentation", sagt der Unwissende.

Lasst uns sehen. Ich habe bereits einen Fall angeführt, in dem Sonne und Mond bei einer Mondfinsternis gesehen wurden, und da die Erde nicht dazwischen war, konnte der Schatten, unmöglich von der Erde geworfen worden sein. Da nun die Refraktion für die Anwesenheit des Mondes über dem Horizont verantwortlich gemacht wird, wenn er doch angeblich wirklich außerhalb unserer Sichtlinie ist, lasst uns sehen, wie die Lichtbrechung hinsichtlich eines Schattens funktioniert.

Refraktion gibt es nur, wenn sich das Objekt und der Betrachter in unterschiedlichen Dichteverhältnissen befinden. Wenn eine Münze auf den Boden eines Glases gelegt wird, gibt es bei einer Beobachtung keine Refraktion. Lichtbrechung projiziert das Bild der Münze nach **oben**, einen Schatten aber immer nach unten. Nimmt man eine Schüssel und stellt sie in die Nähe eines Lichts, so verkürzt sich der Schatten nach innen und nach **unten**; lässt man aber den Stab in der Schüssel ruhen und schüttet Wasser hinein, so scheint der Stab nach **oben** gebogen zu sein. Damit ist die Angelegenheit unstrittig und beweist, dass es nicht möglich ist, dass der Schatten, der auf dem Mond sein soll, von der Erde stammen könnte."

-Thomas Winship – "Zetetic Cosmogeny", Seite 78

Um die Ungereimtheiten ihrer Theorie zu erklären, behaupten die Heliozentriker in der Regel, dass Lichtbrechung in einem Ausmaß stattfinden muss, welches groß genug ist, um die beobachteten Phänomene zu erklären. George G. Carey behauptet in seinem Werk "Astronomy and Astronomical Instruments", dass dies der Grund dafür ist, dass der Vollmond manchmal vor Sonnenuntergang über dem Horizont verdunkelt wird und zwar aufgrund einer „horizontalen Brechung von 36 oder 37 Minuten, im Allgemeinen etwa 33 Minuten, was dem Durchmesser der Sonne oder des Mondes entspricht".

Abb. 178: Sonnenfinsternis - Timelapse

Selbst wenn diese äußerst unplausible, reverse-engineered, damage-control Erklärung akzeptiert wird, so lässt sich damit nicht erklären, wie irdische Beobachter in der Lage sein sollen, 12.000 Meilen bzw. 180° um den Erdball herum zu schauen.

„Even if we admit refraction, and that to the extent seemingly required to prove that when the eclipsed moon is seen above the horizon, we are still confronted with a fact which entirely annihilates every theory propounded to account for the phenomenon. Taking the astronomers' own equation of 8" to the mile, varying inversely as the square of the distance, for the curvature of the earth, where sun and moon are both seen at a lunar eclipse, the center of the sun is said to be in a straight line with the centers of the earth and the moon, each luminary being 90 degrees from the observer. This would give about 6,000 miles as the distance of each body from the observer. Now, what is the curvature in 6,000 miles? No less than 24,000,000 feet or 4,545 miles. Therefore, according to the astronomers own showing an observer would have to get up into space 4,545 miles before he could see both sun and moon above his horizon at a lunar eclipse!!! As lunar eclipses have been seen from the surface of the earth with sun and moon both above the horizon at the same time, it is conclusively proved THAT THERE IS NO CURVATURE OF THE EARTH, and, therefore, that the world is a plane, and cannot by any possibility be globular. This one proof alone demolishes forever the fabric of astronomical imagination and popular credulity ".
-Thomas Winship – "Zetetic Cosmogeny", Seite 78

Abb. 179: Sonnenfinsternis

„Eine Sonnenfinsternis entsteht einfach dadurch, dass der Mond zwischen der Sonne und dem Beobachter auf der Erde vorbeizieht. Die Behauptung, eine Mondfinsternis entstehe durch den Schatten der Erde, ist jedoch in jeder Hinsicht eine unbewiesene, unbefriedigende Aussage. Es ist bewiesen, dass die Erde keine orbitale oder axiale Bewegung hat und sich daher niemals zwischen Sonne und Mond stellen kann. Es ist auch bewiesen, dass die Erde eine plane Ebene ist, die sich immer unterhalb der Sonne und des Mondes befindet; daher ist es physikalisch unmöglich, davon zu sprechen, dass sie das Licht der Sonne auffängt und somit ihren eigenen Schatten auf den Mond wirft. Unabhängig von den oben genannten Schwierigkeiten oder Unvereinbarkeiten sind viele Fälle bekannt, bei denen sich Sonne und Mond verfinstert haben, obwohl beide über dem Horizont standen. Die Sonne, die Erde und der Mond stehen nicht in einer geraden Linie, sondern die Erde befindet sich unter der Sonne und dem Mond - jenseits der Reichweite oder der Bewegungsrichtung von beiden - und dennoch hat eine Mondfinsternis stattgefunden! Ist es möglich, dass ein „Schatten" der Erde auf den Mond geworfen wird, wenn Sonne, Erde und Mond nicht in einer Linie positioniert sind? Refraktion oder das, was als „Erdlicht" bezeichnet wird, hilft bei der Erklärung nicht weiter, denn das Licht des Mondes ist zu solchen Zeiten „wie die glühende Hitze eines Feuers gefärbt mit tiefem Rot". „Das rötliche Licht machte den Eindruck, als würde es brennen." „Es sah aus wie ein Feuer, das in der Asche schwelt." „Es hatte die Farbe von rotglühendem Kupfer". Das Sonnenlicht hat eine ganz andere Farbe, als das des verfinsterten Mondes. Es widerspricht den bekannten Grundsätzen der Optik, wenn gesagt wird, dass das Licht seine Farbe ändert, wenn es gebrochen oder reflektiert wird, oder wenn beides gleichzeitig geschieht. Wenn ein Licht einer bestimmten Farbe aus einer großen Entfernung durch ein verhältnismäßig dichtes Medium gesehen wird, wie die Sonne im Winter oft durch den Nebel und den Dunst der Atmosphäre gesehen wird, erscheint es in einer anderen Farbe, und zwar im Allgemeinen in der Farbe, die der Mond so oft während einer totalen Verfinsterung aufweist. Ein Schatten kann jedoch eine solche Wirkung nicht hervorrufen, da er in Wirklichkeit gar kein Gebilde ist, sondern einfach die Abwesenheit von Licht. Aus den bereits dargelegten Tatsachen und Phänomenen können wir keine andere Schlussfolgerung ziehen als die, dass der Mond von einer Art halbdurchsichtigem Körper verdeckt wird, der vor ihm vorbeizieht und durch den die leuchtende Oberfläche sichtbar ist. Die Lichtfarbe wird durch die Dichte des dazwischenliegenden Objekts verändert. Diese Schlussfolgerung wird uns durch das Beweismaterial aufgezwungen." -Dr. Samuel Rowbotham – "Zetetic Astronomy", Seite 130-138

Abb. 180: Piri Reis circumnavigation map 1513

Einer der Lieblingsbeweise der Heliozentriker für ihre Kugel-Erde-Theorie ist die Möglichkeit für Schiffe und Flugzeuge, die Erde zu umrunden. Da der Nordpol und die Antarktis jedoch mit Eis bedeckt und bewachte Flugverbotszonen sind, hat noch nie ein Schiff oder Flugzeug die Erde in Nord-Süd-Richtung umrundet, sondern lediglich in Ost-West-Richtung. Und hier steckt der Haken: Eine Weltumsegelung in Ost- oder Westrichtung kann genauso gut sowohl auf einer ebenen Fläche als auch auf einer Kugel durchgeführt werden. Genau wie ein Zirkel seinen Mittelpunkt auf ein flaches Blatt Papier setzen und einen Kreis um den „Pol" ziehen kann, so kann ein Schiff oder ein Flugzeug eine flache Erde umrunden. Die einzige Art der Zirkumnavigation, die auf einer flachen Erde nicht möglich ist, ist die Nord-Süd-Umrundung, was wahrscheinlich auch der wahre Grund für die strengen Flugbeschränkungen sein dürfte. Die Flugbeschränkungen stammen von niemand anderem als den Vereinten Nationen, denselben Vereinten Nationen, die hochmütig eine Flache-Erde-Karte als offizielles Logo und Flagge verwenden!

„Weltumkreisendes Segeln beweist die Kugelförmigkeit der Erde nicht mehr als gleichseitiges Dreieck. Die Umsegelung der Erde nimmt natürlich sehr viel mehr Zeit in Anspruch, als die Umsegelung der Isle of Wight durch einen Yachtbesitzer, aber im Grunde ist es dasselbe.

Lasst mich ein einfaches Beispiel anführen. Ein Junge will sein eisernes Spielzeugboot mit einem Magneten segeln lassen. Also besorgt er sich eine Schüssel, in die Mitte legt er eine Seifendose oder irgendetwas anderes, was seiner Ansicht nach geeignet ist die Erde darzustellen. Dann füllt er die Schüssel mit Wasser, das die Weltmeere repräsentiert. Er setzt sein Boot hinein und zieht es mit Hilfe des Magneten um seine kleine Welt. Das Boot überschreitet niemals den Rand, um unter der Schüssel entlang zu fahren, als wäre diese kugelförmig, anstatt schlicht kreisförmig.

So ist es auch in dieser unserer Welt; vom äußersten Süden

Abb. 181: UN-Logo – Flache-Erde-Modell

aus können wir von Osten nach Westen oder von Westen nach Osten um sie herumsegeln, aber wir können das nicht von Nord nach Süd oder von Süd nach Nord tun, denn wir können weder durch die dazwischenliegenden Länder hindurchfahren, noch die undurchdringlichen Wälle aus Eis und Felsen überwinden, die den großen südlichen Kreisumfang umschließen."
-David Wardlaw Scott – „Terra Firma", Seite 68

„Eine sehr gute Veranschaulichung der Zirkumnavigation eines Flugzeugs ist möglich, wenn man einen runden Tisch nimmt und in der Mitte einen Stift, der den Magnetpol darstellen soll, befestigt. An diesem

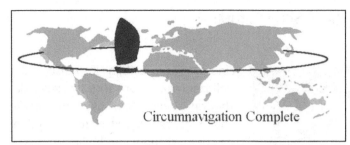
Abb. 182: Weltumseglung möglich - egal welche Form die Erde hat

zentralen Stift wird eine Schnur angebracht. Diese Schnur kann den Meridian von Greenwich, der sich genau nach Norden und Süden erstreckt, repräsentieren. Wenn nun ein Bleistift oder ein anderes Objekt über, oder im rechten Winkel zur Schnur gelegt wird, irgendwo auf der Strecke zwischen der Mitte und dem Umfang des Tisches, repräsentiert es ein in Richtung Ost und West stehendes Schiff. Nun bewege den Bleistift und die Schnur in eine der beiden Richtungen, und es zeigt sich, dass, wenn man das Schiff (den Bleistift) in einem rechten Winkel hält, die Schnur zwangsläufig einen Kreis um die magnetische Mitte beschreibt und in gegensätzlicher Richtung zu ihrem Ausgangspunkt zurückkehrt, zu dem es zuerst gesegelt ist."

-Dr. Samuel Rowbotham – "Zetetic Astronomy", Seite 226

Das „logische" Argument des Heliozentriker ist, dass <u>nur</u> eine Erdkugel umrundet werden kann; die Erde <u>wurde</u> umrundet und daher ist die Erde eine Kugel. Dies sieht in der Tat aus wie ein Totschlagargument. Die Voraussetzung, dass nur eine Erdkugel umrundet werden kann ist jedoch kategorisch falsch. Ein weiteres ähnlich „logisches", aber nicht stichhaltiges Argument der Kugel-Erdler ist, dass <u>nur</u> auf einem Globus Zeit gewonnen oder verloren werden kann, wenn man nach Osten oder Westen fliegt; Zeit <u>wird</u> gewonnen oder verloren, wenn man nach Osten oder Westen fliegt und deshalb ist die Erde eine Kugel. Auch hier ist die logische Schlussfolgerung ungültig und das Argument nicht schlüssig, weil die erste Prämisse falsch ist. Auf einer stationären flachen Erde würde derselbe Effekt eintreten, wie auf einer sich drehenden Kugelerde.

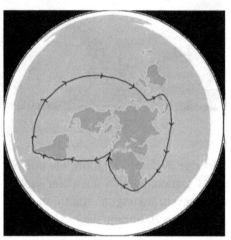
Abb. 183: Weltumseglung Magellan möglich auf einer flachen Erde

„Das Gewinnen und Verlieren von Zeit beim „um die Welt"-Segeln wird im Allgemeinen als ein weiterer Beweis für die Rotundität der Erde zugeschrieben. Es ist jedoch ebenso unzutreffend, wie das Argument der Weltumrundung, und zwar aus demselben Grund, nämlich der Annahme, dass ein solches Ergebnis nur auf einem Globus eintreten kann. Aus dem folgenden Diagramm (Abb. 184) wird ersichtlich, dass ein solcher Effekt sowohl auf einer Ebene als auch auf einer Kugel auftreten muss.

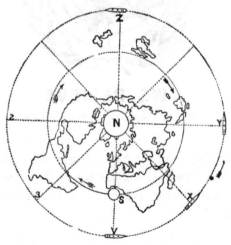
Abb. 184: Erdumrundung möglich auf einer flachen Ebene

V soll ein Schiff auf dem Längengrad von Greenwich darstellen und bereit sein sich auf einer Fahrt nach Osten zu bewegen. S soll die Sonne darstellen, die sich in die entgegengesetzte Richtung oder westwärts bewegt.

Da sich das Schiff und die Sonne auf demselben Meridian befinden, würde die Sonne, wenn das Schiff stillsteht, in der Richtung der Pfeile umlaufen und in 24 Stunden wieder auf das Schiff treffen. Wenn aber das Schiff in den nächsten 24 Stunden bis zur Position X, also 45° östlicher Richtung segelt, würde die Sonne 3 Stunden früher als am Tag zuvor, also in 21 Stunden auf dieses Schiff treffen, denn 15 Längengrade entsprechen einer Stunde Zeit. Somit würde man also 3h gewinnen.

Die Sonne erreicht den Meridian von Greenwich wieder in 24 Stunden, während das Schiff in dieser Zeit die Position 3 erreicht, die Sonne muss das Schiff in dieser Position einholen und braucht daher 3h länger um es zu erreichen. Folglich würde man 3h verlieren."
-Dr. Samuel Rowbotham – "Zetetic Astronomy", Seite 229

Ein weiterer beliebter "Beweis" der Kugelerdler ist der Umstand, dass der Rumpf eines Schiffes, wenn es auf den Horizont zufährt, für einen Beobachter an Land durch das Wasser verdeckt wird und aus dem Blickfeld verschwindet. Sie behaupten, dass die Schiffsrümpfe vor ihren Mastspitzen verschwinden, weil das Schiff seine Deklination um die konvexe Krümmung der Erdkugel

Abb. 185: Schiffsrümpfe - Beweis für die Kugelerde?

beginnt. Wieder einmal beruht diese voreilige Schlussfolgerung jedoch auf der falschen Annahme, dass dieser Effekt nur auf einem Globus auftreten kann. Tatsache ist, dass das Gesetz der Perspektive auf ebenen Flächen genau dasselbe Ergebnis erforderlich macht. Ein Mädchen, das ein Kleid trägt und auf den Horizont zugeht, scheint in die Erde zu versinken, je weiter sie sich vom Betrachtungspunkt entfernt. Ihre Füße werden zuerst aus der Sicht verschwinden. Der Abstand zwischen dem unteren Ende ihres Kleides und dem Boden wird allmählich kleiner, bis es nach ungefähr einer halben Meile so scheint, als ob ihr Kleid den Boden berührt, während die Beine dem Anschein nach vom Boden verschluckt wurden. Dasselbe passiert bei davonfahrenden Autos. Die Achsen sinken allmählich und die Räder verschwinden, bis es so erscheint, als ob der Wagen auf seiner Karosserie gleitet. Dies ist auf ebenen Flächen der Fall; die untersten Teile von Objekten, die sich von einem bestimmten Beobachtungspunkt entfernen, verschwinden zwangsläufig vor den Oberen.

Abb. 186: Fluchtpunkt Perspektive

„Dieses Gesetz der Perspektive begegnet uns auf Schritt und Tritt und ist unumstößlich. Wenn wir in gerader Linie aus einer gewissen Entfernung auf einen zugefrorenen See blicken, werden wir Menschen beobachten, die auf ihren Knien zu gleiten scheinen, aber wenn wir nahe genug herankommen, werden wir sehen, wie sie anmutige Bewegungen auf ihren Füßen ausführen. Wenn wir durch einen geraden Tunnel schauen, bemerken wir, dass die Decke und die Fahrbahn darunter zu einem Lichtpunkt am Ende konvergieren. Es ist dasselbe Gesetz, das einen Hügel am Horizont sinken lässt, wenn sich der Beobachter entfernt oder welches erklärt, wie der Schiffsrumpf in der offenen See verschwindet. Ich möchte noch anmerken, dass der Schiffsrumpf, wenn das Meer ungestört von Wellen ist, mit Hilfe eines guten Teleskops wieder sichtbar gemacht werden kann, lange nachdem er dem bloßen Auge entschwunden ist, was beweist, dass das Schiff nicht hinter dem Wasserhügel eines konvexen Globus untergegangen ist, sondern immer noch auf der Ebene eines ebenen Meeres segelt."
-David Wardlaw Scott – "Terra Firma", Seite 75

Abb. 187: Dieser "Beweis" ist leider widerlegt

Das Verschwinden von Schiffsrümpfen wird nicht nur mit dem Gesetz der Perspektive erklärt. Mit Hilfe eines guten Teleskops oder einer Zoom-Kamera, wie die NIKON P1000, lässt sich diese Begebenheit noch leichter beweisen. Wenn du mit dem bloßen Auge ein dem Horizont entgegensegelndem Schiff nachschaust, bis sein Rumpf unter der angeblichen „Krümmung der Erde" ganz aus dem Blickfeld verschwindet, dann schau durch ein Teleskop oder durch die Zoom-Kamera und du wirst feststellen, dass das ganze Schiff wieder zum Vorschein kommen wird! Das ist eine Tatsache, die unmissverständlich beweist, dass das Verschwinden der Objekte durch die Perspektive verursacht wird und nicht durch gekrümmtes Wasser.

Ball-Erdler witzeln oft: „Wenn die Erde flach wäre, dann könnten wir unendlich weit sehen!" Das aber ist natürlich ignorant und nicht korrekt. Wenn du am Strand, in der Ebene oder in der Prärie stehst, wirst du feststellen, dass sich der Horizont je nach Wetterlage und deiner Sehkraft etwa drei bis sechs Meilen um dich herum erstreckt. Die Reichweite des menschlichen Auges, unser Sichtfeld, beträgt 110 bis 1 Grad, und der kleinste Winkel, mit dem ein Objekt noch gesehen werden kann, beträgt 1/60 von 1°. Das bedeutet, dass ein Objekt nicht mehr sichtbar ist, wenn es das 3.000-fache seines eigenen Durchmessers vom Bezugspunkt entfernt ist. Die größte Entfernung, aus der ein Penny mit einem Durchmesser von 1 Inch noch sichtbar ist, beträgt also 3.000 Inches, also 250 Fuß. Wenn sich also der Rumpf eines Schiffes 10 Fuß über dem Wasser befindet, verschwindet er für das bloße Auge bei 3.000 mal 10 Fuß, also 6 Meilen. Das hat nichts mit der angeblichen Konvexität oder Krümmung der Erde zu tun, sondern mit dem allgemeinen Gesetz der Perspektive.

Abb. 188: Foto - Kirche Friedrichshafen aus 20 km Entfernung - 15m müssten auf Grund der Erdkrümmung unterm Horizont sein – sie ist jedoch komplett sichtbar – Augenhöhe: 1 Meter

„Der Horizont eines Beobachters ist fern oder nah, je nachdem, wie gut seine Sicht ist oder wie hoch er sich über der Oberfläche des vermeintlichen Globus befindet. Steht er 24 Fuß über dem Meeresspiegel, so befindet er sich im Zentrum eines Kreises, der seine Sicht begrenzt und dessen Radius in jeder Richtung an einem klaren Tag etwa sechs Meilen beträgt. Ein einheimischer Gentleman erzählte mir, dass er ein Bootsrennen in Neuseeland beobachtet hat und die Boote den ganzen Weg hin und zurück sehen konnte, wobei die Entfernung 9 Meilen von dem Ort, an dem er sich befand, betrug.
Ich habe den Rumpf eines Dampfers in einer Entfernung von 12 Meilen mit bloßem Auge, aus einer Höhe von nicht mehr als 24 Fuß, gesehen und bei Beobachtungen entlang der südafrikanischen Küste hatte ich manchmal einen Horizont von mindestens 20 Meilen bei einer Höhe von nur 20 Fuß. Die

Entfernung des Horizonts oder des Fluchtpunkts, an dem der Himmel die Erde und das Meer zu berühren scheint, wird größtenteils durch die Wetterbedingungen und durch unsere Sehkraft bestimmt. Dies wird durch die Tatsache belegt, dass das Fernrohr die Entfernung des Horizonts sehr stark erweitert und Objekte ins Blickfeld bringt, die völlig außerhalb des Sichtbereichs

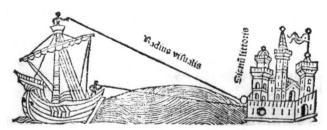

Abb. 189: Sacrobosco - The Sphere

des bloßen Auges liegen. Da aber kein Fernrohr einen Wasserabschnitt durchdringen kann, ist die legitime Schlussfolgerung, zu der wir gezwungen sind, folgende: Die Wasseroberfläche ist eben, und daher kann die Gestalt der Erde nicht kugelförmig sein. Da aber kein Fernrohr einen Wasserabschnitt durchdringen kann, ist die legitime Schlussfolgerung, zu der wir gezwungen sind, folgende: Die Wasseroberfläche ist eben, und daher kann die Gestalt der Erde nicht kugelförmig sein. Je höher der Standort des Beobachters auf einer solchen flachen oder ebenen Oberfläche ist, desto länger ist seine Sichtweite." -Thomas Winship – "Zetetic Cosmogeny", Seite 56

„An der Küste nahe Waterloo, einige Meilen nördlich von Liverpool, wurde ein gutes Teleskop auf einer Höhe von 6 Fuß über dem Wasser angebracht. Es wurde auf einen großen Dampfer, der gerade den River Mersey verließ und nach Dublin segelte, ausgerichtet. Allmählich näherte sich die Mastspitze des sich entfernenden Schiffes dem Horizont, bis es schließlich, nach ca. 4h verschwand. Die gewöhnliche Geschwindigkeit eines nach Dublin segelnden Dampfers waren volle 8 mph, sodass das Schiff mindestens 32 Meilen entfernt wäre, als die Mastspitze den Horizont erreichte.

Aufgrund der 6 Fuß Höhe des Teleskops müssten 3 Meilen für die Konvexität abgezogen werden, wodurch 29 Meilen übrigblieben, deren Quadrat, multipliziert mit 8 Inches, 560 Fuß ergeben. Zieht man 80 Fuß für die Höhe des Hauptmastes ab, so zeigt sich, dass gemäß der Doktrin der Rotundität, die Mastspitze des auslaufenden Dampfers 480 Fuß unterhalb des Horizonts hätte liegen müssen. Viele andere Experimente dieser Art sind durchgeführt worden, immer mit Ergebnissen, die mit der Erdkugel-Theorie völlig unvereinbar sind."
-Dr. Samuel Rowbotham – "Zetetic Astronomy", Seite 46

Abb. 190: News Anchor in the USA

FOUCAULT'S PENDULUM "PROOF" AND THE CORIOLIS EFFECT

Abb. 191: Foucault

Mitte des 19. Jhd. wurde ein Franzose namens Leon Foucault berühmt für das Schwingen von Pendeln und der daraus resultierenden Schlussfolgerung, ihre fortwährenden Schwingungsbewegungen seien ein Beweis für die tägliche Rotation der Erde. Seitdem werden in Museen und Ausstellungshallen weltweit regelmäßig „Foucault-Pendel" geschwungen, um den immerwährenden, ewigen Beweis für die heliozentrische, sich drehende Erdball-Theorie zu liefern. Die Wahrheit ist jedoch der in die Irre geführten Öffentlichkeit unbekannt. Foucault's Pendel ist ein gescheitertes Experiment, das nichts beweist, außer wie leicht es für Pseudowissenschaft ist, die formbaren Massen hinters Licht zu führen.

„Dieses Pendel - erzählen uns moderne Wissenschaftler - leistet einen sichtbaren Beweis, dass wir auf einer wirbelnden Kugel leben, welche - laut einem mir vorliegenden „Werk über die Wissenschaft" - sich an ihrer sogenannten Achse mit einer Geschwindigkeit von 1.000 mph am Äquator dreht. Zusätzlich zu anderen Bewegungen eilt sie auf einer ewigen Tour um die Sonne (deren Durchmesser angeblich 813.000 Meilen beträgt und deren Gewicht 354.936-mal größer ist als das der Erde, von der sie etwa 93.000.000 Meilen entfernt sein soll) mit einer Geschwindigkeit von über 60.000 Meilen pro Stunde. Um nun zu beweisen, dass die Erde wirklich diese Bewegungen vollführt, wird in der Vorstellung ein Pendel aufgehängt; der Schausteller setzt es in Bewegung und bietet der staunenden Welt der ahnungslosen Männer und Frauen an, "einen Beweis" dafür zu erleben, dass wir auf einem wirbelnden Globus, der durch das Weltall davonrauscht, leben!" -Lady Blount – "The Romance of Science", Seite 7

„Astronomen haben Experimente mit Pendeln gemacht, welche im Inneren von hohen Gebäuden aufgehängt wurden, und haben sich über die Vorstellung gefreut, eine Drehung der Erde um ihre Achse durch die verschiedenen Richtungen, die das Pendel über einem vorbereiteten Tisch darunter einschlägt, beweisen zu können. Sie behaupteten der Tisch würde sich unter dem Pendel bewegen, anstatt das Pendel willkürlich in verschiedene Richtungen über den Tisch schwingen würde! Aber, da festgestellt wurde, dass das Pendel sich sehr oft in der für die „Rotations"-Theorie falschen Richtung bewegt, hat sich Ärger anstatt Frohlocken breitgemacht und wir haben einen Beweis für das Versagen der Astronomen in ihren Bemühungen, ihre Theorie zu untermauern."
-William Carpenter – "100 Proofs the earth is not a globe", Proof No. 73

Um es von Vornerein klar zu sagen: Foucault's Pendel schwingen nicht einheitlich in irgendeine Richtung. Manchmal drehen sie im Uhrzeigersinn und manchmal entgegen des Uhrzeigersinns, manchmal rotieren sie gar nicht und manchmal schwingen sie zu schnell. Wissenschaftler, die Variationen solcher Experimente wiederholt haben, räumten immer wieder ein: „Schwierig war es zu vermeiden, dem Pendel am Anfang etwas leichte seitliche Neigung zu geben".

Abb. 192: Pantheon - Paris

Das Verhalten des Pendels hängt ab von:

1) Ausgangskraft, die das Pendel zum Schwingen bringt
2) Gelenklager, die am einfachsten/leichtesten eine kreisende Bewegung ermöglichen

Die angebliche Rotation der Erde ist für die Schwingung des Pendels völlig unbedeutend und irrelevant. Falls die angebliche konstante Rotation der Erde, die Pendel in irgendeiner Weise beeinflussen würde, dann sollten die Pendel nicht manuell in Bewegung gesetzt werden müssen! Wenn die tägliche Drehung der Erde die gleichmäßige Drehung der Pendel um 360 Grad verursachen würde, dann dürfte es nirgendwo auf der Erde ein ruhendes Pendel geben!

„Erstens: Wenn ein Pendel, das nach dem Plan von Foucault konstruiert wurde, anfängt zu schwingen, dann variiert dessen Schwingungsebene oft unterschiedlich. Die Veränderung, wenn sie denn auftritt, ist nicht einheitlich. Sie ist nicht immer gleich am gleichen Ort und auch nicht immer gleich hinsichtlich ihrer Geschwindigkeit oder Richtung. Daher kann sie nicht als Beweis genommen werden, denn was nicht konstant ist, kann weder für noch gegen eine bestimmte Aussage herangezogen werden. Es ist also kein Beweis und beweist nichts!

Zweitens: Wenn beobachtet wird, dass sich die Schwingungsebene verändert, wo ist dann der Zusammenhang zwischen dieser Veränderung und der angeblichen Bewegung der Erde? Welches Argumentationsprinzip führt den Versuchsleiter zu der Schlussfolgerung, dass es die Erde ist, die sich unter dem Pendel bewegt, und nicht das Pendel, das sich über der Erde bewegt?

Drittens: Warum wurde die spezifische Anordnung des Aufhängungspunktes des Pendels nicht besonders berücksichtigt, vor allem hinsichtlich ihres möglichen Einflusses auf die Schwingungsebene? War es nicht bekannt, wurde es übersehen, oder wurde es auf dem Höhepunkt der theoretischen Schwärmerei ignoriert, dass ein "Kugelgelenk (ball-and-socket joint)" eine Kreisbewegung leichter ermöglicht als jedes andere?"
-Dr. Samuel Rowbotham – "Earth not a globe", 2nd Edition, Seite 153

Abb. 193: Illustration Foucault Pendel

„Bei allem Respekt für das Pendel und seinem Namensgeber, glauben wir, es beweist nichts, außer der Gerissenheit des Erfinders. Wir können die Schau und den Schausteller folglich nur als Täuschung bezeichnen. Eine so kindische Sache, wie dieser „Pendelbeweis" kann nur als einer der einfachsten und lächerlichsten Versuche, die je ausgeheckt wurden, um das Publikum zu täuschen, bezeichnet werden. Es heißt, das Pendelexperiment beweise die Rotation der Erde, aber das ist ziemlich unmöglich, da sich ein Pendel in eine Richtung dreht und ein anderes in eine entgegengesetzte Richtung. Nun fragen wir, dreht sich die Erde in verschiedene Richtungen an verschiedenen Orten zur selben Zeit? Wir sollten das in Erfahrung bringen. Vielleicht werden uns die Experten netterweise in diesem Punkt aufklären ... Wenn die Erde die ihr zugeschriebenen schrecklichen Bewegungen vollziehen würde, gäbe es spürbare Auswirkungen derselben. Wir fühlen die Bewegungen aber nicht, sehen sie nicht und hören sie erst recht nicht. Wie Menschen dem Schwingen des Pendels zuschauen können und dabei denken, sie sehen einen Beweis für die Bewegung der Erde, kann ich kaum nachvollziehen. Sie wurden jedoch erzogen es zu glauben und es soll ja „wissenschaftlich" sein zu glauben, was der Astronom erzählt."
-Lady Blount – "The Romance of Science", Seite 8-10

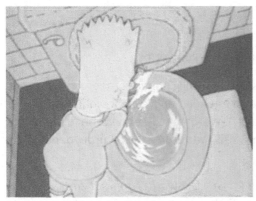
Abb. 194: Coriolis-Effekt bei den Simpsons

Ebenfalls Mitte des 19. Jhd vollführte ein anderer Franzose namens Gaspar-Gustave Coriolis einige Experimente, die die Wirkung der kinetischen Energie auf sich drehende Systeme zeigen und die seither als Beweis für die heliozentrische Theorie mythologisiert werden. Es wird oft behauptet, dass der "Coriolis-Effekt" dazu führt, dass sich Waschbecken und Toilettenschüsseln auf der Nordhalbkugel in eine Richtung drehen, während sie sich auf der Südhalbkugel in die entgegengesetzte Richtung drehen, was der Beweis für eine sich drehende Kugel-Erde sei. Jedoch genau wie Foucault´s Pendel sich nicht in eine Richtung drehen, dreht sich das Wasser in Waschbecken und Kloschüsseln in der nördlichen und südlichen Hemisphäre nicht einheitlich in irgendeine Richtung! Waschbecken und Toiletten in ein und demselben Haushalt drehen sich oft in entgegengesetzte Richtungen, was ausschließlich von der Form des Beckens und dem Eintrittswinkel des Wassers abhängt und nicht von der angeblichen Drehung der Erde.

„Die Annahme, dass die Ostdrehung der Erde auch das Wasser in der Toilettenschüssel in Bewegung setzen würde, macht zwar Sinn, aber in Wirklichkeit sind die Kraft und die Geschwindigkeit, mit der das Wasser in das Gefäß eintritt und es wieder verlässt, viel zu groß, um von etwas so Winzigem wie einer einzigen 360°-Drehung im Laufe eines Tages beeinflusst zu werden. Letzten Endes spielt der Coriolis-Effekt bei der Toilettenspülung keine größere Rolle als bei der Umdrehung von CDs in Ihrer Stereoanlage. Ausschlaggebend für die Richtung, in der das Wasser Ihre Toilette oder Ihr Waschbecken verlässt, sind die Form des Beckens und der Winkel, in dem die Flüssigkeit zunächst in das Becken eintritt.“
-Jennifer Horton – "Does the rotation of the earth affect toilets and baseball games?" Science.howstuffworks.com

Der Coriolis-Effekt soll sich auch auf die Flugbahn von Geschossen und auf Wettermuster auswirken und dabei angeblich bewirken, dass sich die meisten Stürme auf der Nordhalbkugel gegen den Uhrzeigersinn und die meisten Stürme auf der Südhalbkugel im Uhrzeigersinn drehen, oder dass Geschosse aus Langstreckenwaffen auf der Nordhalbkugel nach rechts und auf der Südhalbkugel nach links tendieren. Allerdings bleiben auch hier die gleichen Probleme bestehen. Nicht jedes Geschoss und nicht jeder Sturm zeigt das gleiche Verhalten und kann daher nicht als Beweis für irgendetwas herangezogen werden. Was ist mit der Präzision der Visieröffnung, menschlichem Versagen und Wind? Was ist mit der von Michelson-Morley-Gale nachgewiesenen "motion of the aether's potential effect"? Warum beeinflusst der Coriolis-Effekt die meisten Stürme, aber nicht ausnahmslos alle? Wenn einige Stürme im Norden im Uhrzeigersinn und im Süden gegen den Uhrzeigersinn rotieren, wie entgehen diese Stürme dann der Corioliskraft? Und wenn die gesamte Erddrehung gleichförmig ist, warum sollten die beiden Hemisphären unterschiedlich betroffen sein? Der Coriolis-Effekt und das Foucault'sche Pendel sollen beide beweisen, dass sich die Erde unter unseren Füßen bewegt, aber in Wirklichkeit beweisen sie nur, wie leicht es für diese Wölfe im Schafspelz sein kann, uns etwas vorzumachen.

In meinem Buch „Famous Freemasons Exposed" habe ich gezeigt, wie die vier Vorväter der globalistischen heliozentrischen Doktrin Nicolas Kopernikus, Johannes Kepler, Galileo Galilei und Isaac Newton alle mit verschiedenen Symbolen und Handzeichen ihre Zugehörigkeit zu der Bruderschaft zur Schau stellten und für freimaurerische Porträts posierten. Galileo posiert auf einem Schachbrettmusterboden, Kepler mit dem Handzeichen der „verdeckten Hand", und alle vier von ihnen posieren mit einem freimaurerischen Zirkel und einer Erdkugel, während sie das freimaurerische „M" Handzeichen machen. „Sir" Isaac Newton wurde sogar von Königin Anne in der Freimaurerloge vom Trinity College zum Ritter geschlagen.

Abb. 195: Diese Wissenschaftler waren allesamt Freimaurer

Eine übermäßige Anzahl von NASA Astronauten, die aktuellen Verkünder der globalistischen heliozentrischen Doktrin, sind/waren bekennende Freimaurer.

John Glenn, zweimaliger US-Senator und einer der ersten NASA Astronauten, ist ein bekannter Freimaurer.

Buzz Aldrin jr., der zweite Mann der über den Mondspaziergang log ist ein bekennender, ringtragender, Handzeichen machender Freimaurer 33. Grades der Montclair Loge Nr. 144 in New Jersey.

Edgar Mitchell, ein anderer angeblicher Mondgänger an Bord von Apollo 14 ist ein Order of Demolay Freimaurer der Artesta Loge Nr. 29 in New Mexico.

James Irwin von Apollo 15, der letzte Mann der über den Mondspaziergang log, ist ein Mitglied der Tejon Loge Nr. 104 in Colorado Springs.

Donn Eisele von Apollo 7 war ein Mitglied der Luther B. Turner Loge Nr. 732 in Ohio.

Gordon Cooper an Bord von Mercury 9 und Gemini 5 war ein Meister der Freimaurer (Mastermason) in der Carbondale Loge Nr. 82 in Colorado.

Virgil Grissom von Apollo 1 und 15, Mercury 5 und Gemini 3 war ein Mastermason der Mitchell Loge Nr. 228 in Indiana.

Walter Schirra Jr. von Apollo 7, Gemini 6 und Mercury 8 war ein Freimaurer 33. Grades der Canaveral Loge Nr. 339 in Florida.

Thomas Stafford von Apollo 10 und 18, Gemini 7 und 9 ist ein Freimaurer der Western Star Loge Nr. 138 in Oklahoma.

Paul Weitz von Skylab 2 und Challenger ist der Lawrence Loge Nr. 708 in Pennsylvania zugehörig.

Abb. 196: Astronauten - Freimaurer Symbolik

Die NASA Astronauten Neil Armstrong, Allen Sheppard, William Pogue, Vance Brand, und Anthony England hatten allesamt Väter, die ebenfalls Freimaurer waren! Die Anzahl der Astronauten, die als Freimaurer bekannt sind oder aus Freimaurerfamilien kommen, ist erstaunlich. Es ist anzunehmen, dass mehr Astronauten und Leute in Schlüsselstellungen bei der NASA ebenfalls der Bruderschaft zugehörig sind, aber sich nicht so offen zu ihrer Mitgliedschaft bekennen. Es sollte ernsthaft zu denken geben, warum sich in diesem Sektor so viele Freimaurer tummeln. Sie sind Mitglieder der größten und ältesten Geheimgesellschaft der Welt und sind an der Förderung und Verkündung dieser globalistischen heliozentrischen Doktrin, von ihren Ursprüngen bis heute, beteiligt.

Abb. 197: Postkarte - Freimaurersymbolik

„C. Fred Kleinknecht, Kopf der NASA zur Zeit des Apollo Raumfahrtprogramms, ist nun der Sovereign Grand Commander of the Council of the 33rd Degree of the Ancient and Accepted Scottish Rite of Freemasonry of the Southern Jurisdiction.
Es war seine Auszeichnung dafür es erfolgreich durchgezogen zu haben! Alle ersten Astronauten waren Freimaurer. Im House of the Temple in Washington DC befindet sich ein Foto von Neil Armstrong, der angeblich in seinem Raumanzug auf der Mondoberfläche steht und seinen Freimaurerschurz vor die Leiste hält."
-William Cooper

Das Logo der NASA ist eine riesige rote, gespaltene Schlangenzunge, die den Sternenhimmel ziert. Schlangen und insbesondere ihre gespaltenen Zungen werden seit langem mit Lüge, Betrug, Klugheit, Doppelzüngigkeit, Manipulation und mit Satan, dem Teufel in Verbindung gebracht. Warum sollte die National Aeronautics and Space Administration dies als ihr offizielles Logo verwenden?

Abb. 198: Münze - Our flags on the moon

Abb. 199: NASA Logo - Symbolik

Das Hauptquartier der UN, auch Hauptsitz der Regierungen der Neuen Weltordnung (NWO), wurde auf einem Grundstück, das vom 33. Grad Freimaurer John D. Rockefeller gestiftet wurde, erbaut. Die UN wird übrigens durch eine Flagge, die eine in 33 Abschnitte geteilte flache Erde aufzeigt, repräsentiert. In der Freimaurerei nach schottischem Ritus gibt es 33 offizielle Grade und die UN-Flagge zeigt eine Flache Erde, die in 33 Abschnitte unterteilt ist!

Warum wählten die Gründer der Vereinten Nationen das Logo/die Flagge einer in 33 Abschnitte unterteilten Karte der flachen Erde? Wie kommt es, dass C. Fred Kleinknecht, der Leiter der NASA, in den Ruhestand ging und sofort das Oberhaupt der 33-ten Stufe der Freimaurerei wurde? Wie kommt es, dass alle Gründerväter der Kugel-Erde-Theorie und so viele NASA-Astronauten allesamt Freimaurer sind?

Die esoterische Religion der Freimaurer, die Basis ihrer Symbole und Rituale ist die Sonnenanbetung. Beginnend mit dem ersten Tag in der Loge, lernen die Eingeweihten, dass sich in der Freimaurerei alles um Licht, Erleuchtung, Illumination (daher die „Illuminaten") und somit die Verehrung der Sonne als „giver of light" geht. Die Freimaurerhallen sind alle bewusst so konstruiert, dass sie mit den Bewegungen der Sonne in Einklang stehen. Sie sind immer absichtlich nach Osten zur Sonne hin ausgerichtet, wobei der "Worshipful Master" im äußersten Osten auf einem Thron, in den ein Bild der Sonne eingraviert ist, sitzt. Ein wichtiger Feiertag der Freimaurer ist der 24. Juni. Im Christentum ist dieser Tag als „Johannistag" oder „Mitsommertag" bekannt. An diesem Tag erreicht die Sonne den höchsten Stand im Jahr, die Sommersonnenwende.

Bezüglich des freimaurerischen „Ritual of Circumambulation" sagt der freimaurerische Historiker 33. Grades Albert Mackey; „In der Freimaurerei ging man immer dreimal um den Altar herum und sang dabei eine sakrale Hymne. Bei dieser Prozession wurde darauf geachtet, den Lauf der Sonne möglichst genau nachzuvollziehen. Dieser Umrundungsritus bezieht sich zweifellos auf die Doktrin der Sonnenanbetung."

Abb. 200: Sonnenkult - führende Wissenschaftler und Politiker

„Die Freimaurerei ist aus der Religion der alten Druiden hervorgegangen, die wie die Magier in Persien und die Priester von Heliopolis in Ägypten, Sonnenpriester waren. Sie verehrten diese große Lichtgestalt als den großen sichtbaren Ausdruck einer großen unsichtbaren ersten Ursache. Der Unterschied zwischen ihren Ursprüngen besteht darin, dass die christliche Religion eine Parodie des Sonnenkults ist, wobei sie einen Mann, den sie Christus nennen, an die Stelle der Sonne setzen und ihm dieselbe Verehrung entgegenbringen, die ursprünglich der Sonne entgegengebracht wurde. Bei der Freimaurerei sind viele der Zeremonien der Druiden in ihrem

Originalzustand erhalten geblieben, zumindest ohne jegliche Parodie oder Personifizierungen. Bei ihnen ist die Sonne immer noch die Sonne, und das Abbild der Sonne ist die große emblematische Zierde der Freimaurerlogen und der freimaurerischen Gewänder. Es ist die zentrale Figur auf ihren Schürzen, und sie tragen es auch als Anhänger auf der Brust ihrer Logen und während ihrer Prozessionen ... Die Sonne als das große sichtbare Zeichen des Schöpfers war das sichtbare Objekt der Verehrung der Druiden; alle ihre religiösen Riten und Zeremonien bezogen sich auf den scheinbaren Lauf der Sonne durch die zwölf Tierkreiszeichen und ihren Einfluss auf die Erde. Die Freimaurer wenden dieselben Praktiken an. Das Dach ihrer Tempel oder Logen ist mit einer Sonne geschmückt, und der Fußboden ist eine Darstellung des bunten Antlitzes der Erde, entweder durch Teppiche oder Mosaikarbeiten ... Die symbolische Bedeutung der Sonne ist dem aufgeklärten und wissbegierigen Freimaurer wohl bekannt; und wie die wirkliche Sonne im Zentrum des Universums steht, so steht die symbolische Sonne im Zentrum der wahren Freimaurerei ... nur der gelehrte Freimaurer weiß warum die Sonne im Zentrum dieser wunderbaren Halle steht."
-Thomas Paine – „Origin of Freemasonry"

Der wahre Grund für die Platzierung der Sonne in die Mitte ihrer freimaurerischen Hallen ist: sie symbolisiert den Kern ihrer seit 5 Jahrhunderten andauernden Täuschung!

Erstens nahmen uns die Sonnenanbeter unseren ursprünglichen, natürlichen 13-monatigen Lunar-Kalender weg und ersetzten ihn mit einem unnatürlichen, unregelmäßigen 12-monatigen Gregorianischen Solar Kalender.

Zweitens setzten sie die Sonne in die Mitte des Universums und überzeugten die Leute dann, dass sich Alles um sie dreht!

Drittens machten sie die Sonne zum größten Objekt am Himmel, angeblich 119-mal größer als der Mond, obwohl wir deutlich sehen können, dass sie gleich groß sind.

Abb. 201: Astronauten - Freimaurer

Viertens degradierten sie den Mond zu einem Dasein als bloßer Reflektor des prachtvollen Sonnenlichts. Sie behaupten der Mond strahle kein eigenes Licht aus.

Schließlich behaupteten die Sonnenverehrer im Jahre 1969 an Bord eines Flugobjektes namens „Apollo", genannt nach dem griechischen Sonnengott, auf dem Mond gelandet zu sein und ihn spirituell und physisch „erobert" zu haben.

„Die Sonne war schon immer der Mittelpunkt organisierter Religionen. Die antiken geheimnisvollen Religionen verherrlichten die Sonne, die solare Scheibe als Gottheit. Die Griechen verehrten Apollo als das Kind der Sonne. Die Römer huldigten dem Sonnengott Mithra. Diese heidnischen Philosophien stellten den Grundstein der Verehrung der Illuminaten und verdeutlichen die Wichtigkeit der Sonne als satanische Gottheit. So wie es die abtrünnigen jüdischen Weisen und Priester in den Tagen von Ezekiel machten, so vollführen es heutzutage die Freimaurer. Sie verehren Satan den Sonnengott, auch Luzifer oder Baal genannt. Der Name ihres großen Gottes Jahbuhlun, welcher den Freimaurern in den höheren Graden eröffnet wird, ist ein Synonym für die Sonnengottheit. Zwei der drei Silben im Namen, buh und lun, stehen für „Baal" und „On", beide von ihnen vertreten jeweils Sonnen- und Feuergötter."
-Texe Marrs – „Codex Magica"

Abb. 202: Eingang Freimaurerlogen

Das „winged-disc" Symbol, das über dem Eingang der Freimaurerlogen prangt, zeigt eine Sonnenscheibe mit Adlerflügeln und zwei Schlangen. Das antike Symbol wurde in ägyptischen, sumerischen, mesopotamischen, hethitischen, anatolischen, persischen und den Eingeborenenkulturen in Amerika, Mexiko und Australien gefunden und steht für die Sonne. Adler werden ebenfalls seit jeher mit der Sonne in Verbindung gebracht, da sie am dichtesten an die Sonne heranfliegen und direkt in ihr Licht blicken können. Römische Generäle trugen goldene Sonnenadler auf ihren Führungsstäben als Zeichen der Vorherrschaft über die Armee.

In Ägypten wurde Horus, der Falke, immer mit einer Sonne über seinem Kopf symbolisiert. Auch die amerikanischen Ureinwohner brachten Adler mit der Sonne in Verbindung, wie zum Beispiel der Abenaki-Adlergott „Kisosen, the Sun-Bringer".

Die Abzeichen der Apollo 11 Mission der NASA zeigen einen Adler, der auf dem Mond landet. Auch die Abzeichen von Apollo 16 und 17 zeigen offensichtlich und markant einen Adler. Das Apollo 13 Symbol zeigt 3 Pferde, die eine Sonne hinter sich ziehen, was sich auf die antike griechische Legende des Sonnengottes Helios, der am Himmel mit einem von Pferden gezogenen Triumphwagen unterwegs ist, bezieht. Insgesamt schickte die NASA offiziell 12 Männer (und keine Frau) auf den Mond. Da der Mond schon immer mit Weiblichkeit und der Zahl 13 in Verbindung gebracht wurde, die Sonne mit Männlichkeit und der Zahl 12, ist das Aussenden von 12 Männern auf den Mond erneut ein Symbol der freimaurerischen, patriarchalen Bruderschaft, die die göttliche, himmlische Weiblichkeit erobert. Dies ist auch der verdeckte Grund dafür, warum Apollo 13 „zufälligerweise" an einem 13. April um 13:13 explodierte.

Abb. 203: Aufnäher NASA- Adlersymbolik (Eagle)

Abb. 204: Buzz Aldrin – Freimaurer

„Um interstellare Reisen glaubhaft zu machen, wurde die NASA gegründet. Das Apollo Raumfahrtprogramm verkaufte den Menschen die Vorstellung, sie könnten zum Mond fliegen und ihn sogar betreten. Jede Apollo-Mission wurde sorgfältig geprobt und dann in großen Tonstudios auf dem streng geheimen Testgelände der Atomic Energy Commission in der Wüste von Nevada und in einem gesicherten und bewachten Tonstudio der Walt Disney Studios gefilmt, in dem sich eine riesige Mondattrappe befand. Sämtliche Namen, Missionen, Landeplätze und Ereignisse des Apollo Raumfahrtprogramms spiegelten verdeckte Metaphern, Rituale und Symbolik der geheimen Religion der Illuminaten wider. Das Offensichtlichste war die vorgetäuschte Explosion des Apollo 13 Raumschiffs, genannt Aquarius (neues Zeitalter) um 1 Uhr 13 (13 Uhr 13 militärische Zeit) am 13. April 1970." -William Cooper – „Mystery Babylon"

Abb. 205: Ägypten - Horus - Sonnengott

Warum also sind auf den Logos der NASA Schlangenzungen und Adler zu sehen? Und warum gibt es eine übermäßige Anzahl an freimaurerischen Astronauten? Das Symbol der Sonnenscheibe mit Adlerflügeln und Doppelschlangen, das in jeder Freimaurerloge zu finden ist, gibt die Antwort. Der doppelköpfige Adler ist das offizielle Symbol des 33. Grades der Freimaurerei. Die Eingeweihten des 25. Grades der Freimaurerei sind als „Knights of the Brazen Serpent" bekannt, die des 28. Grades als „Knights of the Sun". Die Religion der Druiden, Vorläufer der modernen Freimaurerei, war identisch mit der der alten Ägypter, deren Priester von "Heliopolis", der „Stadt der Sonne", aus regierten. Diese Stadt war voll von Obelisken, die für ihren Sonnengott Ra errichtet worden waren.

Abb. 206: Obelisk - Freimaurer Symbolik

„Die Ägypter glauben, dass der Geist ihres Sonnengottes Ra im Obelisken residiert. Daher verehren und beten sie, wenn möglich drei Mal täglich, in Richtung Osten ausgerichtet zu ihrem Obelisken. Der größte Obelisk weltweit ist das Washington Monument, erbaut von den Freimaurern zu Ehren des Präsidenten George Washington. Um zu sehen, wie wichtig der Obelisk für die Freimaurer ist, genügt es, auf einen Friedhof zu gehen, auf dem Freimaurer begraben sind. Dort gibt es zahlreiche Gräber mit Obelisk-Grabsteinen." -D. Bay – "Freemasonry proven to worship Lucifer"

„Die Schlange ist im Allgemeinen das Symbol der Sonne. Wie die Sonne der große Lichtbringer der physischen Welt ist, so wurde die Schlage als Lichtbringer der spirituellen Welt betrachtet, indem sie den Menschen die „Erkenntnis von Gut und Böse" vermittelte. Der Bibel zufolge wissen wir, wer dem Menschen die Erkenntnis von Gut und Böse gegeben hat: Satan, Luzifer. Wenn die Adepten nun wüssten, dass die Sonne ein Symbol für etwas ist, das die Menschen nicht unterstützen würden, wie

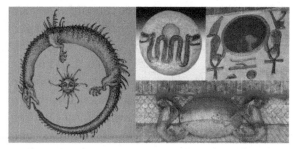

Abb. 207: Schlange - Sonne - Symbolik - Ouroboros

z.B. den Glauben, dass Luzifer, der Teufel, die Gottheit darstellt, die sie verehren, müssten sie ihre Scharade weiterführen, damit das Volk nicht beschließt, mit der Verehrung aufzuhören. Wenn die Schäfchen es nämlich herausfänden, würden sie ihre Aktivitäten nicht mehr unterstützen. Sie mussten ihren Glauben vor dem einfachen Volk geheim halten und ihre verborgene Verehrung in versteckten Symbolen verbergen. Auf diese Weise konnte sich die Sonnenanbetung als Religion entfalten."
-William Cooper – „Mystery Babylon"

Abb. 208: Pythagoras - Freimaurersymbolik

Die erste Person, die jemals die Idee eines sonnenzentrierten Universums vertrat, war Pythagoras von Samos um 500 v. Chr. Pythagoras wird von den freimaurerischen Historikern auch als der erste Freimaurer überhaupt angesehen! Master Mason Dr. James Anderson sagte in seiner „Defence of Masonry": „Ich bin der festen Überzeugung, dass die Freimaurerei sehr eng mit der alten „Pythagorean Discipline" verwandt ist, von der sie meiner Überzeugung nach in einigen Fällen mit Recht ihre Abstammung beanspruchen kann"

Master Mason William Hutchinson schrieb in seinem Werk „Spirit of Masonry": *„Die antiken freimaurerischen Aufzeichnungen bringen uns einen Beweis dafür, dass die Doktrin Pythagoras´ und die Grundsätze der Basilidier der Grundstein für unsere Religion und moralischen Aufgaben sind".*

Master Mason William Preston schrieb, dass Pythagoras *„among the first Masons"* war, aber behauptet in seinem Werk „Illustrations of Masonry": *„die Aufzeichnungen der Bruderschaft teilen uns mit, dass Pythagoras regelmäßig in die Freimaurerei eingeweiht wurde. Da er in die Geheimnisse der Kunst gut ausgebildet war, machte er große Fortschritte und verkündete die Grundsätze des Ordens in anderen Ländern, in die er reiste."*

Der Historiker Albert Mackey, Freimaurer 33. Grades, schrieb in seiner „Encyclopedia of Freemasonry": *„Bei seiner Rückkehr nach Europa gründete Pythagoras um 529 v.Chr. seine gefeierte Schule in Crotona, einer Dorischen Siedlung im Süden Italiens, **sehr ähnlich dem, was anschließend von den Freimaurern übernommen wurde.** Seine Schule erwarb sich bald einen außergewöhnlichen Ruf. Schüler aus allen Teilen Griechenlands und Italiens strömten zu ihm. Pythagoras lehrte als grundsätzlichen Glaubenssatz seiner Philosophie das System der Metempsychose oder der Seelenwanderung.*

*Er lehrte die mystische Macht der Zahlen und ein großer Teil der Symbolik dieser Thematik, ist von dem abgeleitet, was er uns durch seine Schüler hinterließ. Er war zudem ein Experte in Geometrie und wird als ein Erfinder von einigen mathematischen Problemstellungen angesehen ... **Die von Pythagoras in Crotona und anderen Städten gegründeten Schulen wurden von vielen Schriftstellern als Vorbild für die später errichteten Freimaurerlogen angesehen** ... Die Lehrlinge dieser Schule trugen einfachste Kleidung, und nachdem sie bei ihrem Eintritt ihr*

Abb. 209: Postkarte - Buzz Aldrin

gesamtes Vermögen in den gemeinsamen Fonds eingezahlt hatten, unterwarfen sie sich für drei Jahre der freiwilligen Armut, wobei sie während dieser Zeit auch zu einem strengen Schweigegebot gezwungen wurden. Die Lehren des Pythagoras wurden stets als unfehlbare Sätze vorgetragen, die kein Widerspruch zuließen ...

Abb. 210: Astronauten - Freimaurer

Vor der Aufnahme in diese Schule wurden das frühere Leben und der Charakter des Kandidaten streng geprüft, und bei der vorbereitenden Einweihung wurde ihm durch einen Eid Verschwiegenheit auferlegt. Er musste sich den schwersten Prüfungen seiner Tapferkeit und Selbstbeherrschung unterziehen. Derjenige, der nach seiner Aufnahme angesichts der Hindernisse, denen er begegnen musste, bestürzt war, erhielt die Erlaubnis, zurück in die „alte" Welt zu gehen. Die anderen Schüler betrachteten ihn als tot, führten eine Trauerfeier durch und errichteten ein Denkmal zu seinem Ehren.

*Die Lebensart der Schule von Crotona glich dem heutigen Kommunismus. Die Zöglinge, 600 an der Zahl mit Frau und Kindern, wohnten in einem großen Gebäude... **Sie standen vor Tagesanbruch auf, um der Sonne ihre Ehrerbietung zu erweisen** ... Die Mahlzeiten bestanden im Grunde aus Brot, Honig und Wasser und obwohl der Tisch oft mit Köstlichkeiten gedeckt war, durfte niemand etwas davon abhaben. Es war in dieser geheimen Schule, wo Pythagoras die Unterweisungen seiner internen Doktrin und der versteckten Bedeutung seiner Symbole preisgab. **Es gab drei Fakultäten (Degrees)**: das erste oder mathematische, das Studium der genauen Wissenschaften; das zweite oder theoretische, die Kenntnis von Gott und der Zukunft der Menschen; das dritte oder wichtigste Fach wurde nur einigen Wenigen vermittelt, deren Geist in der Lage war, die Philosophie von Pythagoras in ihrer Vollendung zu begreifen."*

Das Leben sowie das Werk des Pythagoras ähneln in vielerlei Hinsicht der Freimaurerei, von seiner Besessenheit für Dreiecke und Geometrie bis hin zu seinem Schul-Kult voller Initiationsriten und Gehirnwäsche. Die Anwärter wurden „streng geprüft", genau wie Anwärter der Freimaurerei denen z.B. der „3. Grad gegeben wird[2]", d.h. sie werden gezwungen viele persönliche Testfragen zu

Abb. 211: Postkarte - Edgar Mitchell - Freimaurer

---

[2] Getting the 3rd degree bedeutet in der englischen Umgangssprache: jem. gründlich ausfragen, ausquetschen

beantworten. Daraufhin wird ihnen von den Freimaurern in der Loge entweder eine weiße oder eine schwarze Kugel gegeben. Der Erhalt einer schwarzen Kugel ist gleichbedeutend mit dem Rauswurf, der Begriff „black-balled" ist hierbei prägend.

Nach einer erfolgten Initiation mussten die Eingeweihten der Pythagoräer, ähnlich wie bei den Freimaurern, einen Eid der Verschwiegenheit und Treue schwören und sich dann verschiedenen Tests, Prüfungen und Ritualen unterziehen. Die „Brüder" lebten wie Kommunisten und verehrten die Sonne. Im Laufe der Zeit durchliefen sie eine Serie von insgesamt drei Graden, wobei nur wenige Privilegierte im höchsten Grad die Wahrheit in Bezug auf die Symbole und Rituale erfuhren. Die vielen Parallelen zwischen der pythagoreischen Schule und der neuzeitlichen Freimaurerei sind viel zu ähnlich, um sie zu ignorieren.

Abb. 212: Postkarte - James Irwin - Freimaurer

Glücklicherweise machte das heliozentrische Modell des Universums des Pythagoras über fast 2.000 Jahre wenig Fortschritte, bis ein anderer mutmaßlicher Freimaurer namens Nikolaus Kopernikus, 27 Jahre seines Lebens einem aktualisierten Modell mit dem Namen „Sonnensystem", welches ebenso einen um die Sonne kreisenden Erdball darstellt, widmete. Im Jahre 1472 in Preußen geboren, studierte Kopernikus Philosophie und Medizin in Krakau und wurde Professor der Mathematik in Rom. Die letzten Jahrzehnte seines Lebens gab er sich den Ideen von Pythagoras hin. Als er zum ersten Mal seine heliozentrische Theorie der Welt vorstellte, wurde sie als so ketzerisch verdammt. Er wurde inhaftiert und nur unter der Abgabe eines Widerrufs seiner Theorie kam er wieder auf freien Fuß.

Er veröffentlichte sein bekanntes „Treaty on the Revolution of the Celestial Spheres" im Jahre 1543, dem Jahr seines Todes. Übrigens bestand er auf den rein hypothetischen Charakter seiner Theorie.

Kopernikus schrieb: *„Die Lehre der Pythagoräer beruht auf einer Hypothese, und es ist nicht notwendig, dass die Hypothese wahr oder auch nur wahrscheinlich ist. Die Hypothese über die Bewegung der Erde ist nur eine Theorie, die nützlich ist, um Phänomene zu erklären, sie sollte aber nicht als absolute Wahrheit angesehen werden."*

Abb. 213: Virgil Grissom - Freimaurer

„Das von den heutigen Astronomen gelehrte Modell des Universums ist gänzlich auf Theorie aufbauend. Sie können nicht einen echten Beweis für die Wahrhaftigkeit dieses Systems vorbringen, verschanzen sie sich hinter einer Verschwörung des Schweigens und lehnen es ab irgendwelche Einwände gegen ihre Theorie zu beantworten ... Kopernikus, der die Theorie des heidnischen Philosophen Pythagoras wiederbelebt hat und sein großer Vertreter Sir Isaac Newton gestanden selbst ein, dass das System einer sich drehenden Erde nur eine Möglichkeit war und nicht durch Fakten bewiesen werden konnte. Es sind ihre Nachfolger, die es mit dem Namen einer „genauen Wissenschaft" geschmückt haben, laut ihnen sogar die „genaueste aller Wissenschaften". Jedoch sagte ein Hofastronom der englischen Krone einst über die Bewegung des ganzen Sonnensystems: „Die Angelegenheit ist dem köstlichsten Zustand der Ungewissheit überlassen und ich sollte sehr glücklich sein, wenn mir jemand aus der Patsche hilft." Was für eine traurige Lage, in der die „genaue Wissenschaft" da ist!"

-David Wardlaw Scott – „Terra Firma", Seite 10

„Der Ursprung der Kugeltheorie lässt sich zurückverfolgen und ist nachweislich heidnisch. Sie wurde von dem Griechen Pythagoras um 500 v. Chr. in Ägypten eingeführt. Er stammte aus Samos und war in seinen frühen Tagen ein großer Reisender. Er reiste viel durch den Osten. Dabei verinnerlichte er die irrige Vorstellung, dass die Erde und das Meer zusammen einen wirbelnden Globus bildeten und dass die Himmelskörper andere (bewohnte) Welten seien. Pythagoras kehrte nach Europa zurück und führte diese schweren Irrtümer in seinem eigenen Land ein ...

Newton war kein Logiker und Logik spielte keine Rolle in seiner Lehre. Auch gab er nicht vor, diese Eigenschaft zu besitzen, die absolut wesentlich ist, um wahre Wissenschaft zu erkennen und zu begründen. Er verbrachte sein ganzes Leben damit, eine Ausarbeitung, die er Sonnensystem nannte, anzulegen und zu formulieren, basierend auf den geheimnisvollen Irrtümern, die Pythagoras aus dem Osten mitbrachte; und welche durch Kopernikus, Kepler, und Galileo weitergereicht wurden. Ohne das Fundament auf Richtigkeit zu testen, akzeptierte er das ganze Hirngespinst und nahm Kopernikus´ Theorie als selbstverständlich an."

-Lady Blount – "The Romance of Science", Seite 3

„Kopernikus hatte eine andere Theorie entwickelt, die er auch in der Abhandlung „Treatise on the Revolution of the Celestial Spheres" (Abhandlung über die Revolution der Himmelssphären) erläutert: Wenn sich Körper A um einen anderen Körper B dreht, muss Körper A kugelförmig sein und sich, wie ein Kreisel, um seine Achse drehen.

Um diese Vorstellung mit der Bewegung der Erde um die Sonne in Einklang zu bringen, die er erdacht hat um die Jahreszeiten zu erklären, erklärte er plötzlich an, dass die Erde rund wäre, im Gegenteil zur vorherrschenden Meinung damals. Dann gab er bekannt, sie mache eine Rotationsbewegung um ihre Achse.

Die große Unvereinbarkeit dieser These ist, dass die Existenz der Erdrotation nicht gesehen werden kann, weder in Hinsicht der Position der Sonne oder Wolken tagsüber, noch der des Mondes und anderer Planeten bei Nacht. Andererseits hat die Tatsache der Unbeweglichkeit der Erde einen immensen Vorteil gegenüber der Theorie der Rotation: sie ist eindeutig als solche erkennbar. Wenn eine Bewegung der Erde nicht zu erkennen ist, stehen die Chancen ziemlich hoch, dass sie es tatsächlich nicht tut."

-Gabrielle Henriet – "Heaven and Earth", Seite 9

Abb. 214: NASA - Never A Straight Answer

Abb. 215: Space may be the final frontier, but it's made in the Hollywood Basement - RHCP

Die Apollo „Mondlandungen" von 1969, Viking von 1976 und andere nachfolgende „Marslandungen", alle Bilder die eine kugelförmige und rotierende Erde zeigen, alle angeblichen Raumstationen und Satelliten, die sich in einer Umlaufbahn um die „Erdkugel" befinden, jedes computerbearbeitete Bild von „Hubble" und die ganze NASA Organisation sind ein großer Schwindel, der geschaffen wurde um dich zu überzeugen, dass die Erde nicht flach ist. Durch Lügen und Foto-/Videotricks haben die Freimaurer der NASA in den letzten 5 Jahrzehnten die ganze Welt erfolgreich überzeugt, an die vielen Mythen, die unseren Wahrnehmungen und persönlicher Erfahrung entgegenstehen, zu glauben.

Sie behaupten, dass viele von uns, entgegen unserer Wahrnehmung, auf dem Kopf stehen und denken wir stünden richtig herum auf der Unterseite eines sich drehenden Erdballs! Sie behaupten, entgegen unserer Wahrnehmung, dass wir mit Millionen km/h durchs Weltall rasen, dass Sterne in Wirklichkeit Sonnen sind, dass die Sonne in Wirklichkeit größer als der Mond ist und dass die meisten Sterne in Wirklichkeit größer als die Sonne sind! Wir können jedoch ganz eindeutig sehen und fühlen, dass wir richtig herum auf einer bewegungslosen, flachen Erde stehen, die Sonne und der Mond sind gleichgroß, Sterne sind deutlich kleiner als Sonne und Mond und können nicht als entfernte „Sonnen" in einem anderen „Sonnensystem" betitelt werden.

Mit ein wenig Photoshop, Raketentechnologie und einem Haufen lügender Freimaurer hat die NASA fast Jeden auf der Erde davon überzeugt, seinen eigenen Augen, den gesunden Menschenverstand und Erfahrungswerten zu misstrauen.

Wie bereits in einem früheren Kapitel erwähnt, **wurden Sterne und Planeten oft durch den Mond gesehen**, was bedeutet, er ist halb transparent. Wenn der Mond halb transparent ist, dann kann er kein fester, kugelförmiger Kleinplanet sein, wie von der zeitgenössischen Astronomie behauptet wird. Samuel Shenton, Präsident der Flat Earth Society, wurde vor den angeblichen Apollo „Mondlandungen" zitiert; er sagte folgendes: *„Sterne wurden durch den Mond gesehen. Die Astronauten sollten sich darauf einstellen direkt umzukehren, weil es dort nichts gibt worauf sie landen könnten."*

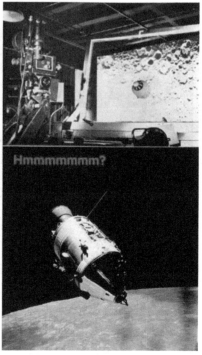

Abb. 216: Raumsonde auf Seilen aufgehängt

„Wir die sogenannten „Flacherdler" beobachten, wie den Amerikanern im Fernsehen und Filmen eine falsche Darstellung von Umlaufbahnen und Anflügen ihrer „Raumfahrzeuge" gezeigt wird und möchten unsere Ansichten jungen und interessierten Menschen darlegen. Wenn wir dies tun, vertrauen wir darauf, dass keine Verhöhnungen mehr von Premierminister Wilson von der Sozialistischen Partei sowie Enoch Powell von der Konservativen Partei über uns „Flacherdlern" veranlasst werden."
-Samuel Shenton – „The Plane Truth"

Abb. 217: Weltraum Hoax exposed

Unter den Ersten, die die NASA-Mondlandungen unmissverständlich als inszenierten Schwindel bezeichneten (abgesehen von sachkundigen Flat-Earthern), waren viele professionelle Fotografen. Bei genauer Betrachtung der offiziellen NASA-Fotos vom „Mond" wird deutlich, dass viele von ihnen in einem Studio mit sich wiederholenden Hintergrundkulissen, künstlicher Beleuchtung, Kabeln und Kränen aufgenommen wurden. Andere waren zusammengefügte Wüstenfotos, bei denen der Hintergrund geschwärzt und die Astronauten eingefügt wurden. Der preisgekrönte britische Fotograf David Persey, der Fotoanalytiker und Historiker Jack White, der Fotograf und Herausgeber des Magazins Nexus, Marcus Allen, und viele andere haben ihren professionellen Ruf aufs Spiel gesetzt, um die fotografischen „Beweise" der NASA zu entlarven.

„Die zahlreichen Ungereimtheiten, die in den Apollo-Fotodokumenten deutlich sichtbar sind, sind unwiderlegbar. Einige der vielen Fehler, die wir nachweisen können, waren auf Eile und Denkfehler zurückzuführen. Andere wurden absichtlich von Personen platziert, die wir als "Whistleblower" bezeichnen, die entschlossen waren, Beweise für die Fälschung zu hinterlassen, an der sie unfreiwillig beteiligt waren. Der wohl nachdrücklichste dieser Whistles war eine Flasche, die während einer "Live"-Übertragung vom "Mond" zu den Fernsehbildschirmen in Westaustralien über die "Mondlandschaft" rollte."
-David Percy – "Dark Moon: Apollo and the Whistle-Blowers", Seite 1

Abb. 218: Schattenwurf in verschiedene Richtungen bei nur einer Lichtquelle -Belichtung fehlerhaft

Keine der Apollo-Missionen brachte eine zusätzliche Studiobeleuchtung mit auf die Mondlandefähre, so dass die Sonne die einzige Lichtquelle auf dem "Mond" und auf sämtlichen dort aufgenommenen Bildern sein sollte. In diesem Fall sollte das Licht nur aus einer Richtung kommen und alle Schatten sollten in die entgegengesetzte Richtung geworfen werden. Auf Dutzenden von offiziellen NASA-Fotos werden jedoch Schatten in bis zu drei Richtungen gleichzeitig geworfen, oft in einem Winkel von bis zu 90 Grad. Das kann nur das Ergebnis mehrerer Lichtquellen sein, die es auf dem Mond jedoch nicht gibt. Mehrere Bilder zeigen sogar Scheinwerfer, die sich in den Helmen der Astronauten spiegeln, und mehrere Linsenreflexe, die von zwei oder mehr Lichtquellen herrühren.

Australian researcher Bill Dines spotted an odd reflection in this Apollo 12 helmet and thought it might be a lighting technician's spot light, above, suspended from overhead. Looks very similar to me.

Abb. 219: Lampe spiegelt sich im Helm

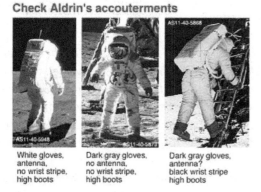

Check Aldrin's accouterments

White gloves, antenna, no wrist stripe, high boots

Dark gray gloves, no antenna, no wrist stripe, high boots

Dark gray gloves, antenna? black wrist stripe high boots

White gloves, no antenna, right wrist not seen no high boots

Dark gray gloves, no antenna, possible thin wrist stripe high boots

Dark gray gloves, antenna, possible wrist stripe, high boots

Abb. 220: Aldrin's wechselndes Equipment

Die Analyse mehrerer Bilder aus den sechs Missionen zeigt, dass immer wieder dieselben Hintergrundstrukturen (identische Hügel, Dünen, Krater) an angeblich völlig unterschiedlichen Orten auf dem Mond verwendet wurden, sowie sichtbare Vordergrund- und Hintergrundlinien (sogenannte foreground bzw. backdrop lines), die stark auf eine Studiokulisse hindeuten.

Auf diversen Bildern von Apollo 11 ist Buzz Aldrin mit verschiedenfarbigen Handschuhen und unterschiedlich langen Stiefeln zu sehen. Diese Bilder wurden angeblich innerhalb weniger Minuten aufgenommen. Wenn Buzz wirklich in einem Vakuum des Weltalls in einem unter Druck gesetzten Raumanzug gewesen ist, hätte er sicherlich nicht die Zeit oder den Grund gehabt, den Druck von seinem Anzug zu nehmen und ihn dann wieder unter Druck zu setzen, nur um modische Anpassungen vorzunehmen!

Manche Fotos zeigen das Mondfahrzeug (Lunar Rover) mit keinen Reifenspuren um ihn herum, andere zeigen Spuren des Rovers überall im Vordergrund, während das Fahrzeug noch ausgepackt und entladen werden muss! Auf einigen Bildern sind sogar neben den Stiefelabdrücken der Astronauten auch Spuren von Turnschuhen und Damenabsätzen auf dem „Mond" zu sehen!

„*Wenn du dir die Hintergründe der meisten NASA Fotos anschaust, gibt es dort eine relativ scharfe Übergangslinie, hinter der alles glatt und konturlos wird. Dies ist ein sicheres Zeichen von „Grade Z Studio Backdrop". Jedes Mal, wenn die amerikanische Flagge gezeigt wird, ist sie sehr hell beleuchtet, auch wenn sie sich auf der Schattenseite des Lunar Lander befindet. Außerdem hat die NASA weder Sterne noch Planeten aufgenommen. Der Grund dafür ist einfach: Vor der Ära der Computeroptimierung wäre es unmöglich gewesen, den Sternenhimmel genau genug zu fälschen, um die Amateurastronomen der Welt in die Irre zu führen.*"*
-Ralph Rene – NASA Mooned America

Abb. 221: Identischer Hintergrund

„*Michael J. Tuttle fälschte die Fotos der sogenannten Apollo Trainingssimulation mit Photoshop 3 und präsentierte sie auf der NASA-Internetseite als echte Fotos, die auf dem Mond geschossen wurden. Ich bekomme regelmäßig Emails von Leuten, die behaupten, dass es digitale Manipulation von Fotos 1969 nicht gab. Menschen haben seit der Erfindung des Fotoapparates Fotos gefälscht und wer sagt überhaupt, dass die Fotos damals im Jahre 1969 gefälscht wurden?*
Die Leute verstehen nicht, dass die meisten der gefälschten Mondbilder der NASA Mitte der 90er Jahre entstanden sind. Der Beweis dafür ist die Tatsache, dass die meisten vor 1990 nicht in Büchern oder Zeitschriften erschienen sind. 95% der gefälschten NASA-Mondbilder auf ihren Websites waren vor der Einführung des Internets noch nie zu sehen. Die NASA musste eine beträchtliche Anzahl von gefälschten Mondbildern für alle sechs Missionen produzieren, sonst hätte die Öffentlichkeit wissen wollen, warum es so wenige waren. Nicht alle gefälschten Apollo-Bilder der NASA wurden mit Photoshop verändert. Das Hauptbild von Apollo 11 mit Buzz Aldrin, sowie die in der Presse veröffentlichten Bilder von Apollo 12 und Apollo 14 zeigen Astronauten, die die Flagge halten. All diese Pressebilder wurden in der gefälschten Mondlandschaft im Langley Research Center aufgenommen und brauchten keine digitale Bearbeitung, um als Mondfotos durchzugehen."*
-Sam Colby – Apollo Fake

Abb. 222: Pixel - offizielle Bilder als CGI entlarvt

Shadow on the ceiling detected in computer enhancement

Abb. 223: Schattenwurf auf die "Decke" des Weltalls

Die Aussagen verschiedener Astronauten diverser Missionen, in ihren Autobiographien und Interviews, verwirren die Sache nur noch mehr. Einige von ihnen prahlen mit dem Anblick der Sterne: „astonishingly brilliant light of the stars" und andere sagen, sie hätten gar keine gesehen: „don't remember seeing a single star while on the Moon"! Solche Ungereimtheiten und die Tatsache, dass auf keinem der „Mond"-Fotos der NASA Sterne/Planeten in der richtigen Position zu sehen sind, sollten ein Warnsignal dafür sein, dass diese Astro-Nieten nicht auf dem Mond waren.

Viele Fotos von der „Sonne" vom Mond aus sind klar Bühnenleuchten, auch spotlights genannt. Beispiele:

- AS14-66-9306
- AS12-46-6765
- AS11-40-5935

NASA Image AS12-49-7278 zeigt deutlich durch mehrere Bühnenleuchten verursachte Blendenflecke.

Image AS14-64-9089 zeigt das Licht einer Bühnenleuchte von einem schwarzen Hintergrund reflektiert.

Image AS14-151-23201 zeigt einen Schatten auf der Decke des „Weltalls" als die Mondfähre abhebt.

Auf anderen Bildern lassen sich krude Computer-Retuschierungen, um Kabel oder Hintergrundprobleme zu verstecken oder um die runde Erde hinzuzufügen. NASA behauptet noch immer es seien original Fotos. Beispiele:

- AS16-118-18894
- AS17-134-20471
- AS11-44-6581
- AS11-44-6642

Abb. 224: Bühnenleuchten

Auf AS14-66-9306 zeigt sich der Schatten des eines Gitternetzes-Rasters, das in der Luft über einem Abzug aufgehängt wurde, was beweist, dass es bearbeitet wurde und nicht original ist, wie gerne behauptet.

Image AS11-40-5922 von dem Lunar Lander, die sich angeblich auf dem Mond befindet, zeigt einen im Jahre 1969 lächerlichen Versuch dem Vehikel einen „High-Tech-Look" zu verpassen, durch die augenscheinliche Verwendung von Bastelpapier, Goldfolie, Klebeband und Duschvorhangstangen aus Metall. Die Vorstellung, dass der auf diesem offiziellen NASA Foto gezeigte Haufen Schrott zum Mond und zurück flog ist so irrsinnig, es ist zum Kaputtlachen. AS17-148-22756 zeigt bei Vergrößerung eindeutig auf, dass die Apollo 17 Kommandokapsel fast vollkommen durch Klebeband zusammengehalten wurde.

Abb. 225: AS14-66-9306

Auf AS16-113-18339 gibt es einen Stein mit dem deutlich eingeritzten Buchstaben „C" sowie ein weiteres „C", das in den Staub neben ihn geschrieben wurde. Dies ist beispielhaft für gefaketes Material einer Bühnenkulisse, bei der der Bühnendekorateur die Positionen der Requisite markiert, NICHT etwas, was wir auf „dem Mond" sehen sollten!

„Der große Stein vorne links ist deutlich mit dem großen Buchstaben „C" gekennzeichnet. Die untere rechte Ecke hat einen Knick, ähnlich dem beim Falten von nassem Zeitungspapier. Dies macht ihn zu einem im Showgeschäft verwendeten Pappmaché-Stein, welche die Arbeiter in den Hollywoodstudios zum Spaß auf die Besucher werfen. Sie werden im Allgemeinen aus nassem Zeitungspapier sowie Kleister gefertigt und zeigen ähnliche Knicke wie echte Steine. Bühnensteine werden üblicherweise von Bühnenarbeitern über die Markierungen auf der Bühne gelegt. Hat die NASA tatsächlich falsche Steine und Bühnenarbeiter mit auf den Mond genommen?"
-Ralph Rene – "NASA mooned America", Seite 7

NASA Image AS11-40-5926 zeigt eine Vergrößerung der Fußplatten des Lunar Landers ohne einen einzigen Staubflecken auf ihnen und ohne ein Verbrennungsspuren unter ihren 5.000 kg schweren Triebwerken, so als ob sie vorsichtig aufgesetzt wurden.

Abb. 226: Lunar Lander

NASA Wissenschaftler waren laut ihren eigenen Dokumenten besorgt darüber, dass das LEM (Lunar Excursion Module) in ihren eigenen Brennradius fällt. Auf dem Bild jedoch steht sie mit makellos sauberen Fußplatten, ohne jegliche Anzeichen einer Verbrennung. Sogar die Stiefelabdrücke der Astronauten machten tiefe Abdrücke in den „Mondstaub", die 5.000 kg Triebwerke der Fähre hinterließen jedoch keine Spuren, kein Loch der Druckwelle und keinen Staub auf den Platten?

Abb. 227: AS16-113-18339

Eugene Cernan von Apollo 10 und 17 sagte über die Erfahrungen im Moon-Lander in einem Interview: *„der Motor war sehr laut"*. Als jedoch Alan Bean von Apollo 12 dieselbe Frage gestellt wurde, antwortete er *„man konnte den Antrieb im Vakuum des Alls überhaupt nicht hören"*. Ich neige dazu Alan zu glauben, weil man beim Betrachten der Szene des Abhebens der Apollo 17 Fähre vom „Mond" deutlich sieht, dass sie mit einem Kran oder einer Winde hochgezogen wird und nicht mit Raketen von unten angetrieben wird!

Abb. 228: AS11-40-5926

„Ich erinnere mich als ich die ersten Astronauten auf dem Mond landen sah und mich wunderte, warum die Bilder so unklar waren. Wir sahen zwei unscharfe weiße Geister, die wenig bis nichts taten, während sie im Schatten der Mondfähre herumschlichen. Es schien als ob NASA 100 Jahre Fortschritt in der Fotografie verschlafen habe. Es war langweilig, aber ich glaubte trotzdem daran!

In den nächsten Jahren schnappte ich Ausschnitte der nachfolgenden Missionen auf, wie sie in Farbe auf meinem Fernseher zu sehen waren und ich glaubte noch immer daran. Die Bilder verbesserten sich mit jeder Mission und zum Ende des Apollo Programms zerfetzte das Mondfahrzeug (Buggy) die Oberfläche des Mondes während man bei der NASA begann, ein Marsabenteuer anzusteuern. Ich glaubte immer noch an das Gute in der Welt, die CIA und die NASA. Jahre später sah ich während einer TV-Show die amerikanische Flagge auf dem luftleeren Mond wehen. Erste Zweifel kamen auf. Ich sah mir nun die NASA Video Clips näher an, neutraler und mit weniger Emotionen. Als diese rosarote Brille unter meine Nase rutschte, begann ich Mängel in den Bildern zu bemerken. Die Astronauten samt ihren Rucksäcken wogen weniger als 35 kg auf dem Mond, hinterließen jedoch tiefe Fußabdrücke im Staub und Schotter des Mondes. Der Schub des Raketenantriebs, der die 33.000 Pound schwere LEM auf die Mondoberfläche absenkte, hinterließ keinen Krater. Anscheinend blies er nicht mal den Staub neben den Fußplatten weg. Merkwürdig! Hier auf der Erde braucht es normalerweise etwas Feuchtigkeit, um Fußabdrücke zu hinterlassen. Es gibt keine Feuchtigkeit auf dem Mond!"
-Ralph Rene – „NASA Mooned America", Seite 1

Camera pointed at studio lights causes lens flare.

Abb. 229: AS12-49-7278

Bei der Analyse des Videomaterials treten noch mehr Unstimmigkeiten auf. Auf bestimmten Ausschnitten kann man Lichtstrahlen oder Lichtpunkte sehen, die von den, über den Astronauten angebrachten und an ihren Rucksäcken montierten, Drähten reflektieren. In einem Apollo 16 Ausschnitt fällt ein Astronaut auf seine Knie und wird schnell zurück auf seine Füße hochgezogen durch etwas, was nur ein unsichtbarer Draht sein kann, an dem der Astronaut befestigt ist.

Abb. 230: Schatten – Halo unmöglich

Eine der offensichtlichsten Unstimmigkeiten in den Clips diverser Apollo Missionen ist die amerikanische Flagge, die im nicht existenten Mond-Wind weht. Der „Mond" hat angeblich keine Atmosphäre, also sollten die Flaggen vollkommen bewegungslos bleiben. Die NASA behauptet der Grund dafür sei, dass die Astronauten sie berühren würden. Dies ist jedoch nicht der Fall, da sie über einen langen Zeitraum wehen, ohne dass Astronauten auch nur in ihrer Nähe sind.

Eine weitere interessante Videoanomalie wird durch die Wiedergabe des „Mond"-Materials der NASA bei 2-facher Geschwindigkeit entdeckt. Hierbei lassen sich die Astronauten beim Gehen, Laufen, Springen oder Herumfahren auf ihrem kleinen Buggy beobachten. Ohne die Geschwindigkeitsanpassung entsteht die Illusion einer „geringen Schwerkraft", da die Astronauten zu schweben, zu treiben sowie langsam und gleichmäßig dahinzugleiten scheinen. Sobald die Videos jedoch mit 2-facher Geschwindigkeit abgespielt werden, wird deutlich, dass sie sich in „normaler Schwerkraft" befinden und mit normaler Geschwindigkeit gehen, laufen, springen und fahren! In der Nachbearbeitung wurde die Abspielgeschwindigkeit einfach um 50 % reduziert, und voilà, sofortige „Mond"-Bewegung.

„Die meisten, wenn nicht alle Fotos, Filme und Videoaufnahmen der Apollo Missionen können leicht als Fälschungen entlarvt werden. Jeder mit der kleinsten Kenntnis von Fotografie, Beleuchtung und Physik kann leicht beweisen, dass NASA die visuellen Aufzeichnungen des Apollo Raumfahrtprogramms gefälscht hat. Einige von ihnen sind so offensichtlich falsch, dass man die Fassungslosigkeit wahrnimmt, wenn die Unstimmigkeiten ahnungslosen Menschen präsentiert werden. Manche von ihnen geraten in einen gemäßigten Schockzustand. Manche Leute brechen zusammen und weinen. Ich habe Andere gesehen, die so wütend wurden, dass sie mit einem wirren Geschrei die Fotos in Fetzen rissen." -William Cooper

Abb. 231: Wunschvorstellung

Abb. 232: keine Reifenspuren, nur Fußspuren

Nicht genug, dass die Videoaufzeichnungen voller Betrug sind, so erklärt die NASA auch noch, dass die Originalvideos von Apollo 11 aus ihren Unterlagen verschwunden sind, weshalb sie niemand auf ihre Echtheit hin untersuchen kann! Du hast richtig gelesen, sie gaben über 30 Milliarden US-$ an Steuergelder aus, um „auf dem Mond zu gehen" und dann „verlieren" sie den Videobeweis! Diese unscharfen, geisterhaften S/W-Bilder, die im Fernsehen gezeigt wurden, waren absichtlich von mieser Qualität. Die NASA bestand damals darauf, dass alle Fernsehsender die Übertragung direkt von einem Großbildschirm in ihrem Betriebsraum ausstrahlen mussten, ein Mandat, das alle großen Sender akzeptierten. Was die Öffentlichkeit also sah, war nur ein Video eines schlecht vergrößerten Videos, und nun ist es unmöglich, das Original überhaupt zu sehen! Nicht nur das Original von Apollo 11 ist verschwunden, die NASA behauptet zudem, alle Original-Audiobänder

der Apollo-Missionen verloren zu haben, und dass ihre Auftragnehmer alle Drucke/Pläne für den Lunar Rover, den LEM-Lander und die Apollo-Triebwerke verloren haben! Wie hoch ist die Wahrscheinlichkeit, dass diese tatsächlich verloren gegangen sind? Und wie hoch ist die Wahrscheinlichkeit, dass die NASA es einfach nicht zulassen kann, dass die Öffentlichkeit ihre Aufzeichnungen unter die Lupe nimmt, weil sie möglicherweise enttarnt werden? Das größte Ereignis der Menschheit. Wir landen auf dem Mond im Weltraum und sämtliche Daten gehen verloren? Bitte...

Abb. 233: Tape - Klebeband

„Die Erforschung des Mondes wurde eingestellt, weil es unmöglich war, den Schwindel fortzusetzen, ohne letztendlich entdeckt zu werden, und natürlich gingen ihnen die vorgedrehten Episoden aus. Kein Mensch ist jemals höher als 300 Meilen, wenn überhaupt, über die Erdoberfläche aufgestiegen. Kein Mensch hat jemals den Mond umkreist, ist auf ihm gelandet oder hat ihn im Rahmen eines öffentlich bekannten Raumfahrtprogramms betreten. Wenn Sie dies bezweifeln, erklären Sie bitte, wie die Astronauten in einem Raumanzug bei voller Sonneneinstrahlung auf der Mondoberfläche gelaufen sind und dabei mindestens 265°F Hitze in einem Vakuum absorbiert haben."
-William Cooper

Temperaturen auf dem Mond reichen angeblich von -153°C „während der Tiefe der Mondnacht", weit kälter als der kälteste antarktische Winter, hoch zu 134°C an einem Mondmittag, was heißer als kochendes Wasser ist.

NASA behauptet, dass ihre Spezialanzüge mit wärmenden und kühlenden Systemen ausgestattet sind, aber nichts was diesen unglaublichen Temperaturen widerstehen könnte. Diese Anzüge wurden auch unter Druck gesetzt, um die Drucklosigkeit des Vakuums davon abzuhalten die Adern der Astronauten platzen zu lassen, aber sie weisen überall deutlich erkennbare Falten und Knicke auf. Astronauten in richtigen unter Druck gesetzten Anzügen würden wie kurz-vor-dem-Platzen-stehende Michelin-Männchen aussehen.

Die Strahlung im Weltraum, besonders durch die Van-Allen-Gürtel, ist zu stark, um „Weltraumspaziergänge" in solch hauchdünnen Anzügen zu machen. Eine russische Studie fand heraus, dass die auf dem Mond herrschende Strahlungsmenge es erforderlich machen würde, dass die Astronauten in Blei von 4 Fuß Dicke gekleidet sein müssten, um dem sofortigen Tod zu entgehen. Der NASA Physiker John Mauldin sagte, sie brauchen eine Abschirmung von mindestens zwei Metern Dicke um sie herum und doch sieht man sie in ihren 2 Inch dünnen Anzügen auf dem „Mond" herum hüpfen.

Abb. 234: „Mondgestein" als versteinertes Holz entlarvt

Ein weiterer handfester Beweis dafür, dass die NASA ihrem Logo mit der gespaltenen Schlangenzunge gerecht wird, sind die vielen angeblichen „Mondgesteine", die Neil Armstrong und Buzz Aldrin vielen Museen auf der ganzen Welt geschenkt haben. Kurz nach Apollo 11 berichtete der Privatdetektiv Paul Jacobs, er habe den Leiter des US Department of Geology gefragt, ob er die Mondgesteine untersucht habe und ob er ihre Echtheit überprüfen könne, woraufhin der Geologe nur lachte und andeutete, dass hohe Beamte der US-Regierung von dem Schwindel wussten.

Erst kürzlich, im Jahre 2009, untersuchten Kuratoren des Amsterdamer Rijksmuseums das „Mondgestein", das ihnen 1969 von Armstrong und Aldrin persönlich übergeben worden war. Sie mussten feststellen, dass es sich in Wirklichkeit um ein wertloses Stück versteinertes Holz handelte!

Bill Kaysing, ein weiterer Mondfälschungsforscher, arbeitete bei Rocketdyne, wo die Saturn-V-Raketentriebwerke der NASA gebaut wurden. Er erhielt Zugang zu Dokumenten betreffend die Mercury-, Gemini-, Atlas- und Apollo-Programme der NASA. Diesen war zu entnehmen, dass eine Täuschung im Gange war. Kaysing sagte über die Dokumente: „Man braucht keinen Ingenieur- oder Wissenschaftsabschluss, um festzustellen, dass es sich hierbei um einen Schwindel handelte". Er schrieb ein Buch über seine Erkenntnisse mit dem Titel „We Never Went to the Moon: Amerikas Thirty Billion Dollar Swindle". Darin deckt er auf, wie die NASA sowohl den Apollo-1-Brand als auch den Challenger - „Unfall" inszenierte und die Astronauten an Bord absichtlich ermordete, um sie zum Schweigen zu bringen[3].

Abb. 235: identische Hintergründe

Abb. 236: Tape

Bevor die erste Apollo Mission überhaupt die Startrampe verließ, starben 11 NASA Astronauten bei höchst verdächtigen „Unfällen". Gus Grissom, Roger Chaffee und Ed White wurden alle zusammen während des vollkommen unnötigen und gefährlichen Tests in einem Feuer in der Apollo Kapsel eingeäschert, bei dem sie in eine 100-prozentige Sauerstoffkammer geschnallt wurden und die Drei in Sekundenschnelle verbrannte. Sieben weitere Astronauten, Ted Freeman, Charles Basset, Elliot See, Russell Rogers, Clifton Williams, Michael Adams und Robert Lawrence starben bei sechs verschiedenen Flugzeugabstürzen und Ed Givens bei einem Autounfall! Acht dieser Tode waren allein im Jahre 1967. Dass so viele Astronauten zufällig unter solchen Umständen sterben, ist höchst unwahrscheinlich und untermauert die Vermutung, dass es

---

[3] Mittlerweile wurde aufgedeckt, dass die Challenger-Astronauten nicht ermordet wurden. Sie bekamen teilweise neue Identitäten und sind gesund und munter.

Abb. 237: It's all a hoax

sich um gezielte Anschläge der Freimaurer handelte, die versuchten, die richtigen Leute zu finden, um ihren Hoax durchzuziehen.

Einer der unverblümtesten der gefallenen Astronauten war Gus Grissom. 1967 wurde Grissom zunehmend genervt und äußerte Zweifel über NASA´s Chancen Menschen jemals auf dem Mond landen zu lassen. Er schätzte die Chancen als „sehr dünn" ein und hängte bekanntlich eine Zitrone an die Apollo Kapsel, nachdem sie wiederholt bei Sicherheitstests durchgefallen ist. Grissom drohte damit, mit seinen Bedenken über die Mondlandefähre an die Öffentlichkeit zu gehen und erzählte sogar seiner Frau Betty, „wenn es je ein ernsthaftes Unglück im Raumfahrtprogramm gibt, dann betrifft es bestimmt mich." Direkt nach dem Mord an ihm durchsuchten Regierungsbeamte Grissom´s Haus, bevor irgendjemand über das Feuer und seinen Tod informiert war. Sie beschlagnahmten all seine persönlichen Notizen, sowie sein Tagebuch und gaben es nie zurück.

Der investigative Journalist und Filmpreisträger Bart Sibrel produzierte im Jahre 2001 die ausgezeichnete Dokumentation „A funny Thing happened on the way to the moon" Als er Filmmaterial für seinen Film anforderte, wurden ihm, entweder aus Versehen oder von einem sympathisierenden „Whistleblower" ein Ausschnitt der offiziellen Rohfassung der Apollo 11 Mission geschickt, bei dem die jungen Buzz Aldrin, Neil Armstrong und Michael Collins fast eine ganze Stunde dabei gezeigt wurden, wie sie Folien und Kameratricks verwendeten, um Fotos einer runden Erde zu fälschen!

Sie kommunizieren über Sprechfunk mit der Zentrale in Houston, wie sie nun genau das Foto arrangieren und jemand regte an, wie die Kamera am effektivsten zu handhaben ist, um den erwünschten Effekt zu erhalten. Zuerst schwärzten sie alle Fenster, außer einem Runden nach unten zeigenden, auf welches sie die Kamera aus ein paar Metern Entfernung richteten. Dies erzeugte die Illusion einer von der Schwärze des Weltalls umgebenen kugelförmigen Erde, während es tatsächlich einfach ein rundes Fenster in ihrer dunklen Kabine war. Neil Armstrong behauptete an diesem Punkt er wäre 130.000 Meilen von der Erde entfernt, auf dem halben Wege zum Mond, aber als die Kameratricks beendet waren, konnte der Zuschauer selber sehen, dass die Astrodarsteller nicht mehr als 100 Meilen über der Erdoberfläche waren, wahrscheinlich an Bord eines Höhenaufklärungsflugzeuges!

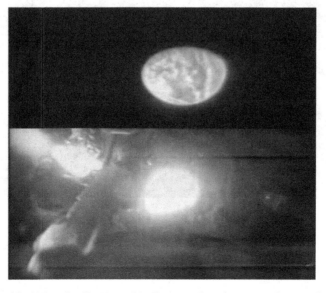

Abb. 238: Doku: "A Funny thing happened on the way to the moon"

Abb. 239: Studioset - Mondlandung

„Viele leichtgläubige Menschen glauben immer noch, dass die NASA Menschen zum Mond schickte, ohne nachzuforschen oder zu untersuchen, ob sie wirklich die Wahrheit erzählt. Es gibt Einige die nie einsehen werden, dass die NASA Missionen gefälscht wurden, ganz gleich wie viele belastende Beweise ihnen präsentiert werden."
-Sam Colby – "NASA Numerous Anomalies and the Scams Abound"

"In a prosecutorial mode, I accuse NASA, the CIA, and whatever super-secret group that controls the shadow government of these United States of fraud on the grandest scale imaginable, of murder by arson, and of larceny of over $40 billion in conjunction with the Apollo program that allegedly landed men on the Moon. I also accuse them of violating a federal law against lobbying by government-funded entities and of serial murder of low-level NASA employees, witnesses, and other citizens who happened to be in the wrong place at the wrong time. Such accusations seem incredible because none of us ever want to believe our governmental father is deceiving us. However, by the end of this book, even the most trusting reader will have no doubt that NASA MOONED AMERICA!"
-Ralph Rene – "NASA Mooned America!"

2004 vollendete Bart Sibrel eine zweite Dokumentation mit dem Titel „Astronauts gone wild", bei der er zu Interviews mit Apollo Astronauten ausschwärmte und sie bat auf die Bibel zu schwören, dass sie wirklich auf dem Mond spazierten. Als Reaktion auf Sibrel's Anschuldigungen drehten viele Astronauten in der Tat durch. John Young von Apollo 10 und 16 drohte, ihm „auf den Kopf zu schlagen" und rannte dann in eine sich schließende Aufzugtür. Ed Mitchell von Apollo 14 trat ihn buchstäblich aus der Tür und drohte ihn zu erschießen! Buzz Aldrin schlug ihm ins Gesicht! Die Dokumentation ist eine faszinierende psychologische Studie. Astronauten dabei zu beobachten, wie sie sich winden und dann Drohungen aussprechen oder Gewalt anwenden, zeigt eher wie sich krankhafte Lügner verhalten, anstatt ehrbare Astronauten. Viele von ihnen kämpften auch mit Depressionen und Alkoholproblemen seit sie „vom Mond zurückkehrten".

Abb. 240: Alle Bilder der Erdkugel sind FAKE

Buzz Aldrin wurde einmal auf einem Bankett gefragt, wie es sich anfühlt auf den Mond gewesen zu sein. Er schwankte auf seinen Füßen, sagte kein Wort und ging dann unkontrolliert weinend davon. Bei der Festlichkeit des 25. Jahrestags der Apollo 11 Mondlandung hielt Armstrong bei einem der wenigen Interviewauftritte, die er je absolvierte, eine geheimnisvolle Rede. Im Grunde erzählte er den anwesenden jungen Leuten, dass es noch viele Wahrheiten über Apollo 11 zu enthüllen gäbe, wenn sie tief genug graben würden. Er hielt die Tränen zurück und sagte *„Today we have with us a group of young students, America's best. To you we say we have only completed a beginning. We leave you much that is undone. **There are great ideas undiscovered, breakthroughs available to those who can remove one of truth's protective layers** "*

In den letzten 45 Jahren haben die Freimaurer in Hollywood und die NASA ihre Fertigkeiten bei der Bearbeitung und Fälschung von Material mit Photoshop, computeranimierten Bildern und gefälschten Fotos der Erde vom All ausgereift. Kinohits wie „Apollo 13" und „Gravity" zeigen uns, wie realistisch und überzeugend diese Tonbühnen, Green Screen Technologie oder Computeranimationen sein können. Die Leute glauben sogar noch mehr daran als früher. Eine Umfrage der Knights Zeitung, die just nach den Apollo Landungen gemacht wurde stellte fest, dass 30% „den Ausflügen der NASA zum Mond misstrauten." 1999 hatten bei einer Meinungsumfrage nur noch 6% Zweifel daran, dass die Apollo Astronauten auf dem Mond spazierten.

„Die NASA bereitet sich nun vor uns zum Mars zu nehmen, so wie sie uns zum Mond nahm. Dieses Mal wird ein kleiner Kreis von Computerexperten uns mit von neuen Computergrafikprogrammen erzeugten Fotos erstaunen, die es 1969 noch nicht gab. Nächstes Mal gibt es wohl keinen Weg die Wahrheit festzustellen." -Ralph Rene – „NASA Mooned America"

Abb. 241: Challenger Astro-Nieten

Seit den Apollo Mondlandefälschungen, schritt die NASA voran und fälschte 1976 mit Viking, 1997 mit Pathfinder und 2007 mit Phoenix diverse Marslandungen. Direkt nach der „Landung" machten sie sich ans Werk und photoshoppten das berühmte „Marsgesicht", Marspyramiden und die angebliche Marsstadt Cydonia. NASA Lockvögel, wie Richard Hoagland und Steven Greer, verbreiten seitdem die Idee, dass dies und andere „Beweise" die Existenz von Außerirdischen bestätigen. Genau wie die gefälschten Mondlandungen sind ihre Science-Fiction „Marslandungen" jedoch nichts anderes als dreiste Lügen.

Abb. 242: Mars Geschichten in den NEWS

Zuallererst sind die „Planeten" (früher als Wandelsterne bekannt) keine festen erd-ähnlichen Lebensräume, auf denen man irgendetwas landen könnte! Sonne, Mond und Sterne sind einfach Leuchtkörper, Himmelslichter ziemlich nahe der Erde, nicht etwas Greifbares und Festes worauf Menschen je gehen könnten.

Abb. 243: Mission to Mars

„Planeten sind keine feste, undurchsichtige Masse an Materie, wie allgemein angenommen. Sie sind einfach nicht-materielle, leuchtende und durchsichtige Scheiben."
-Gabrielle Henriet – Heaven and Earth, S.23

Selbst wenn der Mars tatsächlich ein kugelförmiger Wüstenplanet wäre, wie die NASA behauptet, ist es für sie unmöglich, die Sonden sicher zu landen, wenn man ihre eigenen Versuche und Statistiken zugrunde legt. Sie sagen, dass der Oberflächendruck auf dem Mars nur 3/10 von 1% des Oberflächendrucks auf der Erde beträgt und dem Druck in etwa 23 Meilen Höhe über der Erde entspricht. Bei diesem Druck gibt es jedoch nicht genügend Luftmaterie, um die Fallschirme, die die NASA für die Landung ihrer Marssonden verwendet, zu öffnen und aufzublähen. Kein Fallschirm, der jemals entwickelt wurde, konnte sich in dieser Höhe erfolgreich entfalten; sie strömen einfach nur zurück und füllen sich den Rest des Weges nach unten nicht mehr.

Joe Kittenger's Rekord für den höchsten, schnellsten und längsten Fallschirmabsprung aus der oberen Erdatmosphäre führte zu einem 15-minütigen freien Fall aus einer Höhe von nur 19 Meilen bei einer Geschwindigkeit von 767 mph, wobei sich sein Fallschirm als nutzlos erwies und keine Bremswirkung erzeugte. Die NASA möchte uns jedoch glauben machen, dass der Fallschirm von Phoenix ihn in nur 2,86 Minuten vor seiner endgültigen Landung irgendwie von 12.738 mph auf 123 mph abbremsen konnte.

Mit anderen Worten: Die NASA behauptet, auf dem Mars etwas erreicht zu haben, wofür es keine Beweise gibt, dass dies überhaupt auf der Erde möglich ist, und zwar in wesentlich geringerer Höhe und mit 16-fach geringerer Geschwindigkeit!

Abb. 244: Marslandung

„Am 14.7.1976 löste der 5.125 pound schwere Raumgleiter sein Marslandefahrzeug (Lander). Ich kann kein eingetragenes Gewicht in meiner Enzyklopädie des Weltalls finden, aber da er zusätzlich zu seiner Nutzlast bis zu 638 pounds Treibstoff tragen konnte, muss der Lander mindestens 1.000 pounds wiegen. Die NASA behauptet, dass nachdem der Lander gelöst wurde, Raketen benutzt wurden, um ihn auf 560 mph bei einer Höhe von 800.000 Fuß zu entschleunigen. Dann durfte er 781.000 Fuß mit Hilfe der marsianischen Gravitation fallen, bevor ein Fallschirm in 19.000 Fuß Höhe geöffnet wurde. In 4.600 Fuß Höhe wurde dieser Schirm gelöst und die NASA teilt uns mit, dass er dann eine Geschwindigkeit von 145 mph hatte. Computergesteuerte Raketentriebwerke ließen ihn dann landen. Die marsianische Gravitation ist im Vergleich zur Erde 63% geringer. Die Gravitation der Erde beschleunigt ein Objekt mit 32 Fuß/s. Dies gibt dem Mars die Fähigkeit ein Objekt 11,84 Fuß/s zu beschleunigen. Die horizontale Bewegung von 560 mph wird keine Wirkung auf die Abwärtsgeschwindigkeit eines Objektes haben, das 781.000 Fuß auf den Mars fällt.

Die Endgeschwindigkeit beim Aufgehen des Schirms war 4.300 Fuß/s (ungefähr 3.000 mph). Dies ist deutlich schneller als eine abgeschossene Gewehrkugel. Die NASA behauptet, dieser unter nahezu Vakuumbedingungen agierende Schirm, in einer Höhe von ungefähr 14.400 Fuß, die Geschwindigkeit des Landers auf 145 mph verringerte. Na klar doch!

Das war damals, schauen wir mal auf heute. Die nächste Sonde landete am 4.7.1997 auf dem Mars. Nach Angaben der NASA erreichte die Sonde „Pathfinder" den Mars mit einer Geschwindigkeit von 16.600 mph und wurde dann abgeworfen, um kühn in den Randbereich der Marsatmosphäre einzutauchen, ohne Retrorockets für den Eintritt in die Umlaufbahn zu verwenden. Wie üblich wurden zwei verschiedene Geschichten von der NASA angeführt. Die erste besagt, dass die Geschwindigkeit durch ein Wunder in der nächsten Minute auf 1.000 mph reduziert wurde. Die zweite besagt, dass sie bei einer Höhe von 5.300 Meilen abgeworfen wurde und ihre Geschwindigkeit innerhalb von 30 Minuten reduziert wurde, als sie bei 80 Meilen Höhe angekommen war. Im ersten Fall wäre die Abbremsung unglaublich gewesen. Im zweiten Fall jedoch wäre der Pathfinder in 80 Meilen Höhe immer noch mit 4.280 mph unterwegs gewesen. Die NASA-Geschichte ist etwas undurchsichtig, aber es wird angenommen, dass der Pathfinder wieder in den freien Fall versetzt wurde, bis er sich in 7 Meilen Höhe befand, als sich laut NASA der Fallschirm öffnete. Anstatt sich zu verströmen, weil er in fast einem Vakuum aufgegangen war, blähte er sich auf und bremste den Pathfinder ab. Als er sich in einer Höhe von einer Meile befand, ließ er den Fallschirm fallen, blies den Airbag auf und feuerte Bremsraketen ab, die seine Geschwindigkeit auf 23 mph reduzierten. Dann schlug der Airbag auf dem Boden auf und prallte entweder 3-mal oder 16-mal ab [je nachdem, welcher offiziellen NASA-Quelle man „glaubt"]."
-Ralph Rene – "NASA mooned America", Seite 175

Abb. 245: NASA - Schraube locker

Die MX-News vom 3.6.2008 zeigte ein NASA Bild von Phoenix` erster Grabung in den „Marsboden". Drei Tage später, am 6.6.2008 berichtete der London Daily Telegraph von „einer weiteren Kommunikationspanne, die den NASA Phoenix Lander davon abhielt seine erste Grabung in den Marsboden auszuführen". Wie konnten die MX-News ein Foto präsentieren, wenn er seine erste Grabung noch gar nicht getätigt hat und warum können sie nie bei einer Geschichte bleiben?

Der Roboter-Arm des Phoenix „Mars"-Landers ist um 14:39:37 LST (Lokale Sternzeit) fotografiert worden (Bild 896662759). Das Bild 896662868 um 14:41:23 LST nur 2 min und 46 Sek. später. Auf dem ersten Bild ist eine heruntergefallene, lose Schraube am Bein zu sehen, die verschwindet, bevor das zweite Foto aufgenommen wird. Die NASA selbst behauptet, dass der Arm des Roboters den Marsboden erst am nächsten Tag berührte, so dass sie nicht behaupten kann, die Schraube selbst verschoben zu haben. Die aktuelle Anordnung von Sand/Gestein blieb exakt gleich, so dass dies nicht durch starken Wind erklärt werden kann. Es bleibt also die Frage, wer die Schraube aufgehoben hat. Höchstwahrscheinlich hat sie ein aufmerksamer und wohlmeinender Bühnenarbeiter zwischen den Aufnahmen aufgehoben!

Jarrah White, ein fleißiger Mars-Hoax-Forscher, bemerkte auch, dass die Columbia-Gedenktafel, die auf den „Mars"-Fotos und -Videos am Spirit-Rover angebracht ist, nicht dieselbe ist, die Sekunden vor dem Start auf der Erde zu sehen war. Dies ist ein eklatanter Beweis dafür, dass bei diesen Mars-Missionen die Fotos getürkt sind. Mehrere Fotoexperten haben sogar festgestellt, dass der „Mars" genauso aussieht, wie Arizona oder Teile der australischen Outback-Wüste. Es scheint zudem, dass die NASA der Atmosphäre in der Nachbearbeitung einfach einen Rotstich hinzugefügt hat. Mit dem „Auto-Levels Tool" in Photoshop verlieren die offiziellen NASA-Marsfotos jedoch ihren Rotstich und sehen exakt so aus, wie auf der Erde.

Abb. 246: Mars sieht aus wie Landschaft in Arizona

Abb. 247: Unterschiedliche Plaketten auf dem Rover

„Seit 1973 sind auf der ganzen Welt über eine Milliarde Kinder erwachsen geworden. Ihnen wurde beigebracht an die NASA-Märchen zu glauben. Ich hoffe dieses Buch wird eines Tages für immer diesen phantasievollen Schwindel vertreiben und die Geschichte der NASA Mond– und Marslandungen in das Reich der Märchen verbannen, wo sie hingehören."
Ralph Rene – NASA mooned America

EVOLUTION IS A LIE - INTELLIGENT DESIGN IS THE TRUTH!

Das populäre moderne wissenschaftlich-materialistisch-atheistische Weltbild, das von der NASA, den Mainstream-Medien und dem öffentlichen Bildungssystem propagiert wird, besagt, dass du hier bist, weil das Nichts ohne Grund explodierte und Alles erschuf!

Bevor es Zeit, Raum, Materie, Bewusstsein, Intelligenz und Leben gab, gab es das Nichts. Dann explodierte das Nichts, und anstatt Dinge zu zerstören wie jede andere Explosion, die es jemals gab, schuf diese Explosion Dinge, schuf Alles! Die Explosion des Nichts schuf irgendwie Raum, Zeit und alle Materie im Universum in einem Augenblick und ohne jeglichen Grund. Dann kulminierten all die schöpferischen explosiven Trümmer, die 14 Milliarden Jahre lang mit über 670 Millionen mph durch das Universum flogen, um dich zu erschaffen!

Ja, erst vereinigte sich das gasförmige Nichts und bildete Sonne und Sterne, dann vereinigten sich feste Teile des Nichts zu Planeten und Monden, dann vereinigte sich das zu Wasser- und Sauerstoff gewordene Nichts, um auf dem „Nichts-Planeten Erde" Wasser zu bilden, aus dem dann wundersam einzellige lebendige Organismen hervorgingen. Durch Teilung und Vermehrung entwickelten sie sich zu mehrzelligen, Organismen mit eigenem Bewusstsein. Diese vermehrten sich, teilten sich und mutierten zu verschiedenen Arten von

Abb. 248: Big Bang

Meeresbewohnern, welche sich weiter anpassten, entwickelten und schließlich an Land krochen, Kiemen mit Lungen ersetzten, Schwänze verloren, sich opponierbare Daumen wuchsen ließen und anfingen, sich an Strohhalme zu klammern, wie diese lächerliche nihilistische Vorstellung der Urknall-Evolution.

Abb. 249: Creation vs. Evolution

Diese materialistische Anti-Gott-Evolutionstheorie wird seit über 150 Jahren standhaft durch die Unfehlbarkeit der „Wissenschaft" geschützt, aber in Wirklichkeit haben die Wissenschaftler es nicht geschafft auch nur einen einzigen Beweis dafür zu finden, dass die materielle Welt ein Erzeugnis blinder Zufallsevolution ist. Vergleichbar mit der Kosmologie. Im Zuge dieser Thematik gibt es ebenfalls nicht einen wahren, gültigen Beweis dafür, dass die Erde ein sich um die Sonne drehender Ball ist.

Vielmehr setzt die Urknall-Theorie viele weitere Theorien voraus, die sich bereits in den vorherigen Kapiteln als falsch erwiesen haben, wie die Vielzahl der Welten, Newton´s Gravitationstheorie, Einstein´s Relativitätstheorie, Sterne als entfernte Sonnen und schließlich die Erde, die nicht flach, sondern ein runder Planet sein soll.

„Die evolutionäre Theorie behauptet, dass Leben mit einer zufällig entstandenen Zelle begann. Gemäß diesem Szenario machten vor 4 Milliarden Jahren verschiedene leblose, chemische Verbindungen eine Reaktion in der ursprünglichen Atmosphäre der Erde durch, in welcher die Wirkungen von Blitzschlägen und Atmosphärendruck zur ersten lebenden Zelle führten. Eine Sache die zuerst mal gesagt werden muss ist: Die Behauptung, dass sich leblose Stoffe zur Bildung von Leben vereinigen können, ziemlich unwissenschaftlich ist und nicht durch ein Experiment oder eine Beobachtung bestätigt.

Leben kann nur durch Leben entstehen. Jede lebende Zelle ist durch die Nachbildung einer anderen Zelle gebildet worden. Niemanden auf der Welt ist es je gelungen eine lebende Zelle durch die Vereinigung von leblosen Stoffen zu bilden, nicht mal in den fortschrittlichsten Laboratorien.

Die Evolutionstheorie ist in keinem größeren Dilemma als dem, die Entstehung von Leben zu erklären. Der Grund ist, dass organische Moleküle so komplex sind, ihre Entstehung kann unmöglich als zufällig erklärt werden. Es ist offenkundig unmöglich, dass eine organische Zelle aus Zufall entstanden ist."

-Harun Yahya – "The evolution deceit", Seite 128

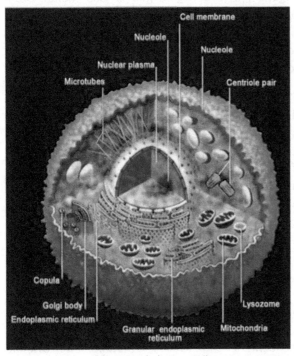

Abb. 250: Inhalt einer Zelle

Wie könnten all die zusammenhängenden und „compartmentalized" Komponenten, wie die Zellwand, die Zellmembran, das Mitochondrium, Eiweißkörper, DNS, RNS, Ribosomen, Lysosomen, Zellplasma, Vakuolen, Zellkern und andere Teile der Zelle sich auf magische Weise vereinigen und mit Bewusstsein ausgestattetes, intelligentes Leben aus unbewusstem, totem Material schaffen?

Nehmen wir mal ein durchschnittlich großes Eiweißmolekül. Dieses besteht schon aus 288 Aminosäuren von 12 verschiedenen Sorten, welche auf die auf 10^{300} verschiedenen Wegen kombiniert werden können. Von all diesen Möglichkeiten bildet nur eine das gewünschte Proteinmolekül, und es gibt über 600 Arten von Proteinen, die in den kleinsten jemals entdeckten Bakterien kombiniert sind.

Der Astronom Fred Hoyle verglich die Chancen, dass all die facettenreichen und multifunktionalen Teile sich zufällig vereinigt haben könnten, um Leben zu kreieren, sinngemäß mit *„einen Tornado der über einen Schrottplatz fegt und mit den Materialien dort eine Boeing 747 baut"*!

Hoyle schrieb: *„Wenn es ein Grundprinzip von Stoffen gäbe, welches organische Systeme irgendwie in Leben verwandeln könnte, sollte man es leicht in einem Labor nachstellen können. Man könnte zum Beispiel ein Schwimmbecken nehmen, um die Ursuppe darzustellen. Man fülle es mit beliebigen Chemikalien irgendeiner nicht-biologischen Beschaffenheit. Man pumpe irgendwelche Gase darüber oder hinein und setze es irgendeiner Art von Strahlung aus. Lass das Experiment ein Jahr andauern und schau dir an wie viele jener 2.000 Enzyme (lebende Zellen produzieren Eiweißkörper) im Becken erschienen sind. Ich werde antworten, damit man sich die Zeit, den Ärger und die Kosten sparen kann, die das Experiment verursachen würde. Du wirst nichts vorfinden, außer möglicherweise eine aus Aminosäuren und anderen einfachen organischen Chemikalien bestehende Brühe."*

Selbst wenn Wissenschaftler alle für das Leben notwendigen chemischen Stoffe in einen Behälter einfüllen würden, auf sie irgendein Verfahren ihrer Wahl anwenden würde und Milliarden Jahre warten würde, nicht eine einzige lebende Zelle würde oder könnte sich je bilden.

Abb. 251: Natur

„Die Wahrscheinlichkeit einer spontanen Entstehung lebendiger Organismen aus lebloser Materie ist $1^{-40.000}$. Die Zahl ist klein genug, um Darwin und die gesamte Evolutionstheorie zu begraben. Die Anfänge des Lebens waren nicht zufällig; sie müssen das Produkt einer zielgerichteten Intelligenz gewesen sein.

Seit meiner frühesten Ausbildung als Wissenschaftler wurde ich einer starken Gehirnwäsche unterzogen, die mich glauben ließ, dass Wissenschaft nicht mit irgendeiner Art von absichtlicher Schöpfung vereinbar ist. Diese Vorstellung musste ich schmerzlich ablegen. Im Moment kann ich kein rationales Argument finden, um die Ansicht, die für eine Bekehrung zu Gott spricht, zu widerlegen. Früher waren wir unvoreingenommen; heute wissen wir, dass die einzige logische Antwort auf das Leben die Schöpfung ist - und nicht eine zufällige Vermischung."
-Astrobiologe Chandra Wickramasinghe

„Wissenschaftliche Beweise aus Bereichen wie Paläontologie, Mikrobiologie und Anatomie zeigen, dass die Evolutionstheorie zum Scheitern verurteilt ist. Es wurde bereits betont, dass die Evolution nicht mit wissenschaftlichen Entdeckungen, Verstand und Logik in Einklang zu bringen ist. Diejenigen, die an die Evolutionstheorie glauben, sind der Meinung, dass ein paar Atome und Moleküle, die in einen riesigen Bottich geworfen werden, denkende, vernünftig handelnde Professoren, Universitätsstudenten, Wissenschaftler, Künstler, Antilopen, Zitronenbäume und Nelken hervorbringen können. Im Übrigen sind die Wissenschaftler und*

Abb. 252: Natur

Professoren, die an diesen Unsinn glauben, gebildete Menschen. Deshalb kann mit Fug und Recht von der Evolutionstheorie als „dem mächtigsten Zauber der Geschichte" gesprochen werden, denn noch nie hat ein anderer Glaube oder eine andere Idee den Menschen so sehr die Vernunft genommen, ihnen intelligentes und logisches Denken verweigert und die Wahrheit vor ihnen verborgen, als wären ihnen die Augen verbunden worden."
-Harun Yahya – "The Evolution Deceit", Seite 178

Abb. 253: Natur

Bewusstsein, Leben, die wunderbare Vielfalt, Vielseitigkeit und Vernetzung der Natur und des Universums können einfach <u>nicht</u> das Ergebnis einiger willkürlicher, zufälliger physischer Ereignisse sein. Falls die Wahrscheinlichkeit der Entstehung von Leben aus leblosen Material 1 zu $10^{40.000}$ ist, dann sind das genau die großartigen Chancen, die dagegensprechen, dass das Universum zufällig und ohne eine intelligente schöpferische Kraft entstanden ist!

Selbst die Entstehung von einfachsten DNS und RNS Molekülen ist ähnlich jenseits aller Wahrscheinlichkeit sich zu vereinigen, entsprechend der Zahlengröße von 1 zu 10^{600} oder eine 10 mit 600 Nullen dahinter! Eine solche mathematische Unwahrscheinlichkeit grenzt tatsächlich so nah an den Bereich des Unmöglichen, so dass das Wort "unwahrscheinlich" hier irreführend ist. Mathematiker, die regelmäßig mit diesen winzig kleinen Zahlen arbeiten, sagen, dass alles, was über 1×10^{50} Potenzen hinausgeht, in jeder Hinsicht als unmöglich angesehen werden sollte.

Dr. Leslie Orgel, ein Kollege vom Entdecker der DNA Francis Crick, schrieb: *„Es ist äußerst unwahrscheinlich, dass Eiweißkörper und Nukleinsäuren, welche beide komplex aufgebaut sind, spontan am selben Platz zur selben Zeit entstanden. Es scheint allerdings auch unmöglich, dass das Eine ohne das Andere entsteht. Und so könnte man auf den ersten Blick zu dem Schluss kommen, dass das Leben tatsächlich niemals auf chemischem Wege entstanden sein kann."*

Abb. 254: Natur

Oder wie der türkische Evolutionist Professor Ali Demirsoy aussagte: *„Die Wahrscheinlichkeit einer zufälligen Entstehung von Zytochrom-C, gerade eines der wesentlichen Eiweißkörper für das Leben, ist so unwahrscheinlich wie die Möglichkeit eines Affen, der auf einer Schreibmaschine die Geschichte der Menschheit fehlerfrei tippen kann ... **Gewisse metaphysische Kräfte außerhalb unserer Vorstellungskraft müssen bei der Entstehung dieser Eiweißkörper gewirkt haben.**"*

Abb. 255: Natur

„Nehmen wir an, dass sich vor Millionen von Jahren eine Zelle gebildet hat, die alles Notwendige für das Leben erworben hat, und dass sie ordnungsgemäß „zum Leben erwacht" ist. An diesem Punkt bricht die Evolutionstheorie erneut zusammen. Denn selbst wenn diese Zelle eine Zeit lang existiert hätte, wäre sie irgendwann gestorben, und nach ihrem Tod wäre nichts mehr übriggeblieben, und alles wäre wieder an den Anfang zurückgekehrt. Denn diese erste lebende Zelle, der jegliche genetische Information fehlte, wäre nicht in der Lage gewesen, sich zu vermehren und eine neue Generation zu gründen. Das Leben hätte mit ihrem Tod geendet. Das genetische System besteht nicht nur aus der DNA. Die folgenden Dinge müssen ebenfalls in derselben Umgebung existieren:

- *Enzyme um den Code der DNS zu lesen*
- *Boten-RNS, die nach dem Lesen dieser Codes erzeugt werden müsse*
- *Ribosomen an das sich die Boten RNS nach dem Lesen gemäß dieses Codes binden wird*
- *Transfer-RNS um die Aminosäuren zu den Ribosomen zur Verwendung in der Herstellung zu übertragen*
- *äußert komplexe Enzyme um zahlreiche dazwischenliegende Prozesse auszuführen*

Solch eine Umgebung kann es nicht irgendwo außerhalb einer völlig abgeschiedenen und vollkommen kontrollierten Umgebung, wie jene der Zelle geben, in welcher alle wesentlichen Grund- und Energierohstoffe existent sind."

-Harum Yahya – "The Evolution Deceit", Seite 170

Die Urknalltheorie ist leicht als falsch nachzuweisen, da es die Eigenschaft von Explosionen ist zu zerstören, Dinge in ihre einzelnen Teile zu zerreißen, das Chaos zu steigern und die Ordnung zu verringern. Explosionen können Dinge nicht erschaffen oder ungleiche Teile zu einem geordneten Ganzen verbinden, so wie es die Urknalltheorie vorgibt.

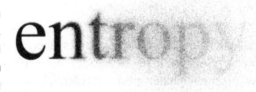

Auf ähnliche Weise kann die Evolutionstheorie durch die Entropie, in Verbindung mit der Thermodynamik, als falsch nachgewiesen werden. Es ist eine Tatsache, dass Systeme, die sich selbst überlassen werden, mit der Zeit beschädigt werden, durcheinandergeraten und sich zerstreuen. Alle Dinge, lebendig oder nicht, nutzen sich ab, verfallen und verwesen. Sie vereinigen sich <u>nicht</u> von selbst nach einer gewissen Zeit zu unglaublich unerklärlichen Kombinationen, um komplexe und schöne Lebensformen zu erschaffen!

Aus diesem Grund steht die <u>Theorie</u> der Evolution im unmittelbaren Gegensatz zum <u>Gesetz</u> der Entropie. Evolution setzt voraus, dass Dinge mit der Zeit geordneter, strukturierter und komplexer werden, aber an Beispielen, wie Rost, Moder oder verwesende Leichen widerspricht die Natur in allen Bereichen dieser Vorstellung.

Außerdem könnte gemäß dem Le Chatelier Prinzips, also dem Prinzip vom kleinsten Zwang, Leben sowieso nicht in Meer entstanden sein, so wie Evolutionisten behaupten, da die von Aminosäureketten geschaffene Peptidverbindungen, Wassermoleküle erzeugen; es ist solch einer Reaktion nicht möglich, in einer wasserhaltigen Umgebung stattzufinden.

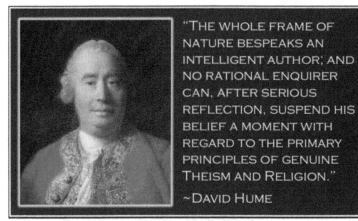

Abb. 256: Zitat David Hume

„Organische Materie kann sich nur selbst reproduzieren, wenn sie als voll entwickelte Zelle mit all ihren Organellen und in einer geeigneten Umgebung existiert, in der sie überleben, Stoffe austauschen und Energie aus ihrer Umgebung beziehen kann. Das bedeutet, dass die erste Zelle auf der Erde mitsamt ihrer erstaunlich komplexen Struktur "ganz plötzlich" entstanden sein muss ... Was würdest du denken, wenn du in den Tiefen des dichten Waldes wandern gehst und du einem brandneuen Auto unter den Bäumen begegnen würde? Würdest du dir vorstellen können, dass sich verschiedene Elemente des Waldes vor Millionen Jahren zufällig vereinigten und dieses Auto hervorgebracht haben? Alle Teile des Autos sind aus Produkten, wie Eisen, Kupfer und Gummi gemacht – diese Bestandteile sind allesamt auf der Erde zu finden – aber würde diese Tatsache dich zu der Annahme verleiten, dass sich diese Materialien „zufällig" synthetisiert haben und dann zusammenkamen und ein solches Auto herstellten?

Zweifellos würde jeder, der bei klarem Verstand ist, erkennen, dass das Auto das Produkt eines intelligenten Designs war - mit anderen Worten, einer Fabrik - und sich fragen, was es dort mitten im Wald zu suchen hatte. Das plötzliche Auftauchen einer komplexen Struktur in einer vollständigen Form, ganz aus dem Nichts, zeigt, dass dies das Werk eines intelligenten Wesens ist. Ein außerordentlich komplexes System wie die Zelle wurde zweifellos durch einen höheren Willen und eine höhere Weisheit geschaffen. Mit anderen Worten, es ist als Schöpfung Gottes entstanden."

-Harun Yahya – "The Evolution Deceit", Seite 171

Viele Facetten der Natur sind bei weitem zu komplex, spezialisiert und vollkommen um je aufgrund von zufälligen Entwicklungen, mit der Zeit entstanden zu sein. Zum Beispiel produziert das Auge mit all seinen verschiedenen, mit dem Gehirn zusammenarbeitenden Teilen und Mechanismen, die schärfsten, klarsten 3D–Bilder, die man sich vorstellen kann. Selbst die fortschrittlichsten Kameras und Plasmabildschirme, die je von Menschenhand produziert wurden, können ein Bild nicht so perfekt in Detail und Klarheit erzeugen, wie unsere eigenen Augen.

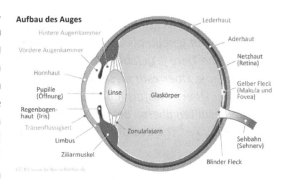

Abb. 257: Aufbau Auge

Der Erfinder der Evolutionstheorie Charles Darwin selbst gab zu, dass „der Gedanke an das Auge ihn erstarren lässt!" Er wusste welch unüberwindliches Hindernis das Auge in seiner Theorie bedeutet. Es ist dasselbe mit Ohren und Audiozubehör. Über ein Jahrhundert haben viele Tausende Forscher, Wissenschaftler und Ingenieure in Fabriken auf der ganzen Welt versucht schärfere, klarere Audio/ Videowiedergabe– und Aufnahmegeräte herzustellen, ohne je in die Nähe der Fähigkeiten und Vollkommenheit des Ohres oder des Auges zu kommen.

„Betrachte das Buch, das du liest, deine Hände, mit denen du es hältst, dann hebe deinen Kopf und schau dich um. Hast du jemals an einem anderen Ort ein so scharfes und klares Bild wie dieses gesehen? Selbst der am weitesten entwickelte Fernsehbildschirm des größten Fernsehproduzenten der Welt kann dir kein so scharfes Bild liefern. Dies ist ein drei-dimensionales, farbiges und extrem scharfes Bild ... Niemand würde sagen, dass ein HI-FI oder eine Kamera durch puren Zufall entstanden ist. Wie kann man also behaupten, dass die Technologien, die es im menschlichen Körper gibt und die sogar diesen Technologien weit überlegen sind, durch eine Kette von Zufällen, die man Evolution nennt, entstanden sein könnten? Es ist offensichtlich, dass das Auge, das Ohr und auch alle anderen Teile des menschlichen Körpers Produkte einer sehr weit überlegenen Schöpfung sind."
-Harun Yahya – "The Evolution Deceit ", Seite 175-178

Charles Darwin hat in seinem Buch „Origin of species", der Bibel der Atheist-Materialisten, vermerkt: „wenn meine Theorie richtig ist, gab es mit Sicherheit zahlreiche Übergangsarten, die nahezu alle Arten derselben Gruppe verbanden ... Folglich könnten Beweise ihrer früheren Existenz nur unter zurück gebliebenen Fossilien gefunden werden."
Darwin wusste selbst, dass keine solche „Übergangsformen" entdeckt wurden und hoffte, dass sie in der Zukunft gefunden werden würden. Er räumte in dem Kapitel „Difficulties on Theory" sogar ein, dass diese fehlenden Zwischenformen der größte Hemmschuh seiner Theorie seien. Er nannte es „der offensichtlichste und ernsthafteste Einwand, der gegen meine Theorie hervorgebracht werden kann."

Abb. 258: Evolution ist nur eine Theorie

„Gemäß der Evolutionstheorie stammt jedes Lebewesen von einem Vorgänger ab. Eine Art, die früher existierte, wurde zu einer anderen über einen Zeitraum und sämtliche Arten kamen auf diese Weise zustande. Gemäß dieser Theorie fand diese Umwandlung allmählich über Millionen von Jahren statt. Wenn das wahr wäre, hätten in dieser riesigen Zeitspanne, in der die Umwandlungen angeblich stattfanden, unzählige Zwischenarten gelebt.
Zum Beispiel sollten in der Vergangenheit einige Halb-Fisch/ Halb-Reptiliengeschöpfe gelebt haben, welche einige reptiloide Merkmale vorweisen, zusätzlich zu den Fischmerkmalen, die sie bereits innehatten. Oder es sollten einige Reptilien/Vogelkreaturen gelebt haben, die zusätzlich zu ihren reptiloiden Merkmalen die sie schon besaßen, einige vogelartige Merkmale angenommen haben. Evolutionisten bezeichnen diese imaginären Kreaturen, von denen sie glauben sie hätten in der Vergangenheit gelebt, als „Übergangsformen".
Wenn solche Tiere je gelebt haben, dann hätte es Millionen, sogar Milliarden von ihnen gegeben. Noch wichtiger, die Überreste dieser Lebewesen sollten in den fossilen Aufzeichnungen zu finden sein. Die Anzahl der Übergangsformen sollte sogar größer sein, als die der jetzigen lebenden Tierarten und ihre Überreste sollten überall auf der Welt zu finden sein."
-Harun Yahya – "The Evolution Deceit ", Seite 61

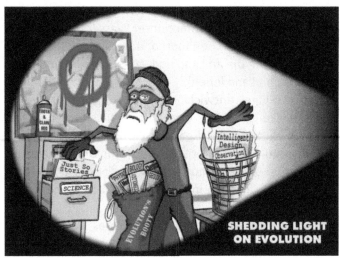

Intelligent Design Observation
Just So Stories
SCIENCE
EVOLUTION'S BOOTY
SHEDDING LIGHT ON EVOLUTION
Abb. 259: Evolution ist nur eine Theorie

Darwin hoffte, dass man irgendwann in der Zukunft Übergangsformen von Tierarten, die sich allmählich zu verschiedenen Arten entwickeln, im Fossilienbestand entdecken würde. Bis zum heutigen Tag wurden jedoch nirgendwo auf der Welt solche Übergangsformen gefunden. Darwin's Beobachtungen bezüglich der natürlichen Selektion und Anpassung waren sicherlich richtig. Die so genannte "Mikroevolution" verschiedener Eigenschaften und Merkmale innerhalb einer Art wurde bestätigt und ist weit verbreitet, aber die "Makroevolution", die angebliche Umwandlung einer Art in eine völlig andere Art, wurde nie beobachtet, und es gibt auch nirgendwo Beweise für eine solche Evolution in der fossilen Dokumentation.

Colin Patterson, leitender Paläontologe für das Britische Naturkundemuseum und ein begeisterter Evolutionist, gab sogar folgendes zu: *„Niemand hat jemals eine Spezies durch die Mechanismen der natürlichen Selektion hervorgebracht. Niemand ist jemals auch nur in die Nähe gekommen, und der größte Teil des aktuellen Streits im Neo-Darwinismus dreht sich um diese Frage."*

„Selbst in den „wissenschaftlichsten" Büchern über die Evolution wird die Stufe des „Übergangs vom Wasser zum Land" - einer der unerklärlichsten Gesichtspunkte der Evolution – in einer solchen Schlichtheit erläutert, dass sie sogar für Kinder nicht glaubhaft als Beweis dient. Laut der Evolutionstheorie begann das Leben im Wasser und die ersten entwickelten Lebewesen auf der Erde waren Fische. Eines Tages entwickelten Fische die Fähigkeit aus dem Wasser zu kriechen und an Land zu gehen! Weiter heißt es, der Fisch, der sich entschieden hat an Land zu leben, Füße anstatt Flossen und Lungen anstatt Kiemen bekam! In den meisten Büchern über Evolution erklärt niemand „warum" und „wie" dieser Übergang geschah. Sogar in den „wissenschaftlichsten" Quellen springen die Autoren zu Folgerungen wie „und der Übergang vom Wasser zum Land geschah" ohne eine zufriedenstellende Antwort zu geben, wie diesbezüglich der Vorgang funktionierte.

Also wie geschah diese Umwandlung? Es ist offensichtlich, dass ein Fisch außerhalb des Wassers nicht länger als ein oder zwei Minuten überleben kann. Wenn wir annehmen es gab wirklich eine Dürre, wie von den Evolutionisten behauptet. Fische wanderten aus irgendeinem Grund an Land. Was wäre dann mit den Fischen geschehen, selbst wenn dieser Prozess 10 Millionen Jahre angedauert hätte? Die Antwort ist einfach: Fische, die das Wasser verlassen, sterben unvermeidlich in ein bis zwei Minuten. Selbst wenn dieser Vorgang zehn Millionen Jahre angedauert hätte, wäre das Ergebnis dasselbe: jeder einzelne Fisch würde sterben.

Niemand würde es wagen zu sagen: „Vielleicht haben einige der Fische nach 4 Millionen Jahren plötzlich Lungen bekommen, während sie versuchten zu überleben." Dies wäre ohne Zweifel eine unlogische Annahme! Das ist jedoch genau das, was Evolutionisten behaupten."

-Harun Yahya – "The Evolution Deceit", Seite 212

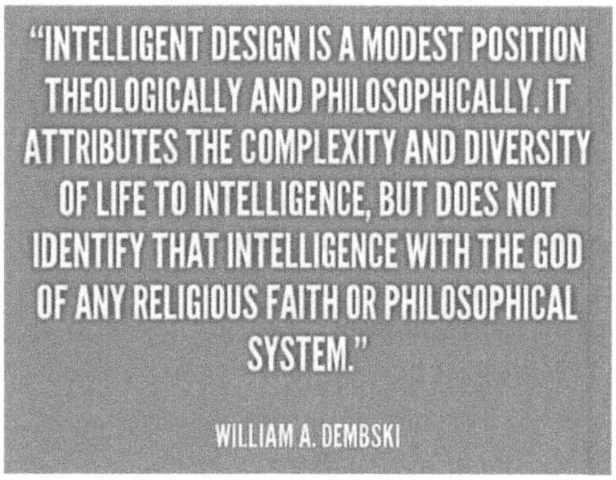
"INTELLIGENT DESIGN IS A MODEST POSITION THEOLOGICALLY AND PHILOSOPHICALLY. IT ATTRIBUTES THE COMPLEXITY AND DIVERSITY OF LIFE TO INTELLIGENCE, BUT DOES NOT IDENTIFY THAT INTELLIGENCE WITH THE GOD OF ANY RELIGIOUS FAITH OR PHILOSOPHICAL SYSTEM."
WILLIAM A. DEMBSKI
Abb. 260: Zitat Demski

Die Evolutionstheorie geht davon aus, dass Leben irgendwie aus dem Meer entspringt und sich entwickelt, bis irgendwie irgendetwas, das bis zu diesem Zeitpunkt immer unter Wasser lebte, Lungen und Füße entwickelte und anfing an Land zu leben! Darwinisten behaupten, dass Fische (Geschöpfe, die nur im Wasser leben) zu Amphibien wurden (Geschöpfe die an Land und Wasser leben) und diese sich dann zu Reptilien entwickelten (Geschöpfe die nur an Land leben).

Dann wurde angenommen, dass manche Reptilien Flügel entwickelten und zu Vögeln wurden, während andere Reptilien sich zu Säugetieren entwickelten. Keine dieser Übergangsformen wurde jedoch jemals gefunden. Zudem könnten sie auch nicht in der Realität existieren. Zum Beispiel entwickeln sich Amphibieneier nur im Wasser, während sich amniotische Eier (Amnion = Eihaut der Fruchtblase von u.A. Reptilien, Vögel, Säugetieren) nur an Land entwickeln, also ist eine Art allmähliches Schritt- für Schritt Evolutionsszenario unmöglich, da eine Art ohne vollkommene, ganze Eier nicht überleben kann.

Allmählich sich zu Säugetieren entwickelnde Reptilien ist ein weiteres Beispiel des evolutionären Wunschdenkens. Reptilien sind kaltblütig, legen Eier und säugen nicht ihre Jungen, haben einen Mittelohrknochen, drei Unterkieferknochen und ihren Körper mit Schuppen bedeckt, wohingegen Säugetiere warmblütig sind, Lebendgeburten haben, ihre Jungen säugen, drei Mittelohrknochen und einen Unterkiefer haben und mit Pelz oder Haaren bedeckt sind – viel zu viele deutliche Unterschiede für eine „allmähliche Evolution". Die Entwicklung von Flügeln bei Reptilien ist ebenfalls ein Ding der Unmöglichkeit, da die Struktur von landlebenden Reptilien und luftlebenden Vögeln viel zu unterschiedlich ist.

Engin Korur, ein türkischer Evolutionist, gesteht das Problem, das Flügel für die Theorie von Darwin darstellen, ein: *„Das gemeinsame Merkmal von Augen und Flügeln ist, dass sie nur funktionieren, wenn sie voll entwickelt sind. In anderen Worten, ein halbwegs entwickeltes Auge kann nicht sehen und ein Vogel mit einem halbwegs entwickelten Flügel kann nicht fliegen. Wie sich diese Organe entwickelten ist eins der Geheimnisse der Natur geblieben, das aufgeklärt werden muss."*

Abb. 261: Natur

„Obwohl die Evolutionstheorie im Mantel der Wissenschaft gekleidet ist, ist sie nichts als ein Betrug; ein Betrug zu Gunsten einer materialistischen Philosophie, ein Betrug, der nicht auf Wissenschaft basiert, sondern auf Mindcontrol, Propaganda und Schwindel. Die Evolutionstheorie versagt schon beim ersten Schritt. Der Grund ist, dass Evolutionisten nicht mal in der Lage sind, selbst die Entstehung eines einzelnen Eiweißkörpers zu erklären. Weder die Gesetze der Wahrscheinlichkeit noch die Gesetze der Physik und Chemie bieten irgendeine Grundlage für die zufällige Bildung von Leben. Klingt es logisch oder nachvollziehbar, wenn nicht einmal ein einziges zufällig entstandenes Protein existieren kann, dass sich Millionen solcher Proteine in einer Ordnung zusammengefunden haben, um die Zelle eines Lebewesens zu erzeugen; und dass Milliarden von Zellen es geschafft haben, sich zu bilden und dann zufällig zusammengefunden haben, um Lebewesen zu erzeugen; und dass aus ihnen Fische entstanden sind; und dass diejenigen, die an Land gegangen sind, sich in Reptilien und Vögel verwandelt haben, und dass auf diese Weise all die Millionen von verschiedenen Arten auf der Erde entstanden sind? Sie haben nie eine einzige Übergangsform, wie ein Halb-Fisch/Halb-Reptil oder Halb-Reptil/Halb-Vogel gefunden. Des Weiteren waren sie nicht in der Lage zu beweisen, dass ein Eiweißkörper oder gar ein einzelnes Protein zusammensetzendes Aminosäuremolekül unter den, wie sie es nennen, urzeitlichen Bedingungen auf der Erde entstehen könnte; nicht mal in ihren aufwendig ausgestatteten Laboreinrichtungen ist es ihnen gelungen dies zu tun." -Harun Yahya – "The Evolution Deceit", Seite 214

Die Theorie von Charles Darwin ist ein Konzept, das nicht nur die Biologie, Chemie, Astronomie und Metaphysik betrifft, überdies bildete sie auch die Grundlage für neue politische Anschauungen. Innerhalb kürzester Zeit wurde diese neue fortschrittliche politische Haltung als „Sozialdarwinismus" neu definiert, und wie zahlreiche Historiker anmerkten, wurde der Sozialdarwinismus zur ideologischen Grundlage von Faschismus, Kommunismus und Eugenik. Darwin's Ideen der „natürlichen Auslese" und „survival of the fittest" standen im Mittelpunkt der wahnsinnigen Ideologien von vielen Massenmördern des 20. Jahrhunderts, wie Mao, Stalin, Lenin, Trotzki, Marx oder Pol Pot. Charles Darwin selbst war ein unverhohlener Rassist. In seinem Buch „The Descent of Man" (Die Herkunft des Menschen) erläuterte er, dass Schwarze und Aborigines aufgrund ihrer Unterlegenheit gegenüber Menschen kaukasischer Abstammung *„mit der Zeit von den zivilisierten Rassen ausgerottet werden"* würden.

Abb. 262: Führende Persönlichkeiten - Freimaurer

Freimaurerische Dokumente belegen, dass Charles Darwin's Großvater Erasmus Darwin ein Philosoph, Wissenschaftler und Arzt war, der die Konzepte der Evolution im 18. Jahrhundert vorantrieb. Bevor er 1788 nach Derby kam, trat Dr. Darwin als Freimaurer in die berühmte Time Immemorial Lodge of Cannongate Kilwinning No. 2 in Schottland ein. Er unterhielt auch enge Verbindungen zu den jakobinischen Freimaurern in Frankreich und den Illuminaten von Adam Weishaupt. Sir Francis Darwin und Reginald Darwin, zwei seiner Söhne, wurden in der Tyrian Lodge Nr. 253 in Derby ebenfalls zu Freimaurern. Charles Darwin erscheint nicht auf den Listen der Loge, aber es ist sehr wahrscheinlich, dass er, wie auch sein Großvater, seine Söhne und seine „Bulldogge" T.H.Huxley, Freimaurer gewesen ist. Charles schrieb, dass er den Ideen seines Großvaters über die Evolution zuhörte und von ihnen stark beeinflusst wurde. Erasmus war der erste Mann, der in England den Gedanken der Evolution vertrat. Er war als „angesehene" Person bekannt, hatte aber ein sehr dunkles Privatleben und mindestens zwei uneheliche Kinder. Karl selbst heiratete später seine Cousine ersten Grades und hatte drei Kinder, die aufgrund von Komplikationen durch Inzucht starben

Abb. 263: Sozialdarwinismus - Meme

„Die Freimaurer glaubten, dass der Darwinismus ihren Zielen dienlich sein könnte, und spielten daher eine große Rolle bei der Verbreitung der Theorie in der Bevölkerung. Unmittelbar nach der Veröffentlichung von Darwin's Theorie bildete sich eine Gruppe freiwilliger Propagandisten, deren berühmtester Vertreter Thomas Huxley war, der als „Bulldogge" von Darwin bezeichnet wurde. Huxley, dessen leidenschaftliches Engagement für den Darwinismus der wichtigste Faktor für dessen

Abb. 264: Evolutionstheorie - Verbindungen zum Freimaurertum

rasante Akzeptanz war, machte die Welt auf die Evolutionstheorie aufmerksam, als er am 30. Juni 1860 im Oxford University Museum mit dem Bischof von Oxford, Samuel Wilberforce, debattierte.

Huxley's große Hingabe bei der Propagierung des Evolutionsgedankens und seine Verbindungen zum Establishment werden durch die folgende Tatsache noch deutlicher: Er war Mitglied der Royal Society, einer der angesehensten wissenschaftlichen Institutionen Englands, und wie fast alle anderen Mitglieder dieser Institution, war er ein hochrangiger Freimaurer. Andere Mitglieder der Royal Society unterstützten Darwin in erheblichem Maße ... **Kurz gesagt, Darwin handelte nicht allein; von dem Moment an, als seine Theorie veröffentlicht wurde, erhielt er die Unterstützung der sozialen Schichten und Gruppierungen, deren Kern aus Freimaurern bestand."**

-Harun Yahya – "The Theory of Evolution Revisited"

Abb. 265: Freimaurer-Schürzen

„Ein bedeutendes Beispiel, das beweist, dass der Darwinismus eine der größten Irreführungen der atheistischen Freimaurerei ist, ist eine Resolution, die auf einer Freimaurerversammlung verabschiedet wurde. Der Oberste Rat des 33. Grades der Mizraim-Freimaurerei[4] in Paris hat in seinem Protokoll offenbart, dass sie die Evolution als Wissenschaft in der Öffentlichkeit propagieren, während sie selbst diese Theorie verhöhnen. Das Protokoll lautet wie folgt:

„It is with this object in view [the scientific theory of evolution] that we are constantly by means of our press, arousing a blind confidence in these theories. The intellectuals will puff themselves up with their knowledge and without any logical verification of them will put into effect all the information available from science, which our agentur specialists have cunningly pieced together for the purpose of educating their minds in the direction we want. Do not suppose for a moment that these statements are empty words: think carefully of the successes we arranged for Darwinism. "

Übersetzung: Mit diesem Ziel [der wissenschaftlich begründeten Evolutionstheorie] sind wir fortwährend dabei, mit Hilfe unserer Presse zu versuchen, ein blindes Vertrauen in diese Theorien zu erwecken. Die Intellektuellen werden sich mit ihrem Wissen aufplustern und ohne jede logische Überprüfung alle verfügbaren Informationen aus der Wissenschaft, die unsere Agentur-Spezialisten geschickt zusammengefügt haben, um ihren Verstand in die von uns gewünschte Richtung zu erziehen, in die Tat umsetzen. Nehmen Sie nicht einen Moment lang an, dass diese Aussagen leere Worte sind: Denken Sie sorgfältig an die Erfolge, die wir beim Darwinismus erzielt haben.

Die atheistische Freimaurerei in den Vereinigten Staaten hat die Resolution von Mizraim vor langer Zeit aufgegriffen. Die Zeitschrift New Age erklärte in ihrer Ausgabe vom März 1922, dass die Evolution und die Entwicklung des Menschen selbst das Königreich der atheistischen Freimaurerei errichten werden. Wie oben gesehen, ist das irreführende wissenschaftliche Konzept der Evolution eine Täuschung, aufgesetzt in den atheistischen Freimaurerlogen des 33.Grades. Die atheistischen Freimaurer geben offen zu, dass sie die Wissenschaftler sowie die von ihnen kontrollierten Medien dazu verwenden werden, diese Täuschung als wissenschaftlich darzustellen. Sie selbst finden das lustig."

-Harun Yahya – "The fundamental Philosophy of Atheistic Freemasonry"

Das von der türkischen Great Freemasonry Lodge publizierte Mimar Sinan Journal hat offen über ihre Mission diskutiert, den Darwinismus zu nutzen, um Religion und den Glauben an Gott zu stürzen. In einem Artikel heißt es: „Heutzutage ist der Darwinismus die einzig gültige wissenschaftliche Theorie, die sowohl von den meisten zivilisierten als auch von den unterentwickelten Ländern akzeptiert wird. Allerdings sind weder die Kirche noch andere Religionen bisher zusammengebrochen. Die Geschichte von Adam und Eva wird immer noch als religiöse Lehre in den heiligen Büchern gelehrt."

---

[4] : Mizrahim = Juden aus dem asiatischen Teil der Welt

Mit anderen Worten: Offenbar ist es eines der Hauptziele der modernen Freimaurer, die Menschen nicht nur von der Kugelerde und dem Big Bang zu überzeugen, sondern auch die biblische Schöpfungsgeschichte durch ihren gottlosen Mythos der blinden Zufallsevolution zu ersetzen.

Genau wie Kopernikus nie behauptete, irgendeinen nachvollziehbaren wissenschaftlichen Beweis für seine heliozentrische Theorie zu haben, so bestätigte Darwin ebenso niemals irgendeinen nachvollziehbaren Beweis für seine Evolutionstheorie zu haben. Jetzt schau uns an. 150 Jahre später haben wir noch immer keine Beweise für beide Theorien, aber die große Mehrheit der indoktrinierten Schäfchen ist davon überzeugt, dass sie Affenmenschen sind, die auf einer sich drehenden Kugel kleben!

Abb. 266: Freimaurer-Symbolik

„Wenn wir uns die westlichen Medien genauer anschauen, stoßen wir regelmäßig auf Berichte, die die Evolutionstheorie pushen. Führende Medienkonzerne und bekannte „seriöse" Magazine bringen immer wieder Artikel zu diesem Thema. Wenn ihre Methodik genauer unter die Lupe genommen wird, bekommt man den Eindruck, dass diese Theorie eine uneingeschränkt bewiesene Tatsache ist, die keinen Raum für Diskussionen zulässt. Normale Leute, die diese Art von Informationen konsumieren, beginnen natürlich zu denken, dass die Evolutionstheorie eine Tatsache wäre, die so gewiss ist, wie ein Naturgesetz. Sie drucken Schlagzeilen in fetten Buchstaben: „Laut dem „Spiegel" wurde ein neues Fossil gefunden, dass die Lücke in der Evolutionskette schließt" oder „GEO weist darauf hin, dass Wissenschaftler die letzten Themen der Evolutionstheorie aufgeklärt haben." Der Fund des „letzten fehlenden Gliedes in der Evolutionskette" bedeutet nichts, da keine einzige Sache hinsichtlich der Evolutionstheorie bewiesen ist.

Kurz gesagt, sowohl Medien als auch die akademischen Kreise, die den antireligiösen Machtzentren zur Verfügung stehen, vertreten eine rein evolutionistische Sichtweise und zwingen diese der Gesellschaft auf. Dieser Zwang ist so wirksam, dass er die Evolution mit der Zeit zu einer Idee gemacht hat, die niemals abgelehnt werden darf. Die Ablehnung der Evolution wird als Widerspruch zur Wissenschaft und zur fundamentalen Realität angesehen."

-Harun Yahya – "The Evolution Deceit", Seite 210

„Die Information, die wir in diesem Buch erhalten haben, zeigen auf, dass die Evolutionstheorie keine wissenschaftliche Grundlage hat. Im Gegenteil, sie steht in Widerspruch zu wissenschaftlichen Tatsachen. In anderen Worten: die Kraft, die die Evolution am Leben erhält, ist nicht die Wissenschaft. Die Evolutionstheorie wird von „Wissenschaftlern" aufrechterhalten, aber dahinter sind andere Kräfte am Werk. Dieser andere Einfluss ist die materialistische Philosophie. Sie ist eine der ältesten Glaubensrichtungen der Welt. Ihr Grundprinzip ist die Existenz der Materie. Dieser Auffassung zufolge hat Materie schon immer existiert, und alles, was existiert, besteht aus Materie. Das macht den Glauben an einen Schöpfer natürlich unmöglich, denn wenn die Materie schon immer existiert hat und alles aus Materie besteht, dann kann es keinen immateriellen (supermateriellen) Schöpfer geben, der sie geschaffen hat."

-Harun Yahya – "The Evolution Deceit", Seite 202

Abb. 267: Evolution - nur eine Theorie

Tatsache ist, dass die Evolution für die Menschen, die nach einer anderen Antwort als Gott suchen, eine ausgemachte Sache ist, war und immer gewesen ist. Wenn du die Existenz eines intelligenten, schöpferischen Bewusstseins für die Entstehung der materiellen Welt metaphysisch ausschließt, bleibt als einzige Antwort der Zufall! Alles muss das Ergebnis von Zufälligkeiten und äußeren Umständen sein, wenn man die Möglichkeit eines höchst intelligenten Schöpfers ausgeschlossen hat. Doch ganz gleich, wie hartnäckig es geleugnet wird, die Wahrheit bleibt: Du bist einfach kein kosmischer Zufall, nicht das Ergebnis einer zufälligen Begebenheit, eines Schicksals oder einer Fügung. Deine Augen, deine Ohren, deine Gefühle, dein Leben und dein Bewusstsein sind alle das Ergebnis eines höchst intelligenten Designs!

Mein vorheriges Buch „Spiritual Science" ist eine 284-seitige Widerlegung der materialistischen Wissenschaft und Philosophie, die weit über jeden vernünftigen Zweifel hinaus beweist, dass der atheistische Materialismus eine ungültige, unhaltbare, zerstörerische Philosophie ist und dass Bewusstsein und Intelligenz vor und jenseits von Raum, Zeit und Materie existierten.

Abb. 268: Natur

Malcolm Muggeridge, über 60 Jahre lang ein atheistischer Philosoph und Befürworter der Evolutionstheorie hat letztendlich vor seinem Tod zugegeben: *„Ich bin überzeugt, dass die Evolutionstheorie, besonders das Ausmaß in der sie angewendet wird, in der Zukunft einer der größten Jokes in den Geschichtsbüchern sein wird. Die Nachwelt wird sich wundern, wie eine so dünne und zweifelhafte Theorie mit dieser unglaublichen Leichtgläubigkeit hingenommen werden konnte, so wie es gegenwärtig geschieht."*

„Laut dieser Professoren kamen zuerst mehrere einfache, chemische Stoffe zusammen und bildeten ein Protein – was nicht realistischer ist, wie eine willkürlich zerstreute Sammlung von Buchstaben, die zusammenkommen, um ein Gedicht zu bilden. Weitere Zufälle führten dann zur Entstehung von anderen Eiweißkörpern. Diese fügten sich ebenfalls zufällig in einer organisierten Art und Weise ein. Nicht nur die Proteine, sondern auch DNA, RNA, Enzyme, Hormone und Zellorganellen, die allesamt äußerst komplexe Strukturen innerhalb der Zelle darstellen, sind zufällig entstanden und zusammengekommen. Als Ergebnis dieser Milliarden von Zufällen entstand die erste Zelle ...
Wenn du diesen Leuten einen geschnitzten Stein oder ein hölzernes Götzenbild vor die Nase setzt und ihnen sagst: „Schaut mal, dieser Götze schuf diesen Raum und alles in ihm", würden sie sagen, dass dies dumm ist. Sie würden es nicht glauben. Trotzdem erklären sie den Unsinn, dem zufolge "der unbewusste Prozess, der als Zufall bekannt ist, diese Welt und all die Milliarden wunderbarer Lebewesen in ihr allmählich ins Leben gerufen hat", zur besten wissenschaftlichen Erklärung.
Kurz gesagt, diese Leute betrachten den Zufall als einen Gott und behaupten, er sei intelligent, bewusst und mächtig genug, um Lebewesen und all die sensiblen Balancen im Universum zu erschaffen."
-Harun Yahya – "The Evolution Deceit", Seite 32

Abb. 269: Zwischenstufen?

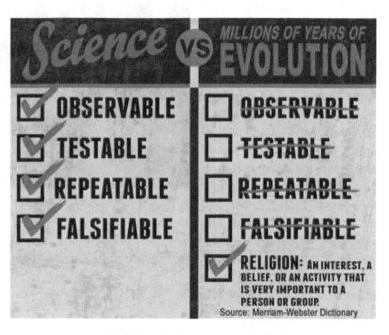

Abb. 270: Ist Evolution wissenschaftlich?

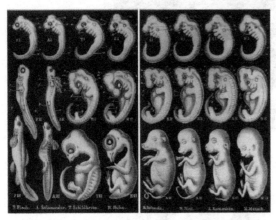
Abb. 271: Embryonentheorie von Häckel widerlegt

Eine der ersten Mogelpackungen in der Geschichte des Darwinismus, auch bekannt als „Rekapitulationstheorie", die als unbestreitbarer „Beweis für die Evolution" angepriesen wurde, war eine Idee, die von einem rassistischen eugenischen Professor namens Ernst Häckel im späten 19. Als Zeitgenosse und Freund von Charles Darwin und Thomas „Bulldog" Huxley postulierte Häckel, dass menschliche (und andere tierische) Embryonen während ihrer Entwicklung im Mutterleib eine Miniaturform des gesamten evolutionären Impulses erfahren und zunächst Merkmale von Fischen, dann von Reptilien und schließlich von Säugetieren oder Menschen aufweisen. Diese Behauptung ist längst aus der wissenschaftlichen Literatur verschwunden, aber viele Menschen wie auch beliebte Quellen zitieren und glauben immer noch unwissentlich an Häckel's betrügerisches Werk. Noch in den 1990er Jahren, mehr als ein Jahrhundert nach ihrer Entlarvung, publizierten etliche populäre Fachzeitschriften aber auch Schulbücher Häckel's gefälschte Bilder und propagierten seine Rekapitulationstheorie als wissenschaftliche Tatsache!

„Es ist erwiesen, dass diese Theorie vollkommen erlogen ist. Es ist nun bekannt, dass die angeblich im frühen Stadium des menschlichen Embryos erscheinenden „Kiemen" tatsächlich eine Anfangsphase des Mittelohrgehörgangs, der Nebenschilddrüse und des Thymus sind. Der Teil des Embryos, der mit der „Eidottertasche" verglichen wurde, stellt sich als Ausstülpung heraus, die Blut für den Säugling produziert. Der Teil, der von Häckel und seinen Anhängern als „Schwanz" identifiziert wurde, ist in Wirklichkeit die Wirbelsäule, die nur einem Schwanz ähnelt, weil sie Form annimmt, bevor die Beine es tun.
Ein weiterer interessanter Gesichtspunkt der „Rekapitulation" war Ernst Häckel selbst, ein Betrüger, der seine Abbildungen fälschte, um

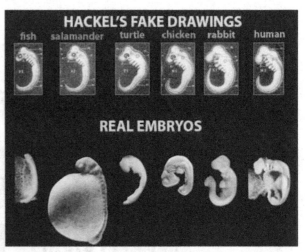
Abb. 272: Häckel enttarnt

seine Theorie zu untermauern. Häckel's Fälschungen sollten belegen, dass sich Embryos von Fischen und Menschen ähneln. Als er dabei erwischt wurde, war seine einzige Entschuldigung folgende: andere Evolutionisten begingen ähnliche Vergehen!"
-Harun Yahya – "The Evolution Deceit", Seite 199

Häckel wurde von fünf Professoren des Betrugs angeklagt und von einem Universitätsgericht in Jena verurteilt, wo er zugab, dass mehrere seiner Zeichnungen Fälschungen waren, dass er bloß die „missing links", also die fehlenden Glieder, wo die Beweise dünn waren, ergänzte und dass Hunderte seiner Zeitgenossen der gleichen Anklage schuldig waren!
Während des Prozesses sagte er: *„Nach diesem kompromittierenden Geständnis wäre ich gezwungen, mich als verurteilt und erledigt zu betrachten, wenn ich nicht den Trost hätte, neben mir auf der Anklagebank Hunderte von Mitschuldigen zu sehen, unter ihnen viele der vertrauenswürdigsten Beobachter und angesehensten Biologen. Die große Mehrheit aller Diagramme in den besten*

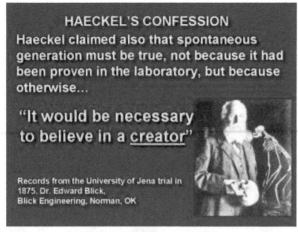

Abb. 273: Häckel vor Gericht

biologischen Lehrbüchern, Abhandlungen und Zeitschriften müssten sich in gleichem Maße den Vorwurf der Fälschung gefallen lassen, denn sie sind alle unpräzise und wurden mehr oder weniger frisiert, schematisiert und zusammengebastelt."

Was für ein Eingeständnis! Häckel gestand nicht nur seine eigenen Fälschungen, er gab auch zu, dass Hunderte weitere Wissenschafts-Schwindler auf ähnliche Weise, Funde in den besten biologischen Fachbüchern, Berichten und Journalen manipulierten (einige von jenen werden wir in diesem Kapitel untersuchen). Wie sich herausstellte, hatte Häckel einfach dieselben Bilder von menschlichen Embryonen mehrmals kopiert und gedruckt und dabei behauptet, es handele sich jeweils um diverse andere Tierembryonen mit exakten Parallelen, obwohl es diese Parallelen in Wirklichkeit gar nicht gab und die Bilder Kopien waren, die er wissentlich und absichtlich angefertigt hatte, um sie seiner Rekapitulationsidee anzupassen.

„Um seine Theorie zu unterstützen fälschte Häckel, der seine Kenntnisse der Embryologie selbst autodidaktisch erwarb, manche seiner Beweise. Er veränderte nicht nur seine Bilder von Embryonen, sondern er druckte dieselben Abbildungen drei Mal und bezeichnete eine als menschlich, die zweite als Hund und die dritte als Kaninchen, um ihre Ähnlichkeit zu zeigen."
-Malcolm Bowden – "Ape-Men: Fact or Fallacy?"

„Dies ist einer der schlimmsten Fälle von wissenschaftlichem Betrug. Es ist schockierend festzustellen, dass jemand, den man für einen großen Wissenschaftler hielt, seine Mitmenschen vorsätzlich in die Irre

Abb. 274: Häckel Betrug

geführt hat. Das macht mich wütend ... Was Häckel getan hat, war einen menschlichen Embryo zu nehmen und ihn zu kopieren und so zu tun, als würden der Salamander und das Schwein und all die Anderen im entsprechenden Entwicklungsstadium identisch aussehen. Das tun sie aber nicht ... Das sind Fälschungen."
-Dr. Michael Richardson - London Times, 11.8.1997

Abb. 275: Stammt der Mensch vom Affen ab?

Seit 150 Jahren haben evolutionistische Wissenschaftler eifrig daran gearbeitet die Öffentlichkeit glauben zu lassen, dass moderne Menschen von vorzeitlichen Affen abstammen. Der letzte und schwierigste theoretische Sprung für die Evolutionstheorie, ist die angebliche Millionen Jahre andauernde Umwandlung vom Affen zum Menschen. Die absolute Unmöglichkeit bestimmte Merkmale und Fähigkeiten, wie Bipedität, eine aufrechte Wirbelsäule und komplexe sprachliche Fertigkeiten zu „entwickeln", wird seitdem die Theorie zum ersten Mal vorgestellt wurde, heftig diskutiert. Solche Hindernisse jedoch werden eingefleischte Evolutionisten nie davon abhalten einen glaubhafte affenmenschliche Übergangsform zu entdecken (oder zu erfinden!).

Die erste dieser zweckdienlichen „Entdeckungen" war der „Neandertaler", der im Jahre 1856 im Neandertal (Deutschland, NRW) gefunden wurde, gerade rechtzeitig für die Veröffentlichung von Darwin´s „Origins of Species".

Bis zu diesem Tage sind rekonstruierte Zeichnungen von haarigen, affenartigen Neandertalern in Wissenschaftszeitschriften und Schulbüchern abgebildet. Es wird behauptet das fehlende evolutionäre Glied in der Kette zu sein. Tatsache ist jedoch, dass alle so genannten Neandertaler-Überreste sich nachweislich nicht mehr vom heutigen Menschen unterscheiden, als ein Asiate von einem Kaukasier oder ein Inuit von einem Aborigine. Zudem

Abb. 276: Neandertaler von La Ferrassie - Skelett und Modell

zeigt die Schädelgröße, dass sein Gehirn um 13 % größer war als das des neuzeitlichen Menschen, wodurch er unmöglich ein Übergangsprodukt zwischen dem Menschen und dem Affen sein kann. Selbst das Time Magazine erklärte 1971, die Primitivität des Neandertalers sei ungerechtfertigt; er könne heute unerkannt auf der Straße herumlaufen. Ein Schriftsteller kommentierte sogar, die Historiker der Zukunft werden uns *„alle für geisteskrank erklären, weil wir diesen unglaublichen Fehler nicht mit angemessener Entschlossenheit erkannt und widerlegt haben"*.

Einer der bedeutendsten Fürsprecher des Neandertalers als authentische Spezies ist Reiner Protsch, ein deutscher Professor, der die Fossilien auf ein Alter von 36.000 Jahren datierte, so dass sie sich perfekt in die Zeitleiste der Evolutionisten eingliedern ließen. Im Jahr 2005 wurde Protsch jedoch von einem Gremium von Führungskräften der Universität Frankfurt gezwungen, unehrenhaft in den Ruhestand zu treten, da er *„in den letzten 30 Jahren Daten gefälscht und die Arbeit seiner Kollegen plagiiert hatte"*.

Abb. 277: Skelett - Neandertaler

Der einst renommierte „Carbon-Datierungsexperte" (angebliche Methode zur Bestimmung des Alters von Fossilien) wurde mittlerweile vollkommen aus der wissenschaftlichen Gemeinschaft ausgeschlossen. Inzwischen wurde festgestellt, dass sämtliche Skelettreste der Neandertaler nicht älter als ein paar tausend Jahre sind, einige sogar nur ein paar hundert Jahre! Sie haben zudem neuzeitliche menschliche DNA in den Knochen gefunden, ihre Gehirnkapazität war 13% größer als der heutige Durchschnitt, ihre Körpergröße war mit unserer vergleichbar, und sie hatten fortschrittliche Werkzeuge, begruben ihre Toten und erfreuten sich an künstlerischen Arbeiten!

Professor an der Universität Berlin Rudolf Virchow, Ernst Häckel's früherer Professor und der „Vater der modernen Pathologie", folgerte anno 1872, dass die originalen Überreste der „Neandertaler" einfach die eines unglücklichen Homo Sapiens waren, der als Kind Rachitis, als Erwachsener Arthrose und mehrere Stoßverletzungen am Kopf erlitt.

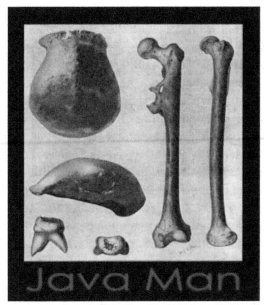

Abb. 278: Java Man-Hoax

Der Paläoanthropologe der Universität von New Mexico Erik Trinkaus schlussfolgerte folgendes aus seiner Untersuchung: *„Detaillierte Vergleiche von Skelettresten des Neandertalers mit denen des heutigen Menschen haben ergeben, dass nichts in der Anatomie des Neandertalers schlüssig darauf hinweist, dass seine motorischen, mechanischen, intellektuellen oder sprachlichen Fähigkeiten geringer sind, als die der gegenwärtig lebenden Menschen."*

1891-92 wurde auf Java, Indonesien von Eugene Dubois, der „zufällig" ein Student und Auszubildender des Evolutionsschwindlers Ernst Häckel war, der nächste Affenmensch entdeckt! Dubois fand eine Schädeldecke, einen Schenkelknochen, ein Kieferstück und drei Zähne. Daraus rekonstruierte er den Affenmenschen „Java Man". Innerhalb von 10 Jahren nach seiner Entdeckung war der Java-Man das Hauptthema von über 80 Büchern und Artikeln zum Thema Evolution. Er erhielt den „wissenschaftlichen" Namen „Anthropopithecus erectus" und wurde später in „Pithecanthropus erectus" und schließlich in „Homo erectus" umbenannt, zweifellos aus hochoffiziellen pseudowissenschaftlichen Gründen.

„Der Java Mann wurde von einem Niederländer entdeckt. Mir ist das ein wenig peinlich, weil ich selber ein Niederländer bin. Sein Name war Eugene Dubois. Die Knochen wurden 1891-92 auf der indonesischen Insel Java an den Ufern des Solo Flusses gefunden. Es gab da eine interessante Auswahl. Er fand einen Schenkelknochen, eine Schädeldecke, ein Kieferstück und drei Zähne. Daraus hat er sich den Java Mensch zurechtlegt. Interessanterweise waren manche der Zähne alt und manche jung. Die Knochen gehörten zu einem Affen, weiblich und männlich.

Der Grund dafür, dass die Leute es nicht herausfanden, war: Dubois´ Fund wurde über 30 Jahre lang von unabhängigen Wissenschaftlern ferngehalten. Der Fund auf Java enthielt auch Überreste von Menschen, die in derselben Erdschicht, wie der Java Mann gefunden wurden. Dies hätte natürlich seine Behauptung, dass der Java Mann ein Vorfahre der Menschen gewesen ist, ruiniert. Letztendlich wurde so viel Druck auf ihn ausgeübt, dass die Knochen untersucht werden durften und die Unstimmigkeiten schließlich aufgedeckt wurden. Leider sind Falschmeldungen (Hoaxes) schwer totzukriegen. Vor kurzem brachte das „Time" Magazin eine Titelgeschichte: „How Man became Man". Am Anfang des Artikels wurden Christen und Gläubige ins Lächerliche gezogen, bevor sie sich anschickten den Java Mann vorzustellen, als wäre es eine Tatsache."

-Hank Hanegraaff – The Face that demonstrates the Farce of Evolution

Es wurde festgestellt, dass die Zähne des Java Mannes von unterschiedlichen Zeitepochen stammen und die Knochen eine Mischung von Menschen und Affen waren, inklusive einem riesigen Gibbonschädel! Rudolf Virchow, Häckels eigener Professor und der führende Pathologe seiner Zeit, führte aus: *„Meiner Meinung nach war dieses Geschöpf ein Tier, ein riesiger Gibbon, um genau zu sein. Der Oberschenkelknochen hat nicht die kleinste Gemeinsamkeit mit dem Schädel."* Er und viele andere folgerten, dass der Oberschenkelknochen von einem Menschen stammt, während die Schädeldecke und die Zähne einem Primaten gehörten.

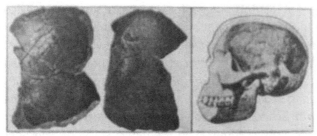
Abb. 279:The Great Piltdown Hoax

Im Jahre 1912 behauptete der Arzt und Paläoanthropologe - Charles Dawson - einen Kieferknochen und ein Schädelstück einer affenmenschlichen Übergangsform in einer Grube in Piltdown, England, gefunden zu haben. Angeblich war das Exemplar 500.000 Jahre alt und wurde in Museen auf der ganzen Welt als absoluter Beweis für die menschliche Evolution ausgestellt. In den folgenden 40 Jahren wurden zahlreiche „wissenschaftliche" Artikel, künstlerische Rekonstruktionen und über 500 Doktorarbeiten über den „Piltdown-Man" verfasst. Einwände und Kritik wurde sofort von Zeitgenossen wie Arthur Keith erhoben, Dawson schaffte es jedoch diese bis 1953 zu entschärfen, bis Tests eindeutig bewiesen, dass der Piltdown-Schädel tatsächlich menschlich und nur ein paar hundert Jahre alt war, während der untere, hervorstehende Kiefer von einem kürzlich verstorbenen Orang-Utan stammte!

Ermittler fanden heraus, dass Dawson den Orang-Utan Kiefer künstlich abnutzte und dass die „primitiven Werkzeuge", die zusammen mit den Fossilien gefunden wurden, Imitationen waren, die Dawson mit Werkzeugen aus Stahl bearbeitet hatte! Dawson verspachtelte auch den Schmelz des Mahlzahns, damit er denen von Menschen mehr ähnelt. Er färbte darüber hinaus alle Fossilien mit Kaliumdichromat, um ihnen einen antiken Look zu verpassen. Die Flecken verschwanden jedoch rasch, als sie in Säure getaucht wurden.

Wilfred Le Gros Clark, ein Mitglied von Joseph Weiner´s Team, das die Fälschung aufdeckte, erklärte: „Der Eindruck einer künstlichen Abnutzung sprang sofort ins Auge. Die Fälschung ist in der Tat so offensichtlich, dass die Frage gestattet sein darf, wie es kommt, dass es nicht vorher aufgefallen ist?" Innerhalb weniger Tagen wurde Piltdown Man aus dem British Museum entfernt, wo er zuvor 4 Jahrzehnte lang ausgestellt wurde.

Abb. 280: Artikel Piltdown Hoax

Seit der Schwindel 1953 eindeutig nachgewiesen wurde, haben sich viele andere paläontologische „Funde" von Dawson als Fälschungen oder „platzierte Funde" erwiesen. 2003 veröffentlichte Dr. Miles Russell von der Universität von Bournemouth die Ergebnisse einer Untersuchung von Dawson´s antiquarischer Sammlung. Mindestens 38 Exemplare waren offensichtliche Fälschungen. Sein Statement: „Dawson's gesamte akademische Laufbahn scheint auf List, Dreistigkeit, Betrug und Täuschung aufgebaut zu sein. Er wollte Ruhm und internationale Anerkennung."

Der nächste Betrugsversuch, eine affenmenschliche Übergangsform zu fälschen und zu verbreiten, wurde 1922 von Henry Fairfield Osborn verübt. Als Mitbegründer der American Eugenics Society, Präsident des White Supremacist Pioneer Fund (umstrittene Wissenschaftsstiftung in den USA) und Direktor des American Museum of Natural History erklärte Osborn, dass man ihm einen ungewöhnlichen Zahn zukommen ließ. Er wurde in Snake Brook, Nebraska entdeckt und wies Charakteristika von

Abb. 281: Nebraska-Man

sowohl Affen als auch Menschen auf! Er stellte fest, dass er aus dem Zeitalter des Pliozäns stammte, von der Übergangsart „Pithecanthropus erectus", und bezeichnete den Träger des Zahns als „Nebraska Man".

„Dem Nebraska-Man wurde ebenfalls unverzüglich ein „wissenschaftlicher" Name gegeben: Hesperopithecus haroldcooki. Zahlreiche autoritäre Organisationen unterstützten Osborn. Aufgrund eines einzelnen Zahnes wurden Rekonstruktionen von Kopf und Körper des Nebraska Man angefertigt. Außerdem wurde der Mann aus Nebraska sogar zusammen mit Frau und Kindern abgebildet, als ganze Familie in einer naturnahen Szenerie."
-Harun Yahya – "The Evolution Deceit", Seite 95

Abb. 282: Nebraska-Man - Hoax

Sobald der „Nebraska Man" in den Medien die Runde machte und die gefügige Öffentlichkeit in ausreichendem Maße propagiert wurde, verschwand die Geschichte bis 1928, als William Bryan und William Gregory die Gelegenheit hatten, den Zahn unabhängig voneinander zu untersuchen. Ihre Analysen ergaben, dass der Zahn nicht von einem Menschen oder einem Affen stammte, sondern von einer ausgestorbenen amerikanischen Wildschweinart namens Presthennops!
Nachdem William Gregory seinen Artikel „Hesperopithecus: Apparently Not an Ape Nor a Man" in der Zeitschrift Science veröffentlichte, wurden alle Abbildungen und Modelle des Nebraska Man und dessen „Familie" schnell aus den Publikationen der Evolutionisten entfernt.

Henry Osborn selbst war gezwungen zuzugeben, dass Nebraska Man „Hesperopithecus haroldcooki", das angebliche Muster des „Pliozän Pithecanthropus Erectus" und seine ganze imaginäre Familie vollkommene Phantasieerzeugnisse waren. Er gestand niemals absichtlichen Betrug ein (warum sollte er auch?), aber als ein begeisterter Evolutionist, Eugeniker und Anhänger der „White Supremacy" war es auch nicht zu erwarten. Osborn war ein derart sadistischer Rassist, dass er während einer nationalen Debatte unverblümt in Bezug auf die Intelligenztests der Armee des Ersten Weltkriegs sagte: *„Ich glaube diese Tests waren die Kosten wert... Wir haben ein für alle Mal gelernt, dass der Neger nicht so ist, wie wir."*

Abb. 283: Ota Benga im Zoo

„Nachdem Darwin in seinem Buch „The Descent of Man" die Behauptung aufstellte, dass Menschen vom Affen abstammten, begann er mit der Suche nach Fossilien, die sein Argument bekräftigen. Einige Evolutionisten glaubten jedoch, dass „Halb-Mensch Halb-Affe"-Kreaturen nicht nur in Aufzeichnungen zu Fossilien zu finden waren, sondern in verschiedenen Teilen der Welt tatsächlich noch lebten. Zu Beginn des 20. Jahrhunderts führte diese Suche nach „lebenden Übergangsformen" zu bedauerlichen Zwischenfällen, von denen die Geschichte eines Pygmäen namens Ota Benga wohl zu den Grausamsten gehört.
Er wurde 1904 von einem evolutionistischen Forscher im Kongo gefangen genommen. In seiner eigenen Sprache bedeutet sein Name „Freund". Er hatte eine Frau und zwei Kinder. Angekettet und eingesperrt, wie ein Tier, wurde er in die USA gebracht,

wo Wissenschaftler ihn zusammen mit anderen Affenarten als das „closest transitional link to man" bei der Weltausstellung in St. Louis vorstellten.
Zwei Jahre später brachten sie ihn in den Bronx Zoo in New York. Dort präsentierten sie ihn unter der Bezeichnung „urzeitliche Vorfahren des Menschen bzw. ancient ancestors of man" zusammen mit einigen Schimpansen, einem Gorilla namens Dinah und einem Orang-Utan mit dem Namen Dohung. Zoodirektor Dr. William Hornaday gab lange Reden, wie stolz er war diese außergewöhnliche „Übergangsform" in seinem Zoo zu haben und behandelte Ota Benga so, als wäre er ein gewöhnliches Tier. Nicht mehr in der Lage seine Behandlung zu ertragen, beging Ota Benga schließlich Selbstmord. Piltdown-Man, Nebraska-Man, Ota Benga... Diese Skandale verdeutlichen, dass evolutionistische Wissenschaftler nicht zögern, jede Art von unwissentlichen Methoden anzuwenden, um ihre Theorien zu belegen."
-Harun Yahya – "The Evolution Deceit", Seite 96

Im Jahre 1927 erklärte Davidson Black er habe nahe Peking mehrere Zähne und fünf zertrümmerte Schädel entdeckt, zu einer urzeitlichen Affenmenschenart gehörend, die heutzutage weithin als „Peking Man" bekannt ist. Irgendwann zwischen 1941-45 sind die echten Knochen auf mysteriöser Weise „verloren gegangen". Es blieben jedoch die angefertigten Gipsabdrücke zu Analysezwecken übrig. Ironie aus.
Am selben Fundort, an der dieses „fehlende Glied" gefunden wurde, wurden ebenfalls die Überreste von zehn ganzen menschlichen Skeletten gefunden, die Kalkstein

Abb. 284: Peking-Man - Hoax

abbauten, Feuerstellen errichteten und eine Vielzahl von Werkzeugen hinterließen. Zahlreiche Wissenschaftler glauben nun, dass die Werkzeuge <u>an</u> Peking Man benutzt wurden, <u>anstatt von</u> ihm. Die Rückseiten der zehn Schädel waren allesamt eingeschlagen und in diesem Teil der Welt gilt Affenhirn als eine Delikatesse, sodass anzunehmen ist, dass die Peking Men eigentlich Peking Affen waren, die Menschen als Mahlzeit dienten und nicht dessen alte Vorfahren waren.

Abb. 285: Lucy -Hoax

1974 entdeckte Donald Johansson „Lucy", den 90 cm großen angeblich 3 Millionen Jahre alten „Australopithecus" in Äthiopien. Lucy machte die üblichen Schlagzeilen in den wissenschaftlichen Fachzeitschriften und schaffte es sogar in die Schulbücher. Don Johansson behauptete ganz bescheiden, Lucy sei *„der bedeutendste Fund in der Geschichte der Menschheit"*. Die Medien erklärten ihn zum Helden. Er wurde vom stellvertretenden Professor zum Leiter seines eigenen humanbiologischen Institutes an der Universität von Berkeley befördert. Während dieser gesamten Zeit erlaubte er Wissenschaftlern erst im Jahre 1982, also acht

Jahre später, die Analyse der Knochen. Als mehr „Australopithecus" Skelette gefunden und analysiert wurden, hielten viele der führenden Evolutionisten Lucy jedoch einfach für eine ausgestorbene Affenart, ähnlich dem modernen Zwergschimpansen und nichts weiter. Sie mögen etwas aufrechter gegangen sein, als die meisten anderen Affenarten, sie waren jedoch nicht bipedal, konnten nicht sprechen, verbrachten die meiste Zeit auf Bäumen und gingen auf allen Vieren.

Lord Solly Zuckerman und Professor Charles Oxnard forschten mit einer fünfköpfigen Gruppe 15 Jahre am Australopithecus und kamen zu dem Ergebnis, dass all die verschiedenen Arten des Australopithecus, die sie untersuchten, nur ein gewöhnlicher Affen-Typ war und bestimmt nicht bipedal. Die französische Zeitschrift „Science and Life" veröffentlichte im Mai 1999 die Titelstory „Goodbye Lucy", in der es darum ging, dass Lucy, das berühmteste Fossil der Gattung Australopithecus, keineswegs die Wurzeln der menschlichen Rasse darstellte und aus unserem vermeintlichen Stammbaum entfernt werden muss. Doch selbst jetzt, im Jahre 2014, wurde ein Film mit dem Namen „Lucy" von dem Freimaurerunternehmen Universal Pictures veröffentlicht, in dem der Betrug mit der Affenfrau Lucy immer noch als wissenschaftliche Tatsache behandelt wird.

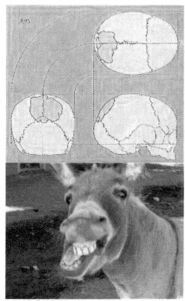

Abb. 286: Orce-Man - Hoax

1982 wurde ein in der spanischen Stadt Orce gefundenes Schädelstück als die ältesten fossilisierten menschlichen Überreste in Eurasien bejubelt! Der „Orce-Man" war angeblich ein 17-jähriger Affenmensch, der vor 900.000 – 1.600.000 Jahren lebte und der Welt mit den üblichen rekonstruierten Zeichnungen präsentiert wurde, als junger, haariger, affenartiger Teenager. 1983 stellte eine Gruppe von Wissenschaftlern auf Frankreich fest, dass das Schädelstück tatsächlich von einem 4 Monate alten Esel stammte! Ein dreitägiges wissenschaftliches Symposium wurde angesetzt, damit Experten den Knochen analysieren und besprechen konnten. Ein dreitägiges wissenschaftliches Symposium war anberaumt worden, damit Experten den Knochen analysieren und diskutieren konnten. Nach der französischen Untersuchung wurde es jedoch umgehend abgebrochen. Peinlich berührte spanische Beamte verschickten 500 Entschuldigungsschreiben an die teilnehmenden Kollegen. Nach aussagekräftigeren Tests titelte der Daily Telegraph am 14. Mai 1984: „Ass Taken For Man[5]".

Im Jahre 1984 entdeckte Kemoya Kimeu, Teil eines Teams angeführt von Richard Leakey bei Nariokotome, nahe des Turkana Sees in Kenia, den „Turkana Boy". Turkana Boy soll ein Junge im vor-pubertärem Alter gewesen sein, der vor 1,5 bis 1,6 Millionen Jahren gelebt haben soll. Das Skelett gilt heute als das Vollständigste, das je von einem Urmenschen gefunden wurde.

Wie auch beim Neandertaler unterscheidet sich der Turkana Boy bzw. „Nariokotome Homo erectus" jedoch nicht vom neuzeitlichen Menschen. Der amerikanische Paläoanthropologe Alan Walker sagte: *„Ich bezweifle, dass der durchschnittliche Pathologe den Unterschied zwischen dem fossilen Skelett und dem eines neuzeitlichen Menschen erkennen könnte."* Er schrieb, dass er zuerst lachte, weil *„es so sehr wie der Neandertaler aussah."*

Turkana Boy war zweibeinig, hatte Arme und Beine mit menschlichen Proportionen, eine aufrechte Skelettstruktur und war in Bezug auf Körpergröße, Schädelgröße und Entwicklungsgeschwindigkeit mit dem heutigen Menschen zu vergleichen. Selbst der Leiter des Entdeckerteams, Richard Leakey, stellte fest, dass die Unterschiede zwischen diesem Exemplar des "Homo erectus" und dem neuzeitlichen Menschen nicht ausgeprägter sind als einfache Rassenunterschiede: *„Die*

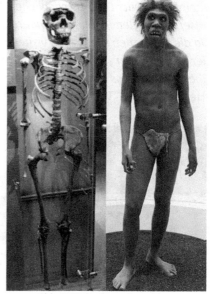

Abb. 287: Turkana-Boy - Hoax

---

[5] Ass ist eine Bezeichnung für Esel im englischen Sprachgebrauch.

Form des Schädels, der Grad der Vorwölbung des Gesichts, die Robustheit der Augenbrauen und so weiter... Diese Unterschiede sind wahrscheinlich nicht ausgeprägter als die, die wir heute zwischen den verschiedenen geografischen Rassen des modernen Menschen sehen. Solche biologischen Unterschiede entstehen, wenn Populationen über längere Zeiträume hinweg geografisch voneinander getrennt sind."

Wenn man sie als das sieht was sie wirklich sind, dann sind sämtliche Entdeckungen und Rekonstruktionen nichts als Phantasie und Betrug. Der Neandertaler war nur ein gewöhnlicher Mensch, Java-Man und Piltdown-Man wurden aus Menschen- und Affenknochen zusammengesetzt, Nebraska-Man war eigentlich ein Schwein, Peking-Man war tatsächlich eine Menschenmahlzeit, Lucy war nur ein Affe, Orce-Man ein Esel und Turkana-Boy war nur ein Junge!

Abb. 288: Hoaxes

„Rekonstruktion kann man beschreiben als das Zeichnen eines Bildes oder das Konstruieren eines Modells eines Lebewesens anhand eines einzelnen Knochens – manchmal nur ein Stück eines Knochens – der ausgegraben wurde. Die „Affenmenschen", die wir in Zeitungen, Zeitschriften oder Filmen sehen, sind alles Rekonstruktionen. Die als Beweis für das menschliche Evolutionsszenario angegebenen Fossilien, sind in Wirklichkeit Fälschungen. Seit über 150 Jahren wurde nicht ein einziges die Evolution beweisendes Fossil entdeckt. Die Rekonstruktionen (Zeichnungen oder Modelle) der fossilen Überreste, welche die Evolutionisten anfertigten, dienten nur dazu, die Evolutionstheorie zu validieren.
David R. Pilbeam, ein Paläoanthropologe der Harvard Universität, betont dies: „Zumindest in der Paläoanthropologie sind die Daten immer noch so spärlich, dass die Theorie die Interpretationen stark beeinflusst. Nicht die tatsächlichen Fakten, sondern Theorien haben in der Vergangenheit eindeutig unsere aktuellen Ideologien widergespiegelt."
Da die Menschen sehr durch visuelle Informationen beeinflusst werden, dienen diese Rekonstruktionen der Absicht der Evolutionisten am Wirksamsten. Die Absicht ist folgende: Menschen davon zu überzeugen, dass diese rekonstruierten Kreaturen wirklich in der Vergangenheit existierten."
-Harun Yahya – "The Evolution Deceit", Seite 90

Abb. 289: Stammt der Mensch wirklich vom Affen ab?

All die vielen Modelle, Abbildungen, Karikaturen, Mannequins und Filme, in denen verschiedene „Affenmenschen" gezeigt werden, sind reine Fiktion und Erfindung, denn niemand kann das äußere Erscheinungsbild eines Tieres allein anhand der Knochenstruktur genau bestimmen. Das weiche Gewebe, das nach dem Tod schnell verschwindet und für das Aussehen von Augen, Ohren, Nase, Lippen, Haaren, Augenbrauen, Haut usw. verantwortlich ist, hängt völlig von der Vorstellungskraft der Person ab, die sie rekonstruiert.

Ernest A. Hooton von der Harvard Universität sagte dazu: *„Der Versuch, die Weichteile zu rekonstruieren, ist sogar ein noch gewagteres Unterfangen. Die Lippen, die Augen, die Ohren und die Nasenspitze lassen keine Rückschlüsse auf die darunter liegenden Knochenteile zu.* **Man kann einem Neandertaler-Schädel genauso gut die Gesichtszüge eines Schimpansen oder die Züge eines Philosophen nachbilden. Diese vermeintlichen Rekonstruktionen antiker Menschentypen haben, wenn überhaupt, nur einen geringen wissenschaftlichen Nutzen. Sie können die Öffentlichkeit nur in die Irre führen ... Vertrauen Sie also nicht auf Rekonstruktionen."**

„Es gibt keine konkreten fossilen Beweise zur Untermauerung des „Affenmenschen"-Bildes, das von den Medien und den akademischen Kreisen der Evolutionisten unaufhörlich propagiert wird. Mit dem Pinsel in der Hand entwerfen die Evolutionstheoretiker imaginäre Kreaturen, doch die Tatsache, dass diese Zeichnungen keinen passenden Fossilien entsprechen, stellt sie vor ein ernstes Problem. Eine der interessanten Methoden, die sie anwenden, um dieses Problem zu lösen, besteht darin, die Fossilien zu „produzieren", die sie nicht finden können. Der Piltdown-Mensch, der vielleicht größte Skandal in der Geschichte der Wissenschaft, ist ein typisches Beispiel für dieses Verfahren."
-Harun Yahya – "The Evolution Deceit", Seite 93

Die aktuelle evolutionistische Affe-zu-Mensch Übergangstheorie geht wie folgt:
„Australophitecus "- „Homo habilis "- „Homo erectus "- „Homo Sapiens "

Australophitecus, was "Südlicher Affe" bedeutet, ist nachweislich nichts anderes als ein ausgestorbener Affe, der in Bezug auf Größe, Arm- und Beinlänge, Schädelform, Zähne, Unterkieferstruktur und zahlreiche andere Details den heutigen Schimpansen sehr ähnelt.
Homo habilis, eine hypothetische Klassifizierung, die in den 1960er Jahren von Richard Leakey, dem Leiter des Turkana Boy-Teams, ins Leben gerufen wurde, wurde von den Evolutionstheoretikern als notwendig erachtet, weil der Sprung zwischen Australophitecus und Homo erectus viel zu drastisch war. Es musste eine Art von Affenmnschen mit einem größeren Schädel geben, der aufrecht gehen und Werkzeuge benutzen konnte.

Wie es der Zufall wollte, wurden die Ende der 1980er Jahre ausgegrabenen Fossilien als Homo habilis eingestuft, und Leakey wurde als wissenschaftliches Genie gefeiert! Das heißt, bis seine Zeitgenossen Bernard Wood und C. Loring Brace feststellten, dass die Arme des Homo habilis zu lang, die Beine zu kurz und die Skelettstruktur zu affenähnlich waren, um etwas anderes als ein Affe zu sein. Die Finger und Zehen waren die eines Baumbewohners und ihre Kiefer- sowie Schädelausmaße waren mit denen heutiger Affen vergleichbar.
Die amerikanische Anthropologin Holly Smith schloss 1994 daraus, dass Homo habilis

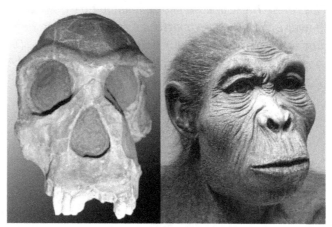
Abb. 290: Homo Habilis Hoax

überhaupt kein Mensch oder menschenähnlich war, sondern genau wie der Australopithecus, ein Affe. Sie sagte: *„Beschränkt man die Analyse der Fossilien auf Exemplare, die diese Kriterien erfüllen, so werden die Zahnbildungsmuster der grazilen Australopithecinen und des Homo habilis weiterhin den afrikanischen Primaten zugeordnet. Die des Homo erectus und des Neandertalers werden als Menschen klassifiziert."*

Australopithecus und Homo habilis, die ersten beiden Klassifizierungen, sind also tatsächlich beide vollwertige Affen, während Homo erectus und Homo sapiens, die weiteren Klassifizierungen, in Wirklichkeit ganz und gar menschlich und mit dem modernen Menschen vergleichbar sind; mit Abweichungen, die nicht größer sind als natürliche rassebedingte und genetische Unterschiede.

Selbst nach 150 Jahren „Entdeckungsarbeit" sind die Evolutionisten der Suche nach einer echten „Transitional Species" zwischen Affen und Mensch keinen Schritt nähergekommen und somit auch nicht dem Beweis für ihre Theorie. Ebenso wenig können sie die Frage beantworten, wie Menschenaffen Bipedie, ein menschenartiges Längenverhältnis von Armen und Beinen, eine aufrechte Wirbelsäule und komplexe sprachliche Fähigkeiten entwickeln konnten. Wenn sich der Mensch aus dem Affen entwickelt hat, warum gibt es dann noch Affen? Warum gibt es heute keine dieser angeblichen Übergangsformen mehr, und wo sind echte Beispiele in den Fossilunterlagen zu finden?

„Die Evolutionstheoretiker schrieben das Szenario der menschlichen Evolution, indem sie einige Affenschädel, die ihrem Zweck dienlich waren, in einer Reihenfolge von den kleinsten bis zu den größten anordneten und die Schädel einiger ausgestorbener menschlicher Rassen unter ihnen ausbrachten. Diesem Szenario zufolge haben der Mensch und die heutigen Affen gemeinsame Vorfahren. Diese Kreaturen entwickelten sich im Laufe der Zeit und einige von ihnen wurden zu den heutigen Affen, während eine andere Gruppe, die einem anderen Zweig der Evolution folgte, zu den heutigen Menschen wurde. Alle paläontologischen, anatomischen und biologischen Erkenntnisse haben jedoch ergeben, dass diese These ebenso fiktiv und ungültig ist, wie alle anderen. Es gibt keine stichhaltigen oder echten Beweise für eine Verwandtschaft zwischen Menschen und Affen, außer Fälschungen, Verfremdungen und irreführenden Zeichnungen und Erklärungen. Die Aufzeichnungen zeigen uns, dass die ganze Geschichte hindurch Menschen Menschen waren und Affen Affen."
-Harun Yahya – "The Evolution Deceit", Seite 98

Abb. 291: Dinosaurier - Fantasie

Die Gattung „Dinosauria" wurde ursprünglich von „Sir" Richard Owen von der Royal Society und Superintendent der naturhistorischen Abteilung des British Museum im Jahr 1842 definiert. Mit anderen Worten, die Existenz von Dinosauriern wurde von einem geadelten Museumschef „zufällig" Mitte des 19. Jahrhunderts, während der Blütezeit des Evolutionismus, erstmals spekulativ postuliert, noch bevor ein einziges Dinosaurierfossil gefunden worden war. Die von Freimaurern kontrollierten Massenmedien gingen ans Werk, um Geschichten über diese angeblich längst ausgestorbene Tierart aufzubauschen. Siehe da, 12 Jahre später, im Jahre 1854, fand Ferdinand Vandiveer Hayden „Beweise" für Owen´s Theorie, während seiner Erkundung des Missouri! Er schickte ein paar nicht identifizierbare Zähne zum führenden Paläontologen Joseph Leidy, der einige Jahre später erklärte, dass sie von einem uralten, ausgestorbenen Dinosaurier namens „Trachodon" stammten (ironischerweise bedeutet der Ausdruck: „rauer Zahn").

Zunächst einmal sollte es eigentlich überflüssig sein zu erwähnen, dass es unmöglich ist ein ganzes hypothetisches Geschöpf anhand einiger Zähne zu rekonstruieren! Noch wichtiger: Es ist ziemlich dubios, wenn eine Vielzahl von Reptil/Säugetier- und Reptil/Vogel-Übergangsformen, die für die blühende Evolutionstheorie notwendig waren, erst theoretisch ins Leben gerufen wurden und dann praktischerweise von Gruppen evolutionistischer Archäologen, die genau zu diesem Zweck ausgeschwärmt waren, „gefunden" wurden. Es ist sogar noch dubioser, dass solche Fossilien angeblich schon seit Millionen von Jahren existieren, aber nie von irgendeiner Zivilisation in der Menschheitsgeschichte entdeckt wurden, bis zur freimaurerischen Renaissance des Evolutionismus Mitte des 19. Jahrhunderts!

„Warum gab es keine Entdeckungen von amerikanischen Ureinwohnern in all den vorherigen Jahren, als sie die amerikanischen Kontinente durchstreiften? Die Dinos haben keinen Platz in der Religion oder Tradition der Ureinwohner Amerikas. Was das betrifft, warum gab es keine Entdeckungen auch nur in irgendeinem Teil der Welt vor dem 19. Jahrhundert? Laut der World Book Encyclopedia: „before the 1800s no one ever knew that dinosaurs existed ". Während des späten 19. Jhd. und dem frühen 20. Jhd. wurden

Abb. 292: Dinosaurier - Fantasie

große Bestände von Dinosauriergebeinen entdeckt... Warum hat man plötzlich all die Entdeckungen gemacht?" -David Wozney – „Dinosaurs: Science or Science-Fiction"

Keine Stämme, Völker oder Länder weltweit hatten vor Mitte des 18. Jahrhunderts jemals einen Dinosaurierknochen entdeckt, und plötzlich wurden sie überall vorgefunden, in Nordamerika, Südamerika, Europa, Asien, Afrika, Argentinien, Belgien, der Mongolei, Tansania, Westdeutschland und an vielen anderen Orten, wo es offenbar große Vorkommen von Dinosaurierfossilien gab, die nie

Abb. 293: Bone Wars – Cope vs. Marsh

zuvor gesehen wurden. All diese Orte waren vor dieser Zeit seit Tausenden von Jahren bewohnt und gut erforscht, warum hatte dann noch nie jemand ein Dinosaurierfossil gefunden?

Laut dem Buch „The Dinosaur Project" behauptet der Journalist im Bereich der Paläontologie Wayne Grady: *„In der Zeitspanne von 1870–1880 wurden in Nordamerika einige der hinterhältigsten Betrügereien in der Geschichte der Wissenschaft abgezogen".* Edward Cope von der Academy of Natural Sciences und Othniel Marsh vom Peabody Museum of Natural History lieferten sich ein lebenslanges Wetteifern und teilten sozusagen ihre Leidenschaft für die „Dinosaurierjagd", was als „The Great Dinosaur Rush" oder „Bone Wars" bekannt wurde.

Sie begannen als Freunde, entwickelten sich aber im Laufe einer legendären Fehde, in der es um Betrug, Verleumdung, Bestechung, Diebstahl, Spionage und die Zerstörung von Knochen durch beide Parteien ging, zu erbitterten Feinden. Marsh soll über 500 verschiedene antike Lebensformen entdeckt haben, darunter 80 Dinosaurier, während Cope 56 entdeckte. Von den 136 Dinosaurierarten, die die beiden Männer angeblich entdeckt haben, gelten jedoch gegenwärtig nur noch ganze 32 als gültig; die übrigen haben sich alle als Fälschungen und Erfindungen erwiesen! Keiner von ihnen behauptete einmal, ein vollständiges Skelett gefunden zu haben, so dass es sich bei all ihren Bemühungen um Rekonstruktionen handelte. In der Tat wurde bis heute kein vollständiges Skelett gefunden, so dass alle Dinosaurier Rekonstruktionen sind.

„Entdeckungen und Ausgrabungen scheinen nicht von gewöhnlichen Leuten gemacht zu werden, wie z.B. Bauern, Viehtreibern, Wanderern, Campern, Bauarbeitern beim Ausheben eines Fundaments, Pipeline Verlegern oder Grubenarbeitern, sondern eher von Leuten mit eigennützigem Interesse, wie Paläontologen, Wissenschaftlern oder Mitarbeitern der Museumsverwaltung, die vorsätzlich nach Dinosaurierknochen Ausschau hielten. Die Funde wurden oft während besonderen Dinosaurierknochen-Jagdausflügen und Expeditionen in abgelegene, längst bewohnte und erschlossene Gebiete gemacht. Dies scheint höchst unwahrscheinlich. Glaubhafter ist der Fall vom Fund

Edward Cope
(1840-1897)

Othniel Marsh
(1831-1899)

Abb. 294: Cope and Marsh

der ersten echten Papyrusrolle vom Toten Meer im Jahre 1947. Es wurde unbeabsichtigt von einem Kind entdeckt und 1955 veröffentlicht. In einigen Fällen der Funde von Dinosaurierknochen durch eine neutrale Person wurde diese von einem „Profi" beraten in einem bestimmten Gebiet zu schauen oder zu graben. Ebenfalls ist es interessant festzuhalten, dass Gegenden abgesteckt und als Dinosaurier Parks ausgewiesen sind. Amateur Dinosaurier Forscher sind jedoch angewiesen, sich zuerst eine Dinosaurier Suchlizenz zu erwerben."
-David Wozney - Dinosaurs: Science or Science Fiction

Abb. 295: Museum - Dino Skelett

Welche Destination auch immer sich die vom System finanzierten Archäologen und Paläontologen zurechtlegten, sie fanden stets eine unglaubliche Anzahl von Fossilien in winzigen Gebieten. In einer der größten Dinosaurier Ausgrabungsstätten – Ruth Mason Quarry - wurden angeblich über 2.000 Fossilien gefunden. Gipskopien und Originalskelette, die von den Knochen zusammengestellt wurden, werden momentan in über 60 Museen weltweit ausgestellt.

Der Leiter der Paläontologie des La Plata Museum, Florentino Ameghino, ist erstaunlicherweise für 6.000 Fossilien-Funde, die angeblich in seiner Karriere in ganz Argentinien entdeckt wurden, verantwortlich. Dinosaurier-Jäger Earl Douglass sandte in seiner Karriere 350 Tonnen ausgegrabener „Dinosaurierknochen", alle vom Dinosaurier National Monument in Utah kommend, an das Carnegie Museum of Natural History.

Während einer Expedition nach Patagonien entdeckten angeblich Dr. Luis Chiappe und Dr. Lowell Dingus Tausende Dinosauriereier an einer Stelle von nur einigen Hundert Quadratmeter. Zahlreiche Fachleute haben darauf hingewiesen, dass derartige Funde riesiger Mengen von Fossilien in einem Gebiet durch einige wenige, hoch investierte Personen, den Gesetzen der natürlichen Wahrscheinlichkeit widersprechen und den Verdacht nahelegen, dass es sich um Fälschungen oder gezielte Platzierungen handelt.

„Dinosaurierknochen" lassen sich bei Versteigerungen sich für viel Geld verkaufen. Es ist ein profitables Geschäft. Da gibt es gibt Druck auf Akademiker, Artikel zu veröffentlichen. Es ist das Geschäft der Museen Stücke, die beliebt und ansprechend sind, auszustellen. Filmproduzenten und Medien brauchen neues Material, um im Geschäft zu bleiben. Die Mainstream Medien lieben es angebliche Saurierfunde aufzubauschen.

Abb. 296: Hadrosaurus

*Viel lässt sich verdienen, wenn man einen langweiligen Nicht-Dinosaurier-Fund, einen Knochen heutiger Herkunft, in einen beeindruckenden Dinosaurier-Fund verwandelt und die Interpretationen und Fantasien von Künstlern ins Rampenlicht rückt, anstatt die eigentlichen, eher öden Fundstücke. Es gibt Menschen, die sich nach Prestige, Ruhm und Aufmerksamkeit sehnen und danach streben. Es gibt den Mitläufereffekt und das Verhalten der Massen. Und dann gibt es Menschen und Einrichtungen, die politische und religiöse Ziele verfolgen. **Finanzielle und wirtschaftliche Vorteile, die für Museen, Bildungs- und Forschungseinrichtungen, paläontologische Universitätsinstitute, Forscher und Besitzer von Dinosaurierknochen sowie für die Buch-, Fernseh-, Film- und Medienindustrie sehr lukrativ sind, können ein wesentlicher Grund dafür sein, offene Fragen ins Lächerliche zu ziehen und ehrliche Untersuchungen zu verhindern.*"

-David Wozney – "Dinosaurs: Science or Science Fiction"

Die Tatsache, dass „T-Rex"-Knochen auf Auktionen für mehr als 12 Mio. $ verkauft wurden, zeigt wie lukrativ das Betätigungsfeld der Dinosaurierjagd sein kann. Zufälligerweise sind es in den allermeisten Fällen Museumsangestellte, die glücklicherweise die schillerndsten Funde machen!

Der erste Dinosaurier, der je öffentlich ausgestellt wurde, war der „Hadrosaurus foulkii" an der Edward Drinker Cope´s Academy of Natural Sciences in Philadelphia. Die Knochen wurden von Joseph Leidy, Cope´s geschätzten Professor mitentdeckt. Das war übrigens der Mann, der für den „Trachodon"

Abb. 297: T-Rex Knochen

„Zahn"-Saurus verantwortlich war. Die ursprüngliche Hadrosaurus-Rekonstruktion, die noch heute zu sehen ist, weist ein riesiges, aus Gips gegossenes, zweibeiniges Reptil auf, das aufrecht steht und seinen Schwanz als drittes Bein benutzt. Was jedoch nur Wenige wissen: es wurde nie ein Schädel gefunden und keine Originalknochen wurden in die öffentliche Ausstellung eingebracht.

„Ein Visagist und ein Bildhauer wurden unverzüglich angestellt, um einen Schädel zu entwerfen. Inspiriert von den Zeichnungen eines anderen Künstlers, der den Iguanadon (Leguanzahn) kreiert hat, übernahmen die beiden Künstler dasselbe Gesicht für den Hadrosaurus foulkii. Die beteiligten Akteure konnten nun technisch die Existenz dieses Dinosauriers begründen, falls jemand danach fragen sollte. Der Trick funktionierte so gut und täuschte die Öffentlichkeit so sehr, dass sie später den Kopf der Kreatur austauschen konnten, ohne dass es jemand bemerkte. Bis heute ist der Hadrosaurus foulkii in der Academy of Natural Sciences in Philadelphia ausgestellt. Es heißt, dass die Knochen hinter schweren, verschlossenen Türen aufbewahrt werden, stattdessen wird eine Gipskopie ausgestellt ...
Wir erfahren also, dass ein Leguanschädel anstelle eines ausgestellten Dinosaurierschädels verwendet wurde. Wurde die Öffentlichkeit seinerzeit darüber informiert? Was wird uns heute verschwiegen??"
-David Wozney – "Dinosaurs: Science or Science Fiction"

Was uns nicht gesagt wird, ist, dass dies die Regel und nicht die Ausnahme ist. Bis heute wurde noch kein einziges vollständiges Skelett eines Dinosauriers gefunden! Alle Museumsausstellungen, Modelle, Schaufensterpuppen, Cartoons und Filme über prähistorische Monster, die du je gesehen hast, sind allesamt phantasievolle Rekonstruktionen, die auf unvollständigen Skeletten beruhen, welche die Paläontologen für möglichst realistisch halten. Ferner handelt es sich bei den in den Museen ausgestellten Skeletten um zugegebenermaßen sehr kunstvolle Nachbildungen aus Gips, Glasfaser, verschiedenen Epoxidharzen und anderen Tierknochen und <u>nicht</u> etwa um Originalfossilien.

Abb. 298: Dinos gab es nie

Abb. 299: Museum Dino Skelett

Wenn „Dinosaurier"-Knochen transportiert und präpariert werden, benutzen sie in Gips getauchte Jutestreifen, um die Fossilien zu ummanteln. Nach Anbringung eines Trenntuches, um den direkten Kontakt des Gipses mit dem Knochen zu verhindern, werden die vollgesogenen Jutestreifen aufgelegt, bis sie völlig in einer schützenden mumienartigen Schicht umhüllt sind, bereit für den Transport.
In dem Artikel „A Fossil's Trail From Excavation to Exhibit" erläuterte ein

Insider: „*Durch Formenbau und Abgüsse können wir Gliedmaße, Rippen, Wirbelsäule usw. für die fehlenden Stücke eines Skelettes herstellen. Gips, Fiberglas und Kunststoffe werden im Allgemeinen verwendet. Bei der Rekonstruktion einzelner Knochen können kleine bis große Risse mit Gips gefüllt werden, der mit Dextrin gemischt ist, einer Substanz, die normalem Gips eine klebrige Eigenschaft und zusätzliche Härte verleiht. Wir haben auch mit Epoxidspachtel gute Erfahrungen*

Abb. 300: Museum Dino Skelett

gemacht. Große fehlende Fragmente können mit denselben Materialien direkt an Ort und Stelle modelliert werden.

Mit anderen Worten, Museumsangestellte arbeiten die ganze Zeit mit Gips und anderen Materialien, um Skelette und fehlende bzw. unvollständige Knochen zu transportieren und herzustellen. In der Tat sind die riesigen „Dinosaurierknochen" Ausstellungsstücke, die man in Museen weltweit finden kann, sorgfältig präparierte Fälschungen! Kein unabhängiger Forscher hat je einen echten Dinosaurierknochen untersucht! Sie behaupten all die tatsächlichen Fossilien werden in Hochsicherheitslagerräumen aufbewahrt, aber nur wenigen, ausgewählten Paläontologen wurde je erlaubt, sie zu untersuchen, also bleibt die Möglichkeit ihre Echtheit zu bestätigen, der allgemeinen Öffentlichkeit vorenthalten.

Abb. 301: Dino-Schädel - Replikation

„*Die meisten Menschen denken, die ausgestellten Skelette der Dinosaurier in Museen bestünden aus echten Knochen. Dies ist nicht der Fall. Die richtigen Knochen sind hinter dicken Kellermauern verschlossen, zu denen nur wenige erlesene hochgestellte Forscher einen Schlüssel haben, was bedeutet, dass **kein** unabhängiger Forscher je einen Tyrannosaurus-Rex-Knochen in den Händen hielt. Wenn Leute außerhalb der paläontologischen Familie Zutritt zu diesen Dino-Knochen verlangen, erhalten sie Absage auf Absage ...*

Nur rund 2.100 Dinosaurier-Knochensätze wurden weltweit entdeckt. Von diesen wurden nur 15 unvollständige T- Rex Sätze gefunden. Diese Dinosaurier Knochensätze haben nie ein komplettes Skelett gebildet, aber von diesen unvollständigen Knochensätzen haben Paläontologen eine Theorie über die Erscheinung eines ganzen Skelettes konstruiert, welches sie in Kunststoff modellierten.

Wenn unzählige solcher Langhälse und fleischfressenden Reptilien wirklich über die Erde streiften, würden wir nicht nur 2.100 Dinosaurier-Knochensätze finden, sondern Millionen. Normale Leute beim Umgraben ihres Gemüsegartens sollten regelmäßig über sie stolpern."
-Robbin Koefoed – "The Dinosaurs Never Existed"

„*Wenn Kinder in ein Dinosaurier Museum gehen, sind die Ausstellungstücke, die sie sehen, Wissenschaft oder Kunstwerke und Science-Fiction? Werden wir von klein auf getäuscht und manipuliert, um an den Dinosaurier Mythos zu glauben?*

Tief nachforschende Fragen müssen dem Dinosaurier-Business gestellt werden. Es scheint hier wird angestrebt seit den ersten „Entdeckungen" von Dinosauriern, Knochen verschiedener Tiere zu platzieren und zu vermischen, wie z.B. Knochen von Krokodilen, Alligatoren, Leguane, Giraffen, Elefanten,

Abb. 302: Museum - Dino

Rinder, Kängurus, Sträußen, Emus, Delphinen, Walen, Flusspferde und andere, um ein neues, vom Menschen gemachtes Konzept einer vorzeitlichen Tierart namens Dinosaurier, zu konstruieren.

Wo Knochen existierender Tiere sich nicht als Täuschungsobjekte eignen, werden halt Gipsabgüsse hergestellt und verwendet. Materialien, wie formbarer Lehm oder Gipsmörtel sollten angemessen sein. Gussformen mag man ebenso anwenden. Was wäre die Motivation für solch ein betrügerisches Unterfangen? Offensichtliche Motivationen beinhalten den Versuch die Evolution zu beweisen, den Versuch die christliche Bibel und die Existenz eines Gottes zu widerlegen oder Zweifel an ihnen zu streuen und den Versuch die Theorie der „Jungen Erde" zu widerlegen.

Das Dinosaurier Konzept impliziert, dass wenn es Gott gibt, dann bastelte er eine Weile mit der Idee des Dinosauriers, bis er sie schließlich verwarf oder gelangweilt von seiner Schöpfung war und dann mit der Schöpfung des Menschen weitermachte."

-David Wozney – "Dinosaurs: Science or Science Fiction"

Gebe „Dinosaurier Skulls" in eine Suchmaschine ein und du wirst eine Vielzahl von Repliken, maßgeschneiderten Dinosauriern und „Museumsqualität"-Skelette finden. Einer der größten und bekanntesten Lieferanten von unechten Dinosauriern ist die Zigong Dino Ocean Art Company in Sichuan, China. Das Unternehmen

Abb. 303: Ocean Art - The best products and the best service

versorgt Naturkundemuseen weltweit mit ultrarealistischen Dinosaurierskeletten, die aus richtigen Knochen angefertigt werden! Hühner, Frösche, Hunde, Katzen, Pferde und Schweineknochen werden zermahlen, mit Leim, Harz und Gips vermischt und dann als Grundmaterial für den Wiederabguss als „Dinosaurierknochen" verwendet. Ihnen wird sogar ein veralteter/versteinerter Look verpasst, um den richtigen Effekt zu erzielen.

Die Netzseite des Unternehmens prahlt: *„Über 62% unseres Absatzes erzielen wir auf amerikanischen und europäischen Märkten. Das bedeutet, dass wir mit den Feinheiten und Regelungen des Exports in diese Gebiete vertraut sind und sie verstehen...Da wir Partner von Dinosaurier Museen sind, stellen wir alle Produkte unter der Aufsicht von Experten der Chinesischen Akademie der Wissenschaften her... Wir haben uns ein globales Verkaufsnetz erworben, dass die USA, Brasilien, Frankreich, Polen, Russland, Deutschland, Saudi-Arabien, Südkorea, Thailand, Indonesien umfasst. Wir haben darüber hinaus in Peru, Argentinien, Vancouver, Cincinnati, Chicago und anderen Orten ausgestellt."*

„Ich habe gehört, dass es im Nordosten Chinas, in der Provinz Liaoning, eine Fabrik für gefälschte Fossilien gibt, und zwar in der Nähe der Gebiete, an denen zahlreiche der jüngsten angeblichen Feder-Dinosaurier gefunden wurden."

-Alan Feduccia, University of North Carolina Paleontology

Abb. 304: Bone Dragon - made of water buffalo bone

„Es besteht die Möglichkeit, dass die wichtigsten ausgestellten Dinosaurierknochen durch Bildhauerei und Schnitzarbeiten künstlich verändert wurden. Die Knochenplastik ist keine unbekannte menschliche Beschäftigung. In vielen Kulturen werden aus vorhandenen Knochen künstliche Objekte geschaffen, die von der ursprünglichen Form nicht mehr zu unterscheiden sind. Ist die Dinosaurierindustrie ein Abnehmer für diese Art von Geschäft? Ist es möglich, dass Nachbildungen von Dinosaurierskeletten heimlich in privaten

Gebäuden unter Ausschluss der Öffentlichkeit hergestellt werden, wobei Knochen von verschiedenen Tieren verwendet werden? Warum sollte man sich überhaupt die Mühe machen, authentische Originalfossilien zu besitzen, wenn angebliche Repliken die Öffentlichkeit erfreuen?"
-David Wozney – "Dinosaurs: Science or Science Fiction"

Ein weiteres Problem mit Dinosauriern ist ihr unnatürlicher Bewegungsapparat. Viele Dinosaurierskelette und Rekonstruktionen zeigen zweifüßige Monster, wie den T-Rex mit einem vornüber gelehnten Oberkörper und Kopf, die viel größer und schwerer sind als der Schwanz, der als Gegengewicht fungieren soll. Viele Ausstellungsstücke in Museen können nicht einmal unter ihrem eigenen Gewicht aufrecht stehen. Es ist höchst unwahrscheinlich, dass so große und unproportionierte Tiere überhaupt existieren konnten. Die auf ihre Skelette

Abb. 305: Dino - Gipsanfertigung

wirkenden Kräfte sind so groß, dass Berechnungen zeigen, dass die Knochen der größten Dinosaurier unter ihrem eigenen immensen Gewicht einknicken und brechen würden! Experten haben auch darauf hingewiesen, dass sich die Dinosaurier viel langsamer bewegt haben müssen als in den Filmen dargestellt, um plötzliche Schockeinwirkungen auf ihre Skelette zu vermeiden.

„Die Vorstellung der sich langsam bewegenden Tiere stimmt nicht mit der biomechanischen Analyse der Dinosaurier überein. Laut dieser, waren die Dinosaurier agile Geschöpfe. Dies ist das Paradoxe zwischen der Größe und der Lebensweise der Dinosaurier. Viele Ausstellungsstücke und Abbildungen von Dinosauriern scheinen mit Absurdität zu glänzen. Das zweibeinige Tier kann aufgrund des viel höheren Gewichts des Kopfes und des Unterleibs im Vergleich zum Schwanz, der als Gegengewicht fungieren soll, nicht in Balance sein.
Benutzt die Wissenschaft die Dinosaurier, um den Wünschen und Erwartungen der Öffentlichkeit gerecht zu werden? Im Film Jurassic Park werden zum Beispiel die Dinosaurier viel größer dargestellt, als irgendwelche aktuellen Ausstellungsstücke in Museen. Nachdem der Film in den Kinos war, ist es interessant festzustellen, dass in vielen geschriebenen Artikeln gefragt wurde „Ist das möglich?". Ich kann mich an einen Bericht über die Entdeckung von in Bernstein erhaltener DNS von Dinosauriern erinnern, der sich später als Hoax herausstellte."
-David Wozney – "Dinosaurs: Science or Science Fiction"

Abb. 306: Dinosaurier Filme - Agenda?

„Insgesamt wurden etliche Millionen von Dollar ausgegeben, um die Existenz von Dinosauriern durch Filme, TV, Zeitschriften und Cartoons zu fördern. Die Filmwelt und die Paläontologie sind wie siamesische Zwillinge. Die angebliche Tatsache von der Existenz von Dinosauriern basiert nicht auf festen Beweisen, sondern auf den aus Hollywood festgelegten künstlerischen Eindrücken. Dokumentationen beschreiben ausführlich die Merkmale jedes Dinosauriers, wie Farbe, Gewicht und Muskelmasse. Der Berater für Jurassic Park, Don Lessem, gibt zu, dass dies reine Mutmaßungen sind. Betrachten wir beispielsweise die Frage nach dem Gewicht der Dinos. Don Lessem sagt: „Scientists don't know how much dinosaurs weighed!"
-Robbin Koefoed – "The Dinosaurs Never Existed"

Dinosaurier werden der Öffentlichkeit in Form von farbenfrohen künstlerischen Rekonstruktionen, Zeichnungen, Modellen, Mannequins, gigantischen Skeletten in Museen, Cartoons und Filmen präsentiert, die diese Bestien sehr detailliert veranschaulichen. Tatsache ist jedoch, dass alle Dinosaurier-Rekonstruktionen - von der Zuordnung und Anordnung der Knochen jeder Art, bis hin zu den unmöglich zu identifizierenden Weichteilen, der Haut, den Augen, den Nasen, der Farbgebung, der Behaarung, der Beschaffenheit usw. - ebenso wie die vielen angeblichen Affenmenschen-Arten zu 100 % fiktive Erfindungen sind, die von subventionierten und kreativen Evolutionisten geschaffen wurden.

Abb. 307: Dinosaurier Filme - Agenda?

Sie präsentieren Kindern bewusst Dinosaurier in den Medien, um ihre Fantasie zu beflügeln und sie für ihre Machenschaften zu begeistern. Cartoons wie „Ice Age" und „In einem Land vor unserer Zeit", Filme wie „Jurassic Park" und „Dinosaur Island", Malbücher, Puppen, Plastikspielzeug, Grundschulbücher und riesige Ausstellungen in Kindermuseen haben sicherlich eine Wirkung auf die jungen Seelen der Kinder.

Die Zeitschrift National Geographic und die Ice Age Filmreihe wurden von der freimaurerischen Rupert Murdoch`s News Corporation und von 20th Century Fox produziert. Die freimaurerische Produktionsfirma Universal Studios schuf „Jurassic Park" und „In einem Land vor unserer Zeit". Sie sind Besitz von Comcast, deren Hauptaktionäre die Freimaurer JP Morgan und die Rothschilds sind. Discovery Channel zeigt viele Dinosaurier Dokumentationen und wird ebenfalls von N M Rothschild and Sons Limited finanziell beraten.

Abb. 308: Dinosaurier Filme - Agenda?

Der ehemalige Paläontologie Student Michael Forsell äußerte in einem Radiointerview mit dem führenden Paläontologen Jack Horner, er selbst sei *ein totaler Betrüger, der Beweise gefälscht und den Mythos der Dinosaurier aufrechterhalten hat*.

Er fuhr fort: *„Ich begann meine Laufbahn auf dem Gebiet der Paläontologie, nur um es aufzugeben, nachdem ich erstmal verstand, dass das Ganze ein Schwindel war. Es ist Unsinn, die meisten der sogenannten Skelette in Museen sind in Wirklichkeit Gipsabdrücke. Die machen es nun sogar ganz offen in Dokumentationen; Konservierung der Knochen, my ass!*
Ich hatte als Student hauptsächlich Schwierigkeiten, weil ich nicht den Unterschied zwischen einem versteinerten Ei und einem Stein nennen konnte und natürlich gibt es keinen Unterschied. Ich wurde wie ein Leprakranker behandelt, als ich mich weigerte ihrer Propaganda zu folgen und ich verließ rasch den Kurs. Dinosaurier gab es nie, der ganze Kram ist eine Freakshow, sie schnappen sich nur einen Haufen alter Knochen und bauen sie zu ihrer neuesten Frankenstein Monster-Ausstellung aus. Wenn Dinosaurier existierten, wären sie in der Bibel erwähnt. Wir werden alle für dumm verkauft und es ist falsch, aber gemeinsam können wir es aufhalten."

Viele behaupten, dass seit Dinosaurierfossilien radiometrisch auf ein Alter von zig Millionen von Jahren datiert wurden, ist ihre Echtheit damit bewiesen. Tatsächlich ist die Methode zur Bestimmung des Alters der Fossilien nicht die Datierung der eigentlichen Fossilien, sondern der Steine am Fundort. Die

Abb. 309: Missing Link - Evolution

meisten Fossilien werden nahe der Oberfläche der Erde gefunden und wenn ein Tier heutzutage in der Gegend stirbt, würden Paläontologen es wohl auf dasselbe Alter schätzen!

Dr. Margaret Helder schreibt in ihrem Buch „Completing the Picture, A Handbook on Museums and Interpretive Centers Dealing with Fossils": *„Wissenschaftler waren mal sehr beeindruckt von der Leistung der Radiometrie, die vollkommen verlässlich das Alter von irgendwelchen Steinen ermittelte. Mittlerweile geht es ihnen nicht mehr so. Konfrontiert mit zahlreichen berechneten Daten, die sehr stark abwichen, verglichen mit den zu erwarteten Ergebnissen, mussten Wissenschaftler nun zugeben, dass der Vorgang sehr viel mehr Ungewissheiten hat, als sie in den früheren Jahren je vermutet hätten. Die Öffentlichkeit weiß fast nichts über Unklarheiten bei der Altersbestimmung von Steinen. Den Eindruck, den die meisten Menschen erhalten haben ist, dass viele Steine der Erde äußerst alt sind und dass es eine Technologie gibt, um genaue Altersmessungen vorzunehmen. Wissenschaftlern wird jedoch mehr und mehr klar, dass die Messungen absolut nichts über das tatsächliche Alter des Steines erzählen."*

Einer der Hauptgründe, warum Evolutionisten die Existenz von Dinosauriern „brauchten", war die Antwort auf die komplizierten Probleme, die die Evolutionstheorie mit sich brachte, wie: Entwicklung von Meerestieren zu an Land lebenden Tieren, Entwicklung von Flügeln und Federn bei Reptilien, also die Entwicklung von Reptilien zu fliegenden Vögeln, andere Reptilien, die sich zu Warmblütern entwickeln, Lebendgeburten, Brüste oder Entwicklung zu Säugetieren.

Durch ihren theoretischen Multi-Millionen-Jahre-Zeitstrahl und eine Vielzahl von angeblichen Dinosaurier-Übergangs-Formen hat die etablierte Paläontologie verschiedene Meeressaurier, Reptil/Vogel und Reptil/Säugetierarten angepriesen, um diese Lücken zu schließen. Zahlreiche Experten haben jedoch jedes Mal diese Funde angezweifelt, wenn sie vorgestellt wurden.

Dr. Storrs Olson, ein Wissenschaftler am Smithsonian Institute, schrieb: *„Die Vorstellung von gefiederten Dinosauriern und der theropoden Abstammung der Vögel wird aktiv von einer Gruppe eifriger Wissenschaftler verbreitet, die im Einvernehmen mit bestimmten Redakteuren der Magazine Nature und National Geographic, die selbst zu freimütigen und höchst voreingenommenen Befürwortern dieses Glaubens geworden sind, handeln. Wahrheit und sorgfältiges wissenschaftliches Auswerten von Beweisen gehören zu den ersten Opfern ihres Programms, das sich nun schnell zu **einem der größten wissenschaftlichen Schwindel unserer Zeit entwickelt**."*

Keine authentischen Federn wurden je an einem Dinosaurierfossil gefunden, obwohl ein paar enttarnte Fälschungen versuchten, es so aussehen zu lassen. Dr. Olson nannte die Hinzufügung von Federn zu ihren Funden *„Aufbauschen, Wunschdenken, Propaganda, sinnlose Phantasie, und einen Schwindel"*.

In den 1990ern wurden viele Fossilien mit Federn angeblich in China entdeckt (verdächtig nah an der Zigong Dino Ocean Art Company), als sie jedoch untersucht wurden, fand Dr. Timothy Rowe heraus, dass der sogenannte „Confuciusornis" eine raffinierte Fälschung war. Er hat außerdem festgestellt, dass der „Archeoraptor", der angeblich in den 90er Jahren entdeckt wurde, aus den Knochen von 5 verschiedenen Tieren bestand! Als Dr. Rowe seine Ergebnisse National Geographic vorstellte, soll der leitende Wissenschaftler gesagt haben: *„Naja, an all diesen Knochen wurde ja herumgepfuscht!"*

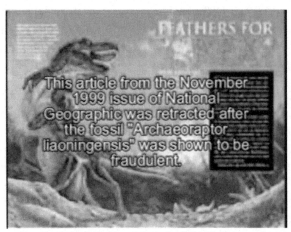

Abb. 310: Dino Schwindel aufgeflogen

National Geographic machte dann weiter mit ihren Tagesberichten und Mediengeschichten über die Echtheit der Archeoraptor Fossilien und darüber, den „missing link" der Evolutionskette gefunden zu haben.

„1999 wurde die Zeitschrift National Geographic dabei ertappt, als sie in einem farbenfrohen und phantasievoll gestalteten Artikel das Missing Link präsentierte. Ein Archeoraptor-Dinosaurier, der den Grundgedanken der Evolutionstheorie, wonach sich Dinosaurier langsam über Millionen von Jahren entwickelt haben, belegen sollte. Ihr Beweis bestand aus einem Fossil, bei welchem sorgfältig angeordnete Knochenabdrücke den Eindruck einer Kreatur vermittelten, die halb Dinosaurier und halb Vogel war. Der Betrug wurde bei einem CT-Scan aufgedeckt, der unnatürliche Knochenverbindungen offenbarte. Das National Geographic Magazine war später gezwungen, auf Druck zuzugeben, dass das Fossil von Menschenhand gemacht war!" -Robbin Koefoed – "The Dinosaurs Never Existed"

Paläontologen behaupten, dass der „Archaeopteryx" eine weitere Übergangsform eines von Dinosauriern weiterentwickelten Vogels ist. Diese Theorie jedoch fällt aufgrund der überwältigen Anzahl gegenteiliger Beweise in sich zusammen. Andere Arten, wie Confuciusornis, Liaoningornis, und Eoalulavis sind von heutigen Vögeln nicht zu unterscheiden.

Alan Feduccia von der Universität von North Carolina und einer der führenden Ornithologen weltweit, sagte: *„Ich habe 25 Jahre Vogelschädel studiert und ich sehe überhaupt keine Unterschiede. Ich sehe einfach keine. Meiner Meinung nach, wird die theropode Herkunft der Vögel die größte Blamage der Paläontologie des 20. Jhd. sein."*

Der Paläoornithologe Larry Martin von der Universität von Kansas, sagt: *„Um die Wahrheit zu sagen, wenn ich die Dino-Herkunft der Vögel mit diesen Figuren erklären müsste, wäre ich jedes Mal verlegen, wenn ich öffentlich darüber sprechen müsste".*

Selbst wenn Dinosaurier sich zu Vögeln entwickelt hätten, erklärt das nicht, wie etwas wie die gemeine Stubenfliege sich entwickelt haben könnte. Fliegen schlagen 500-mal pro Sekunde gleichzeitig mit den Flügeln. Schon die geringste Abweichung in der Schwingung würde dazu führen, dass sie das Gleichgewicht verlieren und fallen, aber das passiert nie. Wie konnten sie eine so erstaunliche und spezialisierte Fähigkeit „entwickeln"?

Abb. 311: Stubenfliege

Warum wurden vor der evolutionistischen Renaissance Mitte des 19. Jhd. nie irgendwelche Dinosaurier entdeckt? Warum denken Paläontologen sie können eine ganze Art aus einigen wenigen Zähnen rekonstruieren? Warum stellten sich so viele „Dinosaurier-Entdeckungen" als Betrug heraus? Warum sind all die „authentischen Dinosaurierfossilien" unter Verschluss? Warum erlauben sie keine unabhängigen Untersuchungen und Analysen? Warum haben Erosion und Verwitterung all diese angeblichen Abdrücke und Fossilien, die angeblich Millionen Jahre alt sind, nicht zerstört? Wenn die Dinosaurier angeblich von einem Meteoreinschlag oder einer anderen weltweiten Katastrophe ausgelöscht wurden, wie kommt es, dass verschiedene andere Tierarten, die es heute gibt, nicht ebenfalls ausgelöscht wurden?

Es gibt viele weitere Fragen, die beantwortet werden müssen, bevor irgendjemand, der bei vollem Verstand ist, die Existenz von Dinosauriern für irgendetwas Anderes, als einen für den Evolutionisten praktischen Mythos, hält.

„Die etablierte Paläontologie kontrolliert welche Hypothesen durch Lehrbücher und Lehrpläne aufgestellt werden. Auf diese Weise werden Studenten durch eine Pseudo-Realität hirngewaschen, kontrolliert durch den Lernstoff und die Autorität des Lehrers.

Ein kurzes praktisches Beispiel: Irgendein Zahnknochen ist an einer Ausgrabungsstätte gefunden worden. Als Basis dieses Zahnknochens wird dann der Rest des Skelettes durch Annahmen konstruiert. Wir machen keine Scherze. Das ganze Feld der Dinosaurier Paläontologie ist einfach Betrug."
-Robbin Koefoed – "The Dinosaurs Never Existed"

I DON'T EXIST

„Im 19. Jahrhundert wurde von damals einflussreichen Persönlichkeiten, wie Darwin und Marx, eine neue Weltauffassung in Bezug auf die Evolution entwickelt. In diese Zeit fielen die ersten Entdeckungen von Dinosauriern. Wurden diese Entdeckungen „gemacht", um die Unzulänglichkeiten des Fossiliennachweises für die Evolutionstheorie zu kompensieren? Die folgenden Punkte lassen Zweifel an der Integrität der Dinosaurierindustrie aufkommen und werfen die Frage auf, ob es jemals Dinosaurier gab:

1. *Dinosaurier-Funde geschahen nur zwischen den letzten beiden Jahrhunderten und in riesigen unüblich zusammengefassten Mengen, entgegen der Gesetze der Natur und jeglicher Wahrscheinlichkeiten*
2. *Dinosaurier-Entdecker sind typischerweise keine unabhängigen Personen, ohne eigennützigen Absichten*
3. *Die Art der Vor- und Aufbereitung der „Funde" für öffentliche Ausstellungen stellt die Glaubwürdigkeit und Quellen der Fossilien in Frage. Diese fehlende Transparenz gibt ihnen den nötigen Freiraum zur Fälschung der Knochen, sowie die Möglichkeit betrügerischer Machenschaften auf systematischer Basis*
4. *Zeichnungen und öffentlich zur Schau gestellte Exponate weisen Unzulänglichkeiten auf, die nichts mit der Realität zu tun haben. Beispiel: Gewichtsverteilung wäre rein physikalisch nicht möglich*
5. *Sehr geringe Chancen, dass all diese Dinosaurierknochen versteinert sind, aber vergleichsweise wenige Knochen von anderen Tieren*
6. *Auswirkungen der Dinosaurier Entdeckungen auf die Evolutionstheorie und den Glauben, dass der Mensch nach Gottes Ebenbild geschaffen wurde. Dies weist darauf hin, dass eine okkulte politische und religiöse Agenda dem ahnungslosen Volk aufgezwungen wurde*
7. *Mangel der Unterstützung und Subventionen der Organisationen und Menschen, die jede einzelne Entdeckung und Ausstellung in Frage stellen.*

Es besteht durchaus die Möglichkeit, dass lebendige Dinosaurier nie existiert haben. Die Dinosaurier-Industrie sollte unter die Lupe genommen werden und Fragen sollten gestellt werden. Mir ist nicht ein Beweis oder ein Grund bekannt, der bestätigt, dass Dinosaurier je auf der Erde gelebt haben. Die Möglichkeit besteht, dass das Konzept der prähistorisch lebenden Dinosaurier eine Erfindung von Menschen des 19. und 20. Jahrhunderts ist, die möglicherweise eine evolutionäre, anti-biblische und anti-christliche Agenda verfolgen. Zu hinterfragen was einem erzählt wird, ist die bessere Wahl als blind der Dinosaurier-Geschichte zu glauben."

Abb. 312: Dino-Mythos - eher ein Märchen

-David Wozney – "Dinosaurs; Science or Science Fiction"

GIANT HUMAN BEINGS EXISTED!

Abb. 313: Gab es tatsächlich Riesen?

Titanen, Zyklopen, Paul Bunyan, Pecos Bill, Rübezahl oder Goliath: All diese Figuren erinnern an fiktive „mythologische" Geschichten, aber wie sieht es mit der tatsächlichen buchstäblichen Geschichte auf der Erde aus? Viele Menschen gehen davon aus, dass diese so genannten „tall-tales" (Riesen-Erzählungen) keine tatsächliche Grundlage haben, aber ist das wirklich so? Von der Bibel bis zur griechischen Mythologie, von den Legenden der amerikanischen Ureinwohner bis zu den Tagebüchern der Konquistadoren, von Kinderliedern bis zu Zeitungen, von Josephus und Homer bis zu modernen historischen Berichten und archäologischen Funden; es gibt zahlreiche Beweise dafür, dass riesige menschliche Wesen auf der Erde gelebt haben.

Nachfolgend werde ich einige Bibelstellen, in denen Riesen erwähnt, präsentieren:

- Genesis 6:4

Zu jener Zeit waren die Riesen auf Erden; und auch nach der Zeit, wo sich die Gottessöhne zu den Töchtern der Menschen gesellten, und diese ihnen gebaren - das sind die Recken, die in grauer Vorzeit waren, die Hochgefeierten.

- Numeri 13:32-33

Das Land, das wir durchzogen haben, um es auszukundschaften, das frisst seine Bewohner; und alle die Leute, die wir darin sahen, waren von außerordentlicher Größe. Auch sahen wir dort die Riesen, die Enakiter, die zu den Riesen gehören, und wir kamen uns vor, wie Heuschrecken, und ebenso kamen wir ihnen vor.

- Deuteronomium 3:11-13

Denn Og, der König von Basan, war der letzte von den Überresten der Rephaiter. Sein Sarg aus Basalt ist noch in der Ammoniterstadt Rabba zu sehen; er misst nach gewöhnlicher Elle in der Länge neun und in der Breite vier Ellen.

... jenes ganze Basan wird Land der Rephaiter (Riesen) genannt.

- 1 Samuel 17:4

Da trat der Mittelsmann aus den Reihen der Philister hervor; der hieß Goliath aus Gath, war sechs Ellen und eine Spanne hoch

- 2 Samuel 21:20

Als es einst wieder bei Gath zum Kampfe kam, befand sich da ein riesenlanger Mensch, der an den Händen je sechs Finger, an den Füßen je sechs Zehen hatte - zusammen vierundzwanzig - und der ebenfalls vom Riesengeschlechte stammte.

- 1 Chronik 20:5-6

Als es dann nochmals zum Kampfe mit den Philistern kam, erlegte Elhanan, der Sohn Jairs, Lahmi, den Bruder des Goliaths aus Gath, dessen Speerschaft einem Weberbaume glich. Als es einst wieder bei Gath zum Kampfe kam, befand sich da ein riesenlanger Mensch, der je sechs Finger und Zehen hatte, zusammen vierundzwanzig, und der ebenfalls vom Riesengeschlechte stammte.

„»Riesen« tauchen immer und überall wieder auf: in der Mythologie von Ost und West, in den Sagen von Tiahuanacu und den Epen der Eskimos. »Riesen« geistern durch fast alle alten Bücher. Es muss sie also gegeben haben. Was waren das für Wesen, diese »Riesen«? Waren es unsere Vorfahren, die die gigantischen Bauten errichteten und die spielend die Monolithen herumschoben - oder waren es technisch versierte Raumfahrer von einem anderen Stern? Fest steht: die Bibel spricht von »Riesen« und bezeichnet sie als »Gottessöhne«, und diese »Gottessöhne« mischen und vermehren sich mit den Töchtern der Menschen.“
-Erich von Däniken – „Erinnerungen an die Zukunft“, Seite 68

Abb. 314: Robert Wadlow

Die Ahiman, die Amoriten, Anabs von Joshuas Legionen vernichtete Riesen, die Anakim, Argobs 60 Städte der Riesen, der Riesen König Arioch, „Stadt der Riesen“ Ashdod, die Awim, Bashans Riesen, König Birsha, Elhanan, die Emim, die Gibborim, die Gibbeoniten, Goliath, Ishbi- Benob, Jerichos Riesen, Lahmi, der Riesen König von Bashan Og, die Perizziten, Rapha, der Rephaim, Shashai, der Riesen König der Amoriten Sihon, Sippai, Sodom und Gomorrhas Riesen, Talmai, und die Zamzummin sind allesamt verschiedene Rassen, Orte und Charaktere, die in der Bibel mit Riesen in Verbindung gebracht werden.

Abb. 315: Riese in der Mongolei

Viele von ihnen wurden auch außerhalb der Bibel nachgewiesen. Zum Beispiel gibt es die Stadt von Anabs Riesen noch heute. Sie heißt Anab Al-Kabir und liegt ca. 20 km südwestlich von Hebron.

Die Ächtungstexte des 12. Königshauses Ägyptens (1.900 v.Chr.), nun vom Berliner Museum ausgestellt, erwähnen die Anakim Riesen und Ashdod „die Stadt der Riesen“ namentlich. Einer der unglaublichsten Berichte von vorzeitlichen Giganten war der des hellenischen Geographen Eumachus, der von zwei 11m großen menschlichen Skeletten erzählte, welche angeblich von Karthagern um 300 BC freigelegt wurden!

Der Historiker Josephus (37-95 n.Chr.), der in Hebron lebte (Heimat von biblischen Riesen), schrieb, dass er bei mehrmaligen Begebenheiten menschliche Knochen von enormer Größe ausgrub. Er schrieb auch von der Begegnung des Volkes von Judäa mit den Riesen von Hebron: *„Dort war ein Volk von Riesen, welches Körper so groß und Antlitze so gänzlich anders. Sie waren überraschend groß und es war schrecklich ihre Stimmen zu hören.“*

Josephus schrieb außerdem über Eleazar, einen über 10 Fuß großen jüdischen Riesen, der als Geisel vom König von Persien nach Rom gesandt wurde, um den Frieden zu sichern. Der römische Herrscher Aulus Vitellius erwähnte dies ebenfalls: *„Darius, Sohn von Artabanes, wurde als Geisel nach Rom gesandt, er nahm verschiedene Gaben mit sich, darunter einen Mann von 7 Ellen Höhe, einen Juden namens Eleazar, der als Riese betitelt wurde, aufgrund seiner enormen Größe.“*

Der römische Schreiber Plinius der Ältere schrieb, dass während der Herrschaft von Claudius (41-54 n.Chr.) ein 3m großer Riese mit dem Namen Gabbaras von Arabien nach Rom gebracht wurde und an die Spitze von

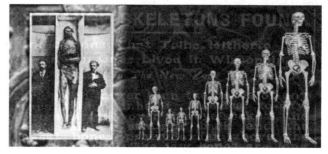
Abb. 316: Sarg eines Riesen

Abb. 317: Daumenknochen im Vergleich

Adiutrix Legionen gestellt wurde. Die Gegend in der Nähe des Tales von Hinnom, die heute „Baqa" genannt wird, war lange Zeit als das „Tal der Rephaim" oder das „Tal der Riesen" bekannt.

Die Ras Shamra (heute: Ugarit) Schriften, die 1928 in Syrien entdeckt wurden, sind historische Dokumente, welche die Wirtschaft, Geschichte und Religion von Ras Shamra sowie die Rephaim, die damals die Gegend bewohnten, erwähnen.

135 AD, kurz nach dem Bar-Kochba-Krieg, beschreibt Solomon Buber´s Tanchuma die Begegnung von Roms Herrscher Hadrian mit Rabbi Johnanan ben Zakkai. Dabei wurden ihm Skelette von gefallenen biblischen „Amoriten" gezeigt, die 18 Ellen bzw. 9m groß waren!

Laut Jakobus de Voragine war der christliche Märtyrer, der heilige Christophorus *„von gigantischer Statur, hatte einen schrecklichen Gesichtsausdruck und war 12 Ellen groß"*, wobei eine französische Elle etwas länger als ein moderner „Fuß" ist (30 cm).

In dem alten Buch „History and Antiquities of Allerdale" gibt es einen Bericht über einen von „Hugh Hodson von Thorneway" gefundenen Riesen in Cumberland, England während des Mittelalters. Der Bericht besagt folgendes: *„Der erwähnte Riese war 3,50m tief im Erdreich vergraben, welches nun ein Kornfeld ist. Er war 4m lang und in voller Rüstung; sein Schwert und Streitaxt lagen neben ihm. Seine Zähne waren 15cm lang und 5cm breit."*

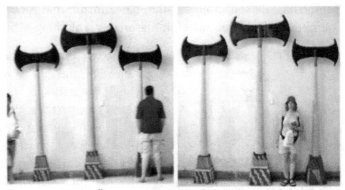

Abb. 318: Überdimensionale Waffen bzw. Werkzeuge

Der indianische Cocopa-Stamm hat eine mündliche Überlieferung, die Riesen der Vergangenheit beschreibt, welche in der Lage waren Baumstämme zu tragen. Diese waren so schwer, dass sechs Männer sie nicht mal bewegen konnten! Wenn man bedenkt, dass Menschen das Zweifache ihres Körpergewichts tragen können und der durchschnittliche Mann 75kg wiegt, dann bedeutet das, dass die Baumstämme über 900 kg gewogen haben mussten.

Abb. 319: Columbia Kentucky

In H.T. Wilkins Buch „Mysteries of Ancient South America" erzählt er alte peruanische Geschichten über eine Zeit in ihrer Vergangenheit, als eine Rasse von Riesen auf Schiffen vom Pazifischen Ozean kam und in das Tiefland von Peru einfiel wodurch die Inka gezwungen wurden, sich hoch in ihre Bergfestungen in den Anden zurückzuziehen. Die Inkas sagten, dass einige der Riesen so riesig waren, dass sie *„vom Knie abwärts so groß wie ein großer Mann waren!"*

Die Legenden der Inkas gleichen den biblischen Erzählungen von Sodom und Gomorrha: *„diese Riesen brachten keine Frauen mit ihnen, und weil sie zu groß für die Inkafrauen waren, wurden sie homosexuell. Eines Tages als sie den Marktplatz mit ihren Praktiken öffentlich beschmutzten, regnete ein himmlisches Feuer auf sie herab und verschlang sie!"*

„Als ich in Nevada aufwuchs, hörte ich Geschichten von den Paiute-Indianern über die Sitecah, die in der Gegend gelebt haben, als die Paiute erstmals ankamen. Sie erzählten von rothaarigen, hellhäutigen, 4m großen Männern und Frauen. Nachweislich mochten diese menschlichen Riesen Indianerfleisch, also hatten sie Probleme damit Freunde zu finden. Die indianischen Stämme der Gegend schlossen sich schließlich zusammen und lauerten den Riesen auf, wobei sie die meisten von ihnen auf der Stelle töteten. Die verbliebenen Riesen nahmen Zuflucht in einer Höhle. Die Indianer verlangten, dass sie herauskommen und kämpfen, aber die Riesen lehnten ab. So häuften die Indianer in der Höhle Gestrüpp auf und setzten es in Brand. Jeder Riese der hinaus rannte wurde durch Pfeile getötet und die ausharrenden Riesen erstickten.“
-Garry Nelson – Human Giants

Abb. 320: Zeichnung - Riese auf der Jagd

Abb. 321: Kampf der Paiute Indianer gegen Riesen

Viele frühe Entdecker wie Vespucci, Drake, Coronada, De Soto und Narvaez erwähnen, dass sie auf ihren Reisen riesigen Menschen begegnet sind. Die ersten Europäer, die entlang der Patagonien-Küste (Chile) segelten, waren Ferdinand Magellan und seine Mannschaft im Jahre 1520. Ihr erstes Treffen mit den Tehuelches wurde von Antonio Pigafetta aufgezeichnet: „Eines Tages, als es niemand erwartete, sahen wir einen vollkommen nackten Riesen am Strand. Er tanzte, sprang und sang, warf Sand und Staub über seinen Kopf. Er war wirklich gut gebaut … Der Kapitän nannte diesen Menschenschlag Pataghoni. Wie die Ägypter haben sie keine Häuser, sondern Hütten. Sie leben von rohem Fleisch und essen eine Art Süßwurzel, die sie Capac nennen. Die zwei Riesen, welche wir an Bord hatten, aßen sich durch einen großen Biskuit-Korb und verschlangen Ratten, ohne sie vorher zu häuten. Sie tranken einen halben Eimer Wasser auf einmal.“

Als Hernando de Soto das Apalachee-Gebiet um Tallahassee erreichte, zeichnete er ein Treffen mit dem riesigen Indianerhäuptling auf, den er als „einen Mann von monströsen Ausmaßen“ beschrieb.

Am anderen Ende des Kontinents, nahe des heutigen Kalifornien/Arizona, führte zur selben Zeit Francisco Coronado eine Gruppe an. Sie suchten die legendär, schönen „7 Städte von Cibola“ und trafen dabei auf einige Stämme von Riesen. Pedro de Castaneda, ein Mitglied der Gruppe schrieb später eine ganze Geschichte über die Expedition. In einer Passage schrieb er über die Begegnung mit dem Stamm namens Seri: „Don Rodrigo Maldonado, der Anführer derjenigen, die sich auf die Suche nach den Schiffen machten, fand diese zwar nicht, brachten aber einen Indianer mit sich, der so groß und kräftig war, dass ihm der beste Mann der Armee nur bis zur Brust reichte. Es wurde gesagt, die anderen Indianer an der Küste wären sogar noch größer.“

Abb. 322: Zeichnung - Pataghoni-Riesen

Um 1542 zog der 5-jährige Fray Diego Duran mit seiner christlichen Missionarsfamilie nach Zentral-Mexiko und verbrachte dort die meiste Zeit seines Lebens. Während seiner Reisen kam er mehrfach mit riesigen Indianern in Kontakt: „Es kann nicht bestritten werden, dass es in diesem Land Riesen gab. Ich kann dies als Augenzeuge bestätigen, denn ich habe hier Menschen von monströser Gestalt angetroffen. Ich glaube in Mexiko gibt es viele, die sich an einen riesigen Indianer erinnern werden, der

Abb. 323: Zeitungsartikel - Riesen

bei einer Prozession, auf einem Festessen zu Fronleichnam erschien. Er war in gelber Seide gekleidet, hatte eine Hellebarde auf seiner Schulter und einem Helm auf seinem Kopf. Er war 90cm größer als alle anderen."

In seinem Buch „History of the Indies" erzählt Joseph de Acosta von einer ähnlichen Begebenheit: *„Als ich im Jahre 1586 in Mexiko war, fanden sie einen dieser Riesen, begraben auf einer unserer Farmen, die wir Jesus del Monte nannten. Sie zeigten uns einen Zahn, den sie mitbrachten, der (ohne Übertreibung) so groß wie die Faust eines Mannes war. Dementsprechend war der Rest. Ich sah ihn und bewunderte seine entstellte Größe."*

Im Jahre 1575, als die Tartaren Polen eroberten, besiegte Jakobus Niezabilovius einen Soldaten von immenser Größe. Nach der Schlacht zeichnete die polnische Armee auf: *„Sein Körper war so gewaltig an Masse... jeder gewöhnliche Mann, der neben ihm stand, reichte ihm bis zum Bauchnabel."*

Im Laufe der Geschichte wurden weltweit Hunderte Skelette von Riesen entdeckt, ausgegraben, aufgezeichnet, in naher Vergangenheit zusätzlich fotografiert und für die Nachwelt festgehalten. Aufgrund der Unterdrückung und Zensur durch die Forschungs- und Bildungseinrichtungen, wie das Smithonian Institute, sind jedoch diese unglaublichen Entdeckungen den meisten Menschen gänzlich unbekannt.

„Da haben laut der Bibel überall auf der Welt Nephilim gelebt. Trotz dieser Tatsache waren Forschungs- und Bildungseinrichtungen, the Smithonian Institute, National Geographic, der Discovery Channel, irgendeine von den „offiziell ausgesandten" archäologischen Expeditionsgruppen und noch viele mehr nicht in der Lage auch nur ein einziges Knochenstück, Fossil oder Artefakt auszuspucken, das das Bestehen der

Abb. 324: Zeitungsartikel - Riesen

Nephilim beweisen würde. Hat die (von den Machthabern kontrollierte) akademische Mainstream-Gesellschaft etwas vertuscht? Hier ist eine Anzahl von diesen Berichten über Entdeckungen von Überresten menschlicher Riesen. Man sollte im Hinterkopf behalten, dass zahlreiche dieser Funde den „Regierungsbehörden", besonders der Forschungs- und Bildungseinrichtung Smithsonian, von gewissenhaften und gutmeinenden Bürgern übergeben wurde. Diese Artefakte verschwanden komischerweise für immer."
-Matt TwoFour – „Wolves in Sheep Clothing", Chapter 17

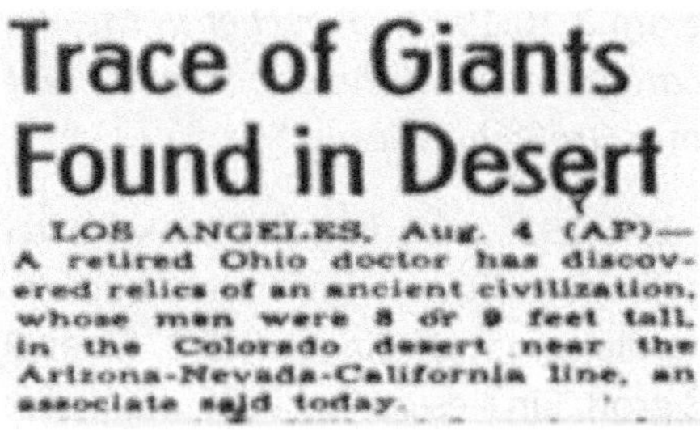

Trace of Giants Found in Desert

LOS ANGELES, Aug. 4 (AP)— A retired Ohio doctor has discovered relics of an ancient civilization, whose men were 8 or 9 feet tall, in the Colorado desert near the Arizona-Nevada-California line, an associate said today.

Abb. 325: Zeitungsartikel - Riesen

1456 wurde in Valence, Frankreich in der Nähe eines Flusses ein 23 Fuß großes menschliches Skelett gemeldet und geborgen.

1577 wurde im Schweizer Kanton Luzern ein 20 Fuß großes Riesenskelett unter einer umgekippten Eiche gefunden.

1613 wurde nahe dem Schloss von Chaumont in Frankreich das Skelett eines Riesen gefunden und aufgezeichnet, dass es 25 Fuß groß sei!

1829 berichtete die Zeitung Burlington News, dass Arbeiter beim Ausheben eines Erdwalls, um Baumaterial zur Einrichtung eines neuen Hotels in Chesterville, Ohio zu verwenden, ein Riesenskelett fanden.

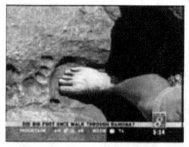

Abb. 326: Fußabdruck

1833 entdeckten Soldaten beim Graben in Lompoc Rancho, Kalifornien ein 12 Fuß großes Skelett eines männlichen Riesen mit doppelten Zahnreihen und umgeben von gigantischen Waffen.

1877 fanden vier Schürfer in Eureka, Nevada einige menschliche Bein- und Fußknochen in festem Quarzit und brachen sie heraus. Einer der Beinknochen von der Hacke zum Knie war 39 Inches lang, doppelt so lang, wie der eines modernen erwachsenen Mannes.

1879 berichtete die Indianapolis News, dass ein 10 Fuß großes Skelett von einem Hügel nahe Brewersville, Indiana ausgeschachtet wurde.

1891 entdeckten grabende Arbeiter nahe Crittenden, Arizona 8 Fuß unter der Erdoberfläche einen riesigen Steinsarkophag, der die mumifizierte Leiche eines 12 Fuß großen Riesen mit 6 Fingern/Zehen enthielt.

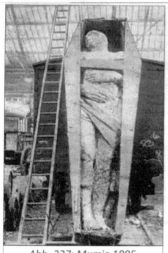

Abb. 327: Mumie 1895

Der „Chicago Record" berichtete am 24.10.1895 über den Fund von 20 liegenden, nach Osten gerichteten Skelette in einem Grabhügel nahe Toledo, Ohio. Ihre Kiefer und Zähne waren doppelt so groß, als jene der heutigen Menschen. Neben jedem Skelett lagen große Schüsseln mit eigenartig ausgearbeiteten hieroglyphischen Figuren.

Im Dezember 1895 wurde von einem Mr. Dyer beim Schürfen nach Eisenerz in der Grafschaft Antrim in Irland ein 12 Fuß großer versteinerter Riese gefunden. Das Strand Magazine zeigte ein Bild des Riesen in einem Londoner Eisenbahnwerk. Er wog 2 Tonnen, hatte 6 Finger und Zehen und wurde in Dublin, Liverpool und Manchester ausgestellt. Nach einem die Urheberschaft betreffenden Rechtsstreit verschwand jedoch das Exponat für immer aus der Öffentlichkeit.

18 riesige menschliche Skelette wurden in Aufschüttungen nahe dem Delavan-See in Wisconsin im Mai 1912 gefunden. Beloit-College Professoren und Studenten hoben die Stelle aus und legten Riesen von 8 bis 10 Fuß Größe mit doppelreihigen Zähnen und 24 Finger und Zehen frei.

Die Washington Post vom 22.6.1925 und die New York Herald Tribune vom 21.6.1925 berichteten: *„eine Gruppe von Grubenarbeitern fanden 10-12 Fuß messende Skelette mit 18-20 Inches großen Füßen bei Sisoquiche, Mexiko."*

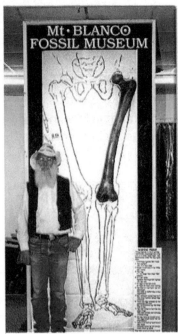

Abb. 328: Funde riesiger menschlicher Knochen

Die Los Angeles Times berichtete am 2.10.1927: „Forscher in Mexiko fanden in der Nähe von Tapextla große menschliche Knochen, die auf eine Rasse ausgestattet mit enormer Größe hinwiesen."

Die „Review Minter" vom 19.6.1931 berichtete von zwei Riesenskeletten welche in Lovelock Cave, Nevada gefunden wurden. Beide waren in einen gummibehandelten Stoff eingewickelt, Einer 9 Fuß und der Andere knapp 10 Fuß groß. Ein riesiger Schädel und Kiefer werden immer noch im Humboldt Museum in Nevada ausgestellt.

In den späten 1950ern wurden während Straßenbauarbeiten im Südosten der Türkei viele Gräber freigelegt, die Überreste von Riesen bis zu einer Größe von 16 Fuß enthielten. Die Beinknochen wurden mit 120 cm oder 47,24 Inches gemessen.

2004 fand ein anonymer Mitarbeiter der saudi-arabischen ARAMCO Erdölgesellschaft bei der Erkundung des Geländes ein 15 Fuß großes menschliches Skelett und legte es frei. Die Polizei kam und beschlagnahmte alle Kameras, das saudi-arabische Militär riegelte die Stätte ab und nichts wurde seither darüber veröffentlicht. Der Techniker schaffte es nur, ein Foto des Riesen zu nehmen und zu verbreiten Er berichtete, dass er seitdem zum Christentum konvertiert ist.

„Was ich als bedrohlichen Hinweis und gleichzeitig als Bestätigung für die Echtheit dieser Entdeckung empfand, war die Flut von fotobearbeiteten „Nephilim-Überresten", die kurz darauf im Internet auftauchte. Offenbar ein Versuch, das Wasser zu trüben und einen „diskreditierenden" Aspekt zu schaffen. Wenn man bis heute nach „Riesenskelett" googelt, findet man eine Fülle dieser gefälschten, mit Photoshop bearbeiteten „Riesen" ...

Allein in der kurzen Zeit, in der ich für dieses Kapitel recherchiert habe, bin ich auf mindestens fünf oder sechs Berichte gestoßen, in denen es darum ging, dass

Abb. 329: Ausgrabungen riesiger Skelette

das Smithsonian Institute außergewöhnliche Artefakte und Beweise von pflichtbewussten Menschen erhalten hat, die dachten, sie würden ihre Funde den höchsten und zuverlässigsten Behörden übergeben, nur um später festzustellen, dass das Smithsonian sie alle „verschwinden" ließ: Erinnern Sie sich an die berühmte Szene im Smithsonian-Lagerhaus am Ende des ersten Indiana-Jones-Films. "
-Matt TwoFour – "Wolves in Sheep Clothing", Chapter 17

Bemerkenswert ist, dass diese zahlreichen Entdeckungen von Riesen von einer Vielzahl von Menschen mit den unterschiedlichsten Berufen und Interessen gemacht werden, im Gegensatz zu den angeblichen "Dinosaurier"-Entdeckungen, die immer von höchst interessierten Kreisen gemacht werden. Beachte außerdem, dass das Smithsonian ganze Museen mit gefälschten Dinosaurierskeletten gefüllt hat, aber noch nie ein einziges menschliches Riesenskelett ausgestellt hat; obwohl sie im Besitz von mehreren von ihnen sind, behaupten sie, dass Riesen nie existiert haben und nie entdeckt wurden!

Abb. 330: Ausgrabungen riesiger Skelette

„An Jene gerichtet, die Vorwürfe von archäologischen Vertuschungen untersuchen, es gibt verstörende Anzeichen, dass das bedeutendste archäologische Institut der USA, das Smithsonian Institute, eine unabhängige US-Behörde, manche der interessantesten archäologischen Entdeckungen in Nord- und Südamerika aktiv unterdrückt hat. Der Vatikan wurde lange beschuldigt, Artefakte und antike Bücher in ihren riesigen Kellergewölben zu horten, ohne jemandem von der Außenwelt den Zugang zu gewähren. Leider gibt es überwältigende Beweise, dass etwas sehr Ähnliches beim Smithsonian Institute geschieht."
-David Hatcher Childress – "Archeological Cover-ups?"

Ivan T. Sanderson, ein berühmter Zoologe und regemäßiger Gast in der Johnny Carson Show, erzählte die Geschichte von einem Ingenieur der US-Army, der auf der aleutischen Insel Shemya während des 2. Weltkriegs stationiert war und ihm einen faszinierenden Brief schrieb. Der Mann behauptete beim Planieren einer Landebahn durch Sedimentgestein im Jahre 1944 einen Riesen-Friedhof freigelegt zu haben. Er fand Schädel, die 22-24 Inches groß waren, fast das Dreifache der Größe eines typischen erwachsenen menschlichen Schädels. Er vertraute sie dem Smithsonian Institute an und sie wurden nie wiedergesehen! Er schrieb an Sanderson *„Ist es so, dass diese Leute es nicht ertragen können, die Lehrbücher neu zu schreiben?"*

Als in den 1930ern der Spiro Mound in Oklahoma ausgeschachtet wurde, entdeckte man einen 8 Fuß großen Riesen in voller Rüstung samt einem Perlen-Schatz und weiteren Juwelen. Das Smithsonian Institute war unmittelbar am Cover-up von diesem und vielen weiteren antiken Erdwällen im Mittleren Westen der USA, welche ausgehoben wurden, beteiligt. Der Archäologe/Forscher David Hatcher Childress berichtete von einem Angestellten des Smithsonian, der seine Stelle verlor, weil er Beweise dafür vorlegte, wie das Smithsonian zumindest einmal einen Frachtkahn voller ungewöhnlicher Artefakte im Atlantischen Ozean versenkte!

„Die vielleicht unglaublichste Vertuschung von allen, ist die Ausgrabung einer ägyptischen Grabkammer vom Smithsonian selbst in Arizona. Eine längere Geschichte auf der Titelseite der Phoenix Gazette vom 5.4.1909 berichtete detailliert über die Entdeckung und Ausgrabung eines gemeißelten Gewölbes von einer, von Professor S.A. Jordan geleiteten, Expedition. Das Smithsonian behauptet jedoch es habe überhaupt keine Ahnung von der Entdeckung oder den Entdeckern ...

Abb. 331: Ausgrabungen riesiger Skelette

Abb. 332: Ausgrabungen riesiger Skelette

Die Gegend um den 94-Mile Creek und Trinity Creek hat Gebiete, die Tower of Seth, Tower of Ra, Horus Tempel, Osiris Tempel und Isis Tempel heißen. Im Haunted-Canyon Gebiet gibt es solche Namen wie Cheops Pyramide, den Buddha Cloister, Buddha Tempel, Manu Tempel und Shiva Tempel. Gab es irgendeine Beziehung zwischen diesen Orten und den angeblichen ägyptischen Entdeckungen im Grand Canyon? Wir riefen einen staatlichen Archäologen am Grand Canyon an. Uns wurde mitgeteilt, dass die früheren Erforscher einfach nur ägyptische und hinduistische Namen mochten, aber es war wirklich so, dass dieses Gebiet „aufgrund gefährlicher Höhlen" für Wanderer und weitere Besucher gesperrt war. In der Tat ist das ganze Gebiet mit dem ägyptischen und hinduistischen Ortsnamen im Grand Canyon eine verbotene Zone – niemand darf in diese Gegend. Wir können daraus nur schließen, dass dies das Gebiet war, in dem die Gewölbe lokalisiert waren ...

Abb. 333: Ausgrabungen riesiger Skelette

Ich glaube der aufmerksame Leser wird bemerken, dass wenn nur ein kleiner Teil des „Smithsonian-Gate" wahr ist, dann ist unsere angesehenste, archäologische Institution aktiv beteiligt an der Unterdrückung von Beweisen fortgeschrittener Amerikanischer Kulturen und Völker, von Beweisen antiker Überfahrten verschiedener Kulturen nach Nordamerika, von Beweisen für ungewöhnliche Riesen sowie andere sonderbare Artefakte und von Beweisen, die dazu dienen könnten das offizielle Dogma der heutigen nordamerikanischen Geschichte zu widerlegen."
-David Hatcher Childress – "Archeological cover-ups?"

Abb. 334: Ausgrabungen riesiger Skelette

„Kürzlich machte ich einen Ausflug nach Peru und ratet mal was direkt vor mir in einigen der Museen, die ich dort besuchte, auftauchte? Richtig, Riesen! In Peru werden sie nicht entsorgt, wie in den USA. (Es sollte festgehalten werden, dass es Hunderte Entdeckungen von Riesen in den USA gab, die entweder ignoriert wurden oder vom Smithsonian auf Nimmer Wiedersehen in Verwahrung genommen wurden.) Die Inkas hatten Könige, die rothaarige und blonde Riesen waren. Im Goldmuseum von Lima kann man immer noch die Kleidung und den Kopf eines Inkakönigs bewundern, der stehend locker 3m groß war. Sein getrockneter und mumifizierter Kopf ist wohl doppelt so groß, wie meiner und ich bin nicht gerade ein kleiner Mann." -Garry Nelson – „Human Giants"

Die Tatsache, dass wir die Zeit und Länge in Einheiten von 60 Sekunden, 60 Minuten, 24 Stunden, 12 Monaten und 12 Inches (=Zoll) messen, erscheint willkürlich und unpraktisch, wenn wir an Händen und Füßen je 5 Glieder haben. Wenn wir aber an 6 Fingern und Zehen abzählen, machen viele unserer generellen Maßsysteme mehr Sinn.

In Thailand sind markante Statuen von Riesen außerhalb der Tempel ausgestellt und in historischen Gemälden an den Wänden verewigt. Das Thai Wort für „Inch" bedeutet eigentlich „Finger". 12 Inches machen einen „Foot" aus!

Interessant ist außerdem, dass die Bibel Riesen mit 6 Fingern/Zehen erwähnt und behauptet, dass sie Nachkommen von gefallenen Engeln (Dämonen) sind, die sich mit Menschenfrauen paarten und dass die Zahl des Satans 666 ist.

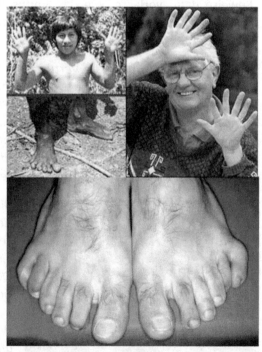

Abb. 335: 6 Finger - 6 Zehen

BANGKOK · THAILAND

Abb. 336: Wat Phra Kaew

„Ist es aus biblischer Perspektive nicht eine einfach zu verstehen, was hier los ist? Bei Luzifer geht es nur um „Täuschung" und er kann es sich nicht leisten all diese Bestätigungen der Wahrhaftigkeit der biblischen Geschichten zu haben. Der Schwierigkeitsgrad des Argumentierens gegen die Glaubwürdigkeit der Bibel würde haushoch geschraubt werden, wenn Museen auf der ganzen Welt voll von Nephilim Fossilien und Artefakten wären. Wir sollten vom Teufel – dem Großen Schwindler – nicht erwarten, dass er wollen würde, dass wir über menschlichen Riesen Bescheid wissen."
-Matt TwoFour – "Wolves in Sheeps Clothing"

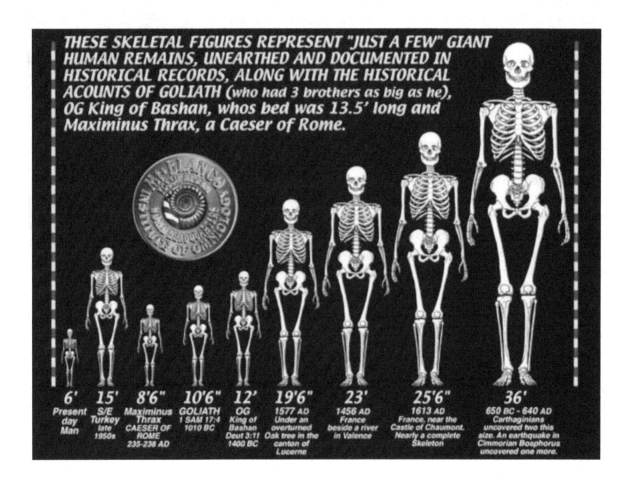

179

Die Bibel, ein Buch, das angeblich von Gott inspiriert und geschrieben wurde, behauptet, die Erde sei flach, unbeweglich und auf intelligente Weise gestaltet; dass riesige Menschen existierten und dass „Dinosaurier" und „Affenmenschen" nie existierten. Dies sind mehrere zunehmend unpopuläre Ideen, von denen ich hoffe, dass das Buch, das du gerade liest, Die Flache-Erde-Verschwörung, bewiesen hat, dass sie unbestreitbar wahr sind. In meinem vorigen Buch, The Atlantean Conspiracy, habe ich auch überwältigende Beweise dafür vorgelegt, dass es uralte Hochkulturen auf der ganzen Welt gab, die durch eine globale Flut ausgelöscht wurden - eine weitere unpopuläre Idee, die durch die Bibel bestätigt wird.

Ich komme aus einer Familie von hingebungsvollen Christen. Als lebenslanger Zweifler ist es nicht schwer zu erraten, dass ich immer das schwarze Schaf gewesen bin. Ich muss zugeben, dass bis zum heutigen Tage die in der Bibel beschriebenen Geschichten und Wunder an die Grenzen meiner Glaubhaftigkeit stoßen. Die Vorstellung von Engeln, Dämonen, einem lebendigen menschlichen Gott-Menschen, sprechenden Schlangen und Büschen, sich auftrennenden Meeren, jungfräulichen Geburten, Gehen auf dem Wasser, Auferstehungen von den Toten, 900-jährige Menschen und die vielen anderen Wunder und Erscheinungen, an die Fundamentalisten blind glauben, waren für mich nie zwangsläufig reale Ereignisse. Bestimmte andere Punkte jedoch, wie biblische Berichte von intelligenter Schöpfung, eine feststehende und flache Erde, riesige menschliche Lebewesen und eine weltweite Flut, sind durch eine Fülle von Beweisen untermauert, also werde ich das Baby bestimmt nicht samt dem Badewasser ausschütten.

Abb. 337: Geozentrik

Die Bibel besagt, dass nicht Darwin der erste war, der die Evolutionstheorie der Menschheit vorstellte, sondern Satan. Im Garten Eden erzählt der Teufel Eva, dass wenn sie vom Baum äße, sie gottgleich werden würde. Die Idee, dass der Mensch sich weiterentwickeln und gottgleich werden kann, die Grundlagen des Darwinismus, „Scientism", Transhumanismus sowie die New-Age-Bewegung, sind im biblischen Kontext: Satanismus. Die Bibel spricht des Weiteren von einer großen Täuschung, die der Teufel in den letzten Tagen inszenieren wird, welche dazu führt, dass die Menschen sich zunehmend von Gott und der Bibel abwenden werden, ein Schwindel, der „selbst die Auserwählten täuschen" soll.

Das „Moderne-Atheistische-Heliozentrische-Big-Bang-Erdkugel-Zufall"-Paradigma hat genau dies erreicht, indem es Gott oder jede Art von intelligentem Design abschaffte und die zielgerichtete, göttliche Schöpfung durch willkürliche, kosmische Zufälle ersetzte.

„Die heliozentrische Theorie, die die Sonne in den Mittelpunkt des Universums stellte, ließ den Menschen nur als einen von vielen möglichen Wanderern, die durch einen kalten Himmel treiben, erscheinen. Es schien weniger wahrscheinlich, dass er geboren wurde, um glorreich zu leben und nach seinem Tod das Paradies zu erreichen. Noch unwahrscheinlicher war es, dass er das Objekt göttlicher Wohltaten war." – Morris Kline

Abb. 338: Hebräische Konzeption des Universums

Die Bibel beschreibt ein geozentrisches Universum, in welchem die Erde die einzige materielle Welt ist, um welche sich alles im Kosmos dreht. Die Erde wird beschrieben als eine flache Ebene, die auf den „mächtigen Wassern der großen Tiefe" ruht. Sonne und Mond wurden als Leuchtkörper geschaffen, um Tag und Nacht zu trennen und der Erde Licht zu schenken. Die Sterne wurden als kleinere Leuchtkörper geschaffen, und all die himmlischen Lichter wurden für die Erde geschaffen, damit sie sich um die Erde drehen. Menschen, Tiere und alles in der Natur wurden bewusst und auf intelligente Weise in wenigen Tagen erschaffen, und hat sich nicht über Milliarden von Jahren kalt und blind „entwickelt".

„Die Schöpfungsgeschichte Genesis liefert den ersten Schlüssel zur hebräischen Kosmologie. Die Reihenfolge der Schöpfung macht aus der gewöhnlichen Perspektive keinen Sinn, aber sie ist aus der Sicht einer flachen Erde vollkommen nachvollziehbar. Die Erde wurde am ersten Tag geschaffen „without form and void" (Genesis 1:2). Am zweiten Tag wurde ein Gewölbe, das „Firmament" der King James Bibel geschaffen, um die Wasser zu teilen. Erst am vierten Tag wurden Sonne, Mond und Sterne geschaffen und sie wurden „in" (nicht „über") das Gewölbe gesetzt."
-Robert Schadewald – "The Flat Earth Bible", Seite 2

Im Gegensatz zur NASA und dem modernen freimaurerischen astronomischen Etablissement, bestätigt und beteuert die Bibel in mehreren Passagen, dass die Erde feststeht und vollkommen bewegungslos ist.

1 Chronik 16:30 und Psalm 96:10: „he has fixed the earth firm, immovable "

Isaiah 45:18: „God who made the earth and fashioned it, himself fixed it fast "

Psalm 93:1: „auch hat er den Erdkreis gefestigt, dass er nicht wankt "

Ebenfalls im Gegensatz zur NASA und anderen Verfechtern der Kugel-Erde-Theorie behauptet die Bibel wiederholt, dass die Erde „ausgestreckt" ist wie eine Ebene, mit dem ausgestreckten Himmel überall darüber (nicht rundherum), dass sie fest auf Fundamenten oder Säulen steht und Enden und Ecken hat, die ins Meer hinausragen.

Abb. 339: The ancient view of the universe

Ereignisse, die nur auf einer flachen Erde möglich sind, nicht auf einer Kugel:

Exodus 20:1-4:   Du sollst dir keinen Götzen verfertigen, noch irgendein Abbild von etwas, was droben im Himmel oder unten auf der Erde oder im Wasser unter der Erde ist

Lukas 4:5:   führt der Teufel Jesus auf einen hohen Berg und zeigte ihm „alle Reiche der Welt in einem Augenblick"

Offenbarung 1:7:   verspricht „er kommt mit den Wolken, und es werden ihn sehen alle Augen",

„Die Flachheit der Erdoberfläche ist durch Bibelsprüche wie Daniel 4:10-11 vorausgesetzt. Bei Daniel sah der König „In my sleep I saw a very tall tree in the center of the world… The tree grew large and strong and its top touched the sky; it was visible to the ends of the earth ". Wenn die Erde flach wäre, würde ein ausreichend hoher Baum „bis ans Ende der ganzen Erde" sichtbar sein, aber dies ist unmöglich auf einer kugelförmigen Erde.

Gleichfalls, die Versuchung von Jesus durch den Teufel beschreibend, sagt Matthäus 4:8: „Wiederum führte ihn der Teufel mit sich auf einen sehr hohen Berg und zeigte ihm alle Reiche der Welt (Kosmos) und ihre Herrlichkeit". Dies würde offensichtlich nur möglich sein, wenn die Erde flach wäre."
-Robert Schadewald – "The Flat Earth Bible", Seite 4

Abb. 340:1460 Psalter Map of the medieval world delighting in a terrestrial paradise

In der Bibel wurde „das Wasser" vor der Erde geschaffen und umgibt diese.

Genesis 1:9-10: „Dann sprach Gott: Das Wasser unterhalb des Himmels sammle sich an einem Ort, damit das Trockene sichtbar werde. So geschah es. Das Trockene nannte Gott Land und das angesammelte Wasser nannte er Meer. Gott sah, dass es gut war."

Psalm 136:6: „über den Meeren hat er die Erde ausgebreitet"

Psalm 24:1-2: „denn er hat ihn auf Meere gegründet und auf Fluten festgestellt."

Exodus 20:4 und Deuteronomium 4:18: „Wasser unter der Erde"

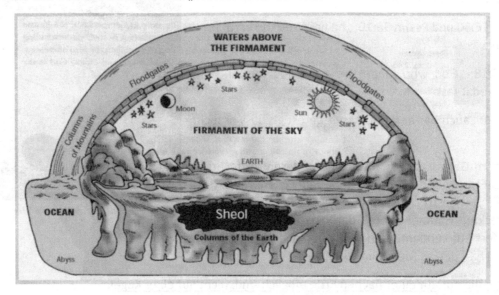

Abb. 341: Antike Darstellung der Kosmologie

„Die Wasseroberfläche ist vollkommen horizontal, und da die Erde auf dem Meer ruht und sich über das Wasser erstreckt, ist sie notwendigerweise eine Ebene; und da sie eine konkrete Masse aus variablen Elementen und Verbindungen mit unterschiedlichen spezifischen Schwerkräften ist, muss sie eine schwimmende Struktur sein, die im Wasser steht und daraus herausragt, so wie ein Schiff oder ein Eisberg."
-Samuel Rowbotham – „Zetetic Astronomy, Earth Not a Globe", Seite 364

Abb. 342: Octava Spera, der Fixsternhimmel

Sonne, Mond und Sterne wurden von Gott in das „Firmament" oder „das Himmelsgewölbe" gesetzt und bewegen sich um und oberhalb der Erde, so dass Tag und Nacht von ihren Bewegungen/Lichtern „beherrscht" werden; nicht durch eine angebliche axiale Bewegung des Erdballs. Sie sind Lichter (keine physischen Planetoiden), für „(Stern-) Zeichen und Jahreszeiten" erschaffen, um dieser Welt Licht zu spenden und wurden absichtlich nahe der Erde positioniert, nicht Millionen von Meilen weit weg, wie die falschen Propheten (Astronomen) behaupten.

Genesis 1:16-18: „Und Gott machte zwei große Lichter, ein großes Licht, das den Tag regiere, und ein kleines Licht, das die Nacht regiere, dazu auch die Sterne. Und Gott setzte sie an die Feste (Firmament) des Himmels, dass sie schienen auf die Erde. Und den Tag und die Nacht regierten und schieden Licht und Finsternis."

Psalm 19:4-6 bestätigt auch, dass es die Sonne ist, die sich über und um die Erde dreht und nicht das Gegenteil, wie vom heliozentrischen Establishment behauptet. „In alle Lande geht ihre Meßschnur aus, und ihre Worte bis ans Ende des Erdkreises. Dem Sonnenball hat er ein Zelt an ihnen bereitet... Von dem einen Ende des Himmels geht er aus und läuft um bis zu seinem anderen Ende, und nichts bleibt vor seiner Glut geborgen".

„Des Weiteren beschreibt die Bibel regelmäßig Himmelskörper als exotische Lebewesen. z.B. „Er hat der Sonne eine Hütte an ihnen (den Himmeln) gemacht, und dieselbe geht heraus wie ein Bräutigam aus seiner Kammer und freut sich wie ein Held zu laufen den Weg. Sie geht auf an einem Ende des Himmels und läuft um bis wieder an sein Ende, und bleibt nichts vor ihrer Hitze verborgen".
(Psalm 19:4-6)

Die Sterne sind anthropomorphe Halbgötter. Als die Eckpfeiler der Erde gelegt wurden „the morning stars sang together and all the sons of God shouted aloud." (Hiob 38:7)

Der Morgenstern wird gerügt, weil er sich über die anderen Sterne heben wollte: „Gedachtest du doch in deinem Herzen: Ich will in den Himmel steigen und meinen Stuhl über die Sterne Gottes erhöhen; ich will mich setzen auf den Berg der Versammlung in der fernsten Mitternacht; ich will über die hohen Wolken fahren und gleich sein dem Allerhöchsten". (Jesaja 14:13-14).

Deuteronomium 4:15-19 erkennt den gottähnlichen Status der Sterne an, merkt an, dass sie für andere Leute zur Anbetung geschaffen wurden.

Laut Daniel 8:10 und Matthäus 24:29 können Sterne von Himmel fallen.

Dieselbe Vorstellung wird in den folgenden Auszügen bei der Offenbarung 6:13-16 vorgefunden: „und die Sterne des Himmels fielen auf die Erde, gleichwie ein Feigenbaum seine Feigen abwirft, wenn er von großem Wind bewegt wird. Und der Himmel entwich wie ein zusammengerolltes Buch...und sprachen zu den Bergen und Felsen: Fallt über uns und verbergt uns vor dem Angesicht des, der auf dem Stuhl sitzt..."

Dies ist übereinstimmend mit der früher beschriebenen hebräischen Kosmologie, aber es ist ein Irrsinn im Hinblick auf die moderne Astronomie. Wenn ein Stern, geschweige denn alle Sterne des Himmels auf die Erde „fallen", würde niemand von einem Berg oder Felsen etwas rufen. Der Autor betrachtete die Sterne als kleine Objekte, von denen alle auf die Erde fallen könnten, ohne menschliches Leben auszumerzen. Er sah den Himmel auch als physisches Objekt an. Die Sterne sind am Himmel und sie fallen bevor sich der Himmel öffnet. Wenn er weggewischt ist, sieht man den Herrn darüber thronen (siehe auch Jesaja 40:20)."
-Robert Schadewald – "The Flat Earth Bible", Seite 5

Abb. 343: antike Konzeption des Universums

„Sie sagen dir die Sonne ist 92 Millionen Meilen entfernt. Ich lache darüber, nicht nur als Mathematiker, sondern als Schüler des allmächtigen Wort Gottes. Schuf Gott der Allmächtige die Erde und schuf dann ein Licht, um es zu entflammen, an eine 92 Mio. Meilen entfernte Stelle zu platzieren und es eine Million Mal größer als die Erde zu machen? Welcher Narr würde ein Haus bauen und 100 Meilen weiter weg eine Lampe aufstellen, um die Stube zu erleuchten?"
-Wilbur Voliva - Kingsport Times, 16.9.1921

„Selbst der gewöhnliche und oberflächliche Leser der Bibel muss sehen, dass sie behauptet göttlichen Ursprungs zu sein. Er sollte darüber hinaus bemerken, dass der Autor der Bibel behauptet, der Erbauer des Universums zu sein. Weiterhin sollte er feststellen, dass die in diesem Buch beschriebene Welt auf dem Wasser der mächtigen Tiefe gebaut, dessen Fundamente nicht vom Menschen zu entdecken sind, dass Sonne, Mond und Sterne kleiner als die Welt sind auf der wir leben und dass sie sich oberhalb der Erde bewegen, welche feststehend ist."
-Thomas Winship – "Zetetic Cosmogeny", Seite 132

Laut diesen Gottlosen bist du das Ergebnis einer Explosion von irgendeiner Nicht-Materie, welche sich irgendwie zu Sonne, Mond, Sternen und deiner Wenigkeit „entwickelte". Dein Leben ist bedeutungslos, dein Tod für immer und deine Geburt war nur ein kosmischer Unfall, wie ein schief gelaufener „Koitus interruptus" der Natur. Laut Gott jedoch sind Sonne, Mond, Sterne, Erde und DU das Ergebnis einer göttlichen Schöpfung. Dein Leben hat einen Sinn und einen Zweck, dein körperlicher Tod ist

Abb. 344: Hebräische Konzeption des Universums

deine geistige Wiedergeburt und der Himmel erwartet Jene die Gottes Pfad folgen.

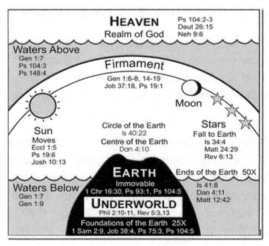

Abb. 345: Bibelstellen - flache unbewegte Erde

„Wir lesen im genialen Buch oder Sammlung von Büchern, genannt DIE BIBEL, von Anfang bis Ende überhaupt nichts über eine Kugelform der Erde oder dass sie ein Planet wäre. Dafür gibt es jedoch Hunderte Gleichnisse, welche nicht hätten gemacht werden könnten, wäre die Erde eine Kugel. Daher sind diese widersinnig und entgegen dem, was viele als Wahrheit erachten!

Dies ist die Grundlage der modernen Ungläubigkeit. Aber da jede einzelne von den vielen, vielen Gleichnissen auf die Erde und die Himmelskörper in der Überlieferung als im Kern uneingeschränkt wahr nachgewiesen werden kann und da wir darüber lesen, dass die Erde „ausgebreitet" „oberhalb des Wassers" als „im Wasser und aus dem Wasser stehend" ist, „den Erdboden bereitet, dass sie nicht bewegt wird", haben wir einen Vorrat, von welchem wir alle Beweise schöpfen können, die wir brauchen, aber wir werden nun einen Beweis niederschreiben – den Beweis der Überlieferung – dass die Erde keine Kugel ist."

-William Carpenter – "100 Proofs the Earth is not a Globe"

The bible meaning of "the earth"
Is sensible and right,
And all who fail to see its worth
Are far from Truth and Right.

To teach a child the sea and earth
Are rushing in the sky,
Distorts his reason from his birth,
And makes his bible lie.

-Elizabeth Blount

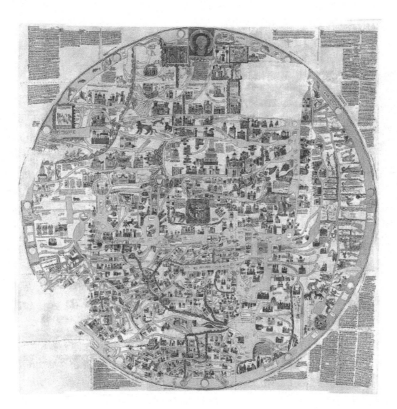

Abb. 346: Gervais de Tilbury Karte

„Im Mittelalter glaubten die Leute die Erde sei flach, wofür sie zumindest den Nachweis ihrer Sinne hatten: wir glauben, dass sie rund ist, nicht weil auch nur ein Prozent von uns die physikalischen Gründe für diesen wunderlichen Glauben nennen könnte, sondern weil die moderne Wissenschaft uns davon überzeugt hat, dass nichts Offensichtliches wahr ist und dass alles, was magisch, unwahrscheinlich, außergewöhnlich, gigantisch, mikroskopisch, herzlos oder empörend ist, „wissenschaftlich" ist."
-George Bernard Shaw

Abb. 347: Kartenspiel Illuminati

Wie George Bernard Shaw äußerte, hat die moderne Astronomie die Welt uneingeschränkt davon überzeugt, dass nichts was offensichtlich ist, wahr ist. Es ist offensichtlich, die Erde ist flach und doch sagen sie, sie wäre gekrümmt. Es ist offensichtlich, die Erde bewegt sich nicht, doch sie sagen sie bewegt sich. Es ist offensichtlich, die Himmel drehen sich um uns, doch sie sagen wir sind es, die sich drehen. Es ist offensichtlich, die Sterne sind Sterne, doch sie sagen, dass die Sterne Sonnen sind. Es ist offensichtlich, die Sonne ist größer als die Sterne, doch sie sagen die Sterne sind größer als die Sonne. Es ist offensichtlich, Sonne und Mond sind gleichgroß, doch sie sagen die Sonne wäre 400-mal größer. Es ist offensichtlich, die Erde ist der einzige „Planet", doch sie sagen, dass es über eine Septillion (eine 10 mit 42 Nullen) Planeten gibt. Es ist offensichtlich, oben ist oben und unten ist unten, doch sie sagen, dass es nicht so ist!

„Beim modernen Astronomen gibt es theoretisch weder „oben" noch „unten", obwohl jeder seiner Blicke nach „oben" zu den Himmeln oder nach „unten" zum Boden seiner Theorie Lügen straft. Solch Verirrung des Geistes ist wirklich zu bemitleiden."
-David Wardlaw Scott – „Terra Firma", Seite 274

Abb. 348: Wo ist oben? Wo ist unten?
Alles relativ?

„Der Astronom Denison Olmsted sagt bei der Beschreibung eines Diagramms, das die Erde als Globus darstellen soll, mit der Figur eines Mannes, der an jeder Seite herausragt, und einem nach unten hängendem Kopf: „Wir sollten bei diesem Punkt verweilen, bis er uns als wahrhaft oben erscheint." Und zwar sowohl in Bezug auf diese Figuren als auch in Bezug auf eine Figur, die er auf die Spitze gestellt hat! Nun, ein philosophisches System, das von uns verlangt, etwas zu tun, was in Wirklichkeit bedeutet, unseren Verstand zu verlieren, indem wir bei einer Absurdität verweilen, bis wir sie für eine Tatsache halten, kann kein System sein, das auf der Wahrheit Gottes beruht, die niemals etwas dergleichen verlangt. Da also die gängige theoretische Astronomie dies verlangt, ist es offensichtlich, dass es das Falsche ist und dass diese Schlussfolgerung den Beweis liefert, dass die Erde keine Kugel ist."
-William Carpenter – „100 Proofs the Earth is Not a Globe", No. 65

„Die physikalischen Eigenschaften eines physischen Globus würden dem Wesen, das „Mensch" genannt wird, unüberwindliche Schwierigkeiten bereiten, denn der Mensch ist ein zweibeiniges, leichtfüßiges, krallenloses und massiges Geschöpf. Stellen Sie ihn sich auf der Außenseite einer Kugel auf unserem beliebten 34. südlichen Breitengrad vor. Er hat seine Stiefel an und sein Kopf ist im Weltraum 34° zu seinen Füßen geneigt. Stellen Sie sich vor, dass er durch seine Stiefel zum Zentrum der Kugel, wo sich der "große Magnet" befindet, magnetisiert ist. Stellen Sie sich vor, wie er in die gasförmige Leere hinunterschaut, mit seinen Augen, die aus ihren Höhlen ragen, flehend, dass seine Stiefel ihren

Magnetismus nicht verlieren werden. Kein Wunder, dass die Menschheit verwirrt ist! Der Leser ist auf den dümmsten offensichtlichen Schwindel hereingefallen, der je inszeniert wurde."
-S.G. Fowler – „Truth – The Earth is Flat", Seite 3

Es sollte offensichtlich sein, dass oben wirklich oben ist, dass flach wirklich flach ist und in Ruhe wirklich in Ruhe ist. Es sollte offensichtlich sein, dass das Universum von einem intelligenten Gestalter intelligent gestaltet wurde, zweckmäßig geschaffen von einem zweckmäßigen Schöpfer. Doch haben die moderne „Wissenschaft" und „Astronomie" durch Jahrhunderte der Täuschung und der Manipulation das Offensichtliche verschleiert und die Menschen geblendet vor der so einfachen Wahrheit.

Abb. 349: Kartenspiel Illuminati

„Eine Sache hat das Märchen der sich bewegenden Erde mit Sicherheit gezeigt: Sie hat die furchtbare Macht der Lüge demonstriert. Die Lüge hat die Macht einen Menschen zu einem mentalen Sklaven zu machen, so dass er es nicht wagt seinen eigenen Sinnen zu trauen. Entgegen seiner Sinneseindrücke bestreitet er die deutliche und offensichtliche Bewegung der Sonne. Obwohl er mit festen Beinen auf der Erde steht und selbst zu keinem Zeitpunkt nur die geringste Bewegung dieser Kugel spürt, akzeptiert er bereitwillig die Theorien Anderer und glaubt zu wissen, dass er selbst mit atemraubender Geschwindigkeit durch das Weltall rast. Letztendlich ist er bereit seinen Schöpfer zu beschuldigen, ihn in die Irre geführt zu haben. Dabei hält er leider nur die Vorstellung eines Madman aufrecht."
-E. Eschini – "Foundations of Many Generations", Seite 8

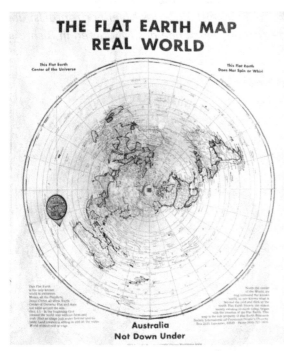

Abb. 350: Flat Earth Map

Die Wahrheit ist, die Erde ist kein „Planet", sie ist plan. Außer den Erhebungen und Tiefen von Bergen und Tälern hat die Erde keine Krümmung oder Konvexität. Sie ist immer und überall flach. Sonne, Mond und Sterne (Fix– und Wandelsterne) drehen sich um eine flache, feststehende Erde, die unbewegliche Mitte des Universums. Der magnetische Nordpol ist der Mittelpunkt der Erde und des ganzen Universums. Der Nordstern Polaris bleibt immer bezeichnend an der Spitze des Himmelsgewölbes, während Sonne, Mond und Sterne in kreisenden Zyklen um uns herumwandern.

Die Wahrheit ist, dass ruhendes Wasser stets flach bzw. nivelliert ist, der Horizont immer flach ist und alle Kanäle, Tunnel und Eisenbahnen gebaut wurden, ohne eine angebliche Krümmung oder Konvexität der Erde zu beachten. Das Licht der Leuchttürme kann von sagenhaften Entfernungen gesehen werden, was nur auf einer flachen Oberfläche möglich ist.

Die Wahrheit ist, dass Flugzeugpiloten ihre Höhe bzw. ihre Geschwindigkeit nicht ständig anpassen müssen, aufgrund der angeblichen Krümmung und Rotation des Erdballs.

Die Wahrheit ist, dass Seeleute beim Navigieren keine sphärischen Berechnungen machen, sondern die plane Trigonometrie benutzen.

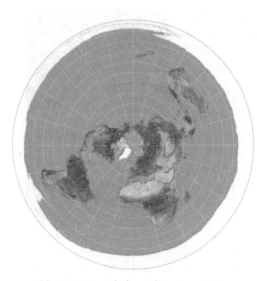

Abb. 351: Azimuthal equidistant projection

„Rationale Menschen glauben, dass die Salisbury Plain eine Ebene ist, und der Lake Windermere horizontal, jedoch sagen unsere Astronomen, dies ist ein Irrtum, dass wir unseren Augen nicht trauen dürfen, wenn wir diese oder andere derartige Orte sehen, sondern dass wir glauben sollen, was sie uns sagen, dass die Salisbury Plain, der Lake Windermere, sowie alle anderen Ebenen, Seen und Orte auf der Erde, wie auch der riesige Pazifik und alle anderen Ozeane, nur Teile eines großen Globus sind, und daher eine Krümmung haben müssen; und außerdem, mirabile dictu, dass sie alle zusammen mit einer Geschwindigkeit von 66.000 Meilen pro Stunde um die Sonne eilen! Als Formel für diese vermeintliche Krümmung, die auf dem Weltumfang von 25.000 Meilen am Äquator beruht, geben sie an: 8 Inches für die erste Meile, 2 Fuß 8 Inches für die zweite Meile, 6 Fuß für die dritte Meile und so weiter, wobei die Regel darin besteht, die Anzahl der Meilen zwischen dem Beobachter und dem Objekt zum Quadrat zu nehmen, dieses Quadrat dann mit 8 Inches zu multiplizieren und durch 12 zu teilen, um es auf die Einheit Fuß zu übertragen, wobei der Quotient die angebliche Krümmung darstellt.

Unglücklicherweise für die Astronomen stimmt diese Theorie jedoch nicht mit den Tatsachen überein, denn es hat sich herausgestellt, dass diese Formel für die Erdkrümmung sowohl auf dem Land als auch zu Wasser vollkommen unzutreffend ist. Sämtliche Häuser müssen auf ebenem Boden gebaut werden, aber die Erdkrümmung wird in keiner Weise berücksichtigt, und jeder Kompass zeigt auch am Äquator gleichzeitig nach Norden und nach Süden, was unbestreitbar beweist, dass das Meer horizontal ist und die Welt somit nicht kugelförmig ist, denn sonst würde sich das eine Ende des Magneten in Richtung Norden wenden und das andere zum Himmel zeigen."

-David Wardlaw Scott – „Terra Firma", Seite 123

Die Wahrheit ist, dass die Antarktis eine riesige Eiswand ist, die die Ozeane einzäunt. Folgerichtig existiert der Südpol nicht! Verschiedene Anomalien und Unterschiedlichkeiten zwischen der Arktis und der Antarktis beweisen, dass die Erde keine Kugel ist. Das arktische Phänomen der Mitternachtssonne beweist, dass das Universum geozentrisch ist. In der Antarktis-Region kann es keine Mitternachtssonne geben. Proof me wrong!

Die Wahrheit ist, dass Sonne und Mond göttliche Polaritäten sind. Sie wurden kreiert, um die Erde zu beleuchten, den Tag von der Nacht zu trennen und für Jahreszeiten zu sorgen. Der Mond ist kein Reflektor des Sonnenlichts, sondern strahlt nachweisbar sein eigenes, einzigartiges Licht aus. Er ist vollkommen selbstleuchtend und halb-transparent.

Die Wahrheit ist, dass kein Mensch je auf dem Mond oder Mars war, geschweige denn je sein wird. Die Himmelskörper sind einfach Lichtkörper und keine terrestrische Terra Firma, wie die Erde. Die Mond-

Abb. 352: Gleasons's AE-Map

und Marslandungen waren/sind allesamt Hoaxes, inszeniert und gefilmt von Freimaurern auf der Erde. Sich auf einer imaginären Erdumlaufbahn befindlichen Satelliten und Raumstationen gibt es nicht. Sämtliche Videos und Fotos, die du je von NASA, Hubble, oder anderen „offiziellen" Quellen gesehen hast, sind allesamt Computeranimationen (CGI). Gravitation gibt es nicht. Alle „schwebenden" Astronauten verwenden einfach Drähte/Seile, werden an Bord von „Zero G" Flugzeugen oder im Wasser gefilmt oder stehen vor einem Blue/Green-Screen. Relativität gibt es nicht und das ist der Grund, warum dir Einstein ständig die Zunge herausstreckt!

Abb. 353: Einstein

Die Wahrheit ist, dass das Universum durch einen intelligenten Gestalter intelligent gestaltet wurde, zweckmäßig geschaffen durch einen zweckmäßigen Schöpfer, nicht das willkürliche Ergebnis eines unerklärlichen kosmischen Unfalls.

Die Wahrheit ist, dass Leben, Bewusstsein, die sagenhafte schöne Vielfalt und Vielschichtigkeit der Natur, göttliche Kreation ist und sich nicht kalt und blind aus dem Nichts durch „Evolution" entwickelte.

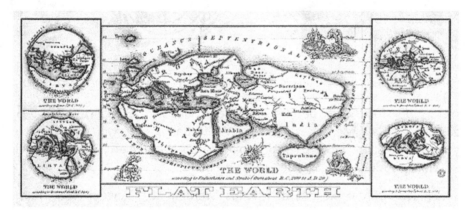

Abb. 354: Ancient flat earth map

„Wenn wir bedenken, was die Befürworter der stationären und zentralen Position der Erde erklären können, und wie genau sie ihre Himmelserscheinungen gemäß ihrer Vorstellung beschreiben können, und obendrein noch die Beweise ihrer SINNE und der Heiligen Schrift sowie Tatsachen zu ihren Gunsten haben, so ist es nicht ohne Grund, dass sie die Überlegenheit ihres Systems für sich beanspruchen ... Wie vollkommen unsere Theorie auch sein mag, und wie einfach und befriedigend uns die Newton'schen Hypothesen auch erscheinen mögen, um alle Himmelserscheinungen zu erklären, so sind wir doch gezwungen, die überraschende Wahrheit zuzugeben, dass die gesamte Astronomie keinen einzigen Beweis für ihre eigene Richtigkeit enthält, wenn unsere Voraussetzungen angezweifelt und unsere Tatsachen in Frage gestellt werden."
-Dr. Woodhouse, Professor der Astronomie an der Universität Cambridge

„Je mehr ich mir sämtliche Systeme der Astronomie betrachte, desto mehr zweifle ich sie alle an. Ich bezweifle, dass wir mit Sicherheit die Entfernung und Größe von irgendeinem Stern am Firmament kennen können. Warum sonst würden sich die Angaben der Astronomen hinsichtlich der Entfernung der Sonne zur Erde so gewaltig unterscheiden? Die Berechnungen ergeben Resultate zwischen 3 und 93 Millionen Meilen!"
-Reverend John Wesley

„Viele waren in der Lage die Illusionen der modernen Astronomie zu durchschauen. Briefe von vielen Leuten bezeugen, dass in einigen Fällen Frauen und Männer begonnen haben, ihren eigenen Verstand, der durch blinde Akzeptanz verkümmert und gehemmt war, zu gebrauchen. Ohne den kleinsten Beweis der unwissenschaftlichen, unvernünftigen, unnatürlichen Lehren wurde im Namen der „Wissenschaft" dieses Erdkugel-Dogma der leichtgläubigen Öffentlichkeit untergeschoben. Andere erzählen sie hätten den weltweiten und fast vollständig geglaubten Schwindel in die Löcher der Maulwürfe geworfen (Jesaja 2:20). Sie haben gemerkt, dass wir nicht auf einer wirbelnden Kugel leben, die sich schneller als eine Kanonenkugel dreht, die durchs „Weltall" mit einer Geschwindigkeit jenseits der menschlichen Vorstellungskraft rast und – samt dem ganzen sogenannten „Sonnensystem" - mit der zwanzigfachen Geschwindigkeit ihrer Rotation in eine andere Richtung fliegt".

-Thomas Winship – "Zetetic Cosmogeny", Conclusive Evidence that the World is not a rotating revolving Globe but a stationary Plane Circle (II)

Abb. 355: Kommen dir diese Logos bekannt vor? Stichwort: UN - WHO - WMO - IMO – ICAO

In der Verschwörungsforschung bezieht sich der Begriff „Globalist" in der Regel auf „Internationalisten", also auf Menschen, die eine Weltordnung befürworten. Wörtlich genommen bedeutet der Begriff „Globalist" jedoch, wie das Logo der UN-Weltregierung zeigt, diejenigen, die den jahrhundertealten Mythos einer Kugel-Erde propagieren.

Der Heliozentrismus und der Kugel-Erde-Mythos werden seit langem von freimaurerischen, patriarchalischen, heidnischen Sonnenanbetern vorangetrieben. In typischer Sonnenanbetungsmanier wurde die Sonne zur wichtigsten und zentralen Einheit des sogenannten "Sonnensystems" gemacht. Die Erde wurde zu einem simplen Planeten degradiert, ebenso wie die Wandelsterne. Alle Fixsterne wurden zu weit entfernten Sonnen gemacht! Die Sonne wurde zum einzigen Lichtspender erklärt und der Mond zu einem bloßen Reflektor des Sonnenlichts herabgestuft. Die Sonne wurde als das größte Objekt in unserer Ecke der Galaxie auserkoren, größer als die Erde, der Mond und die Planeten!

By removing Earth from the motionless center of the Universe, these Masons have moved us physically and metaphysically from a place of supreme importance to one of complete nihilistic indifference. If the earth is the center of the Universe, then the ideas of God, creation and a purpose for human existence are resplendent. But if the earth is just one of billions of planets revolving around billions of stars in billions of galaxies, then the ideas of God, creation and a specific purpose for Earth and human existence become highly implausible.

By surreptitiously indoctrinating us into their scientific materialist Sun Worship, not only do we lose faith in anything beyond the material, we gain absolute faith in materiality, superficiality, status, selfishness, hedonism and consumerism. If there is no God and everyone is just an accident, then all that really matters is me, me, me!

They have turned Madonna, the Mother of God, into a material girl living in a material world. Their rich, powerful corporations with slick Sun-Cult-Logos sell us idols t worship, slowly taking over the world while we tacitly believe their "science", vote their politicians, buy their products, listen to their music and watch their movies, sacrificing our souls at the altar of materialism.

Abb. 356: Madonna - das Material Girl als Baphomet

In dem die Freimaurer die Erde als bewegungsloses Zentrum des Universums entfernt haben, wurden wir, die Erdbewohner, physisch und metaphysisch von einem Ort höchster Wichtigkeit in eine vollkommen wertlose Gleichgültigkeit degradiert. Wenn die Erde der Mittelpunkt des Universums ist, dann sind die Vorstellungen von Gott, Schöpfung und einen Sinn des menschlichen Daseins prächtig. Wenn aber die Erde nur eines von Milliarden von Planeten ist, die sich um Milliarden von Sternen in Milliarden von Galaxien drehen, dann werden die Vorstellung von Gott, Schöpfung und einem besonderen Sinn der Erde sowie des menschlichen Daseins höchst unplausibel.

Durch subtile Indoktrination in Richtung ihrer wissenschaftlichen materialistischen Sonnenanbetung, verlieren wir nicht nur den Glauben an Etwas jenseits des Materiellen, wir entwickeln einen uneingeschränkten Glauben an Materialismus, Oberflächlichkeit, Status, Egoismus, Genusssucht und Konsum. Wenn es keinen Gott gibt und alles nur ein Zufall ist, dann ist alles was wirklich zählt nur Ich, Ich, Ich.

Sie haben Madonna - die Mutter Gottes - zur „Material Girl, living in a material world" gemacht (Popstar „Madonna" in ihrem Lied „Material girl"). Die reichen, mächtigen Konzerne mit ihren raffinierten Sonnenkult-Logos verkaufen uns Götzen zum Anbeten. Geduldig übernehmen sie die Welt, während wir stillschweigend an ihre „Wissenschaft" glauben, ihre Politiker wählen, ihre Erzeugnisse kaufen, ihre Musik hören und ihre Filme schauen, während wir gleichzeitig unsere Seelen auf dem Altar des Materialismus opfern.

„Solche Diskrepanzen erinnern mich an die Verwirrung, die diejenigen erlebten, die in alten Zeiten versuchten, den Turm von Babel zu bauen, als ihre Sprache durcheinandergebracht wurde und ihre Arbeit zum Scheitern verurteilt war. Es ist jedoch kein Wunder, dass ihre Berechnungen alle falsch waren, da sie von einer falschen Grundlage ausgingen. Sie nahmen an, die Welt sei ein Planet mit einem Umfang von 25.000 Meilen, und führten ihre Messungen von dessen angeblichem Zentrum und von angeblichen sphärischen Messwinkeln auf der Oberfläche aus, durch. Nochmals, wie könnten solche Messungen korrekt sein, während die Erde, wie uns gesagt wird, schneller als eine Kanonenkugel um die Sonne kreist, mit einer Geschwindigkeit von 18 Meilen pro Sekunde, eine Kraft, die mehr als ausreichend ist, um jeden Mann, jede Frau und jedes Kind auf der Erdoberfläche in weniger als einer Minute zu töten? Dann soll die Erde noch verschiedene andere Bewegungen haben, auf die ich hier nicht näher eingehen muss, sondern nur die angebliche Drehung um ihre imaginäre Achse, mit einer Geschwindigkeit von 1.000 Meilen pro Stunde am Äquator, bei einer Neigung von 23,5° erwähnen möchte." -David Wardlaw Scott – „Terra Firma", Seite 12

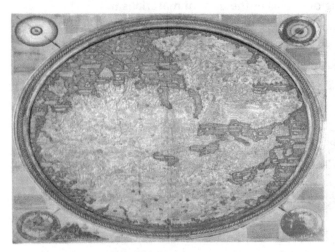

Abb. 357: Fra Mauro Map

„Ptolemäus vertrat die Ansicht, dass sich die Sonne und die Sterne um eine unbewegliche Erde drehten, während Kopernikus die Theorie aufstellte, dass sich die Erde um eine unbewegliche Sonne drehte, während die Sterne unbeweglich waren; und jede dieser völlig gegensätzlichen Theorien liefert eine ebenso zufriedenstellende Erklärung für das Auftreten der Sonne bei Tag und der Sterne bei Nacht. Kopernikus brachte keine neu entdeckten Fakten vor, um zu beweisen, dass Ptolemäus falsch lag, und er bot auch keinen Beweis dafür, dass er selbst Recht hatte, sondern er arbeitete sein System aus, um zu zeigen, dass er alle Himmelserscheinungen genauso gut erklären konnte, wie es die Ägypter getan hatten, obwohl er von einer völlig anderen Hypothese ausging. Er bot seine neue heliozentrische Theorie als eine Alternative an.
Ptolemäus zeigt auf sehr raffinierte Weise, dass die Erde im Zentrum der Himmelskugel stehen muss. Er beweist, dass sich sonst jeder Stern nicht mit der absoluten Gleichförmigkeit, die ihn charakterisiert, bewegen würde. Er zeigt auch, dass die Erde nicht durch irgendeine Bewegungsform beeinflusst wird. „Die Erde", argumentiert Ptolemäus, „liegt im Zentrum der Himmelskugel. Wenn die Erde mit einer Bewegung ausgestattet wäre, würde sie nicht immer an diesem Punkt liegen, sondern müsste sich in einen anderen Teil der Sphäre verschieben. Die Bewegungen der Sterne schließen dies jedoch aus, und deshalb muss die Erde ebenso frei von jeder Translations- wie von einer Rotationsbewegung sein."
-E. Eschini – "Foundations of many Generations", Seite 6

Das Ptolemäische Geozentrische System war über 1.400 Jahre vorherrschend. Sogar Tausende Jahre vor Ptolemäus war die Geozentrik die weithin akzeptierte Wahrheit. Die durch Frontmänner, wie Kopernikus, Kepler, Galileo, Newton, Einstein aber auch durch die NASA indoktrinierte, moderne globale Heliozentrik, ist ein vergleichsweise junges Glaubenssystem, das der nichtsahnenden Welt seit 500 Jahren untergeschoben wird. Ptolemäus hätte sich weder die Dreistigkeit der wissenschaftlichen Hexer der Zukunft, noch die Leichtgläubigkeit der Öffentlichkeit, vorstellen können. Wir akzeptieren einfach, dass wir nach Hunderten von Millionen Meilen angeblicher Umlaufbahn der Erde keine Abweichung der relativen Position der Sterne sehen können, weil sämtliche Sterne Trillionen über Trillionen von Meilen von uns entfernt sind, so dass keine relative Verschiebung sichtbar ist! Wie praktisch!? Eine weitere „Tatsache", die unseren gesunden Menschenverstand und unseren Erfahrungswerten entgegensteht!

„Sie erwarten von uns, dass wir „glauben", dass die Erde und die Meere zusammen einen fliegenden Globus bilden (den sie als eine feste „Kugel" bezeichnen, von der die Astronomen annehmen, dass sie ursprünglich in einer weichen, plastischen Masse von der Sonne weggeschossen wurde, die sich bei abnehmender Temperatur allmählich verfestigte), doch können sie nicht eine einzige Tatsache oder einen einzigen Beweis für diese weit hergeholte Idee vorlegen, und obwohl die Globustheorie (selbst nach den öffentlichen Eingeständnissen ihrer Begründer) der Welt zunächst als bloße „Vermutung" dargelegt wurde, wird sie nun als unbestreitbare Wahrheit akzeptiert."
-Lady Blount – "The Romance of Science"

Abb. 358: mappa mundi - mittelalterliche Weltkarte

„Newton sagte es und seitdem bestehen in der Tat seine Jünger darauf: „Erlaubt uns, ohne Beweise zu erbringen, was ohnehin unmöglich ist, die Existenz von zwei universellen Kräften - Zentrifugalkraft und Zentripetalkraft oder Anziehung und Abstoßung - und wir werden eine Theorie aufstellen, die alle wichtigen Phänomene und Geheimnisse der Natur erklären wird" Ein Apfel, der von einem Baum fällt, oder ein Stein, der nach unten rollt, und ein Eimer Wasser, der an eine Schnur gebunden und in Bewegung gesetzt wird, galten als Muster für die zwischen allen Körpern im Universum bestehenden Beziehungen. Es wurde angenommen, dass der Mond eine Tendenz hat, auf die Erde zu fallen, und Erde und Mond zusammen auf die Sonne. Die gleiche Tendenz wurde zwischen allen kleineren und größeren Himmelskörpern vorausgesetzt, und es wurde bald notwendig, diese Annahmen bis ins Unendliche auszudehnen.

Das Universum wurde in Systeme eingeteilt - koexistent und unendlich. Von Sonnen, Planeten, Satelliten und Kometen wurde angenommen, es gäbe sie in unendlicher Anzahl. Um den Theoretikern die Erklärung der alternierenden und wiederkehrenden Phänomene, die überall zu beobachten waren zu ermöglichen, wurde behauptet sie wären Sphären. Die Erde die wir bewohnen, wurde Planet genannt. Da es als angemessen betrachtet wurde, dass die leuchtenden Objekte am Firmament, die Planeten genannt wurden, kugelförmig waren und sich bewegen, war es nur sinnvoll anzunehmen, dass die Erde, da sie ja ein Planet war, auch kugelförmig sei und sich bewegen musste. Folglich ist die Erde eine Kugel; sie dreht sich um ihre Achse und vollzieht eine Umlaufbahn um die Sonne. Da die Erde eine bewohnte Kugel ist, ist es nur angemessen folgende Schlussfolgerung zu ziehen: Die Planeten sind ähnlich unserer Erde. Was für eine Annahme! Welch empörende Perversion der geistigen Fähigkeiten!"
-Dr. Samuel Rowbotham - Zetetic Astronomy, Seite 348

„Kopernikus stellte die Hypothese auf, dass sich die Erde um die Sonne dreht, um den Zyklus der Jahreszeiten zu erklären. Seine Theorie ist nicht sehr zufriedenstellend, da sich die Erde im Sommer, wenn es heiß ist, am weitesten von der Sonne entfernt befinden soll und im Winter, wenn die Temperatur am niedrigsten ist, die geringste Entfernung aufweist. Diese ungewöhnlichen Verhältnisse, die den Naturgesetzen hinsichtlich der Wärmewirkung eindeutig widersprechen, seien auf den Winkel der Sonnenstrahlen, die auf die Erdoberfläche fallen, zurückzuführen, heißt es. Es wird auch behauptet, dass die Gegensätzlichkeit der Jahreszeiten, nördlich und südlich des Äquators, auf eine Neigung der Erde zurückzuführen ist, erst auf die eine, dann auf die andere Seite. Es wird jedoch nichts über die Verlagerungen des Wassers der Meere und Flüsse gesagt, die diese Veränderung des Schwerpunkts und der Lage der Erde zweimal im Jahr unweigerlich mit sich bringen würde."
-Gabriele Henriet – „Heaven and Earth", Seite 1-2

Wäre die Erde eine Kugel, die sich täglich mit gleichmäßiger Geschwindigkeit um ihre vertikale Achse dreht und dabei jährlich einmal die Sonne umkreist, so würde eine Hälfte des "Globus" immer von der Sonne beschienen, während die andere Hälfte dunkel wäre, so dass jeder Ort auf dem Erdball gleichermaßen viel Tageslicht und Nacht erhielte. In Wirklichkeit sind die drastischen Unterschiede zwischen den Tages- und Nachtlängen auf der Erde jedoch mit dem geozentrischen Modell der flachen Erde vereinbar.

Abb. 359: Natur

Wäre die Erde eine Kugel, würden die Jahreszeiten aufgrund der Entfernung zur Sonne auf der ganzen Welt simultan verlaufen. Wenn die Erde am weitesten von der Sonne entfernt ist, müsste auf dem gesamten Globus Winter herrschen und die kältesten Temperaturen des Jahres gemessen werden. Wenn die Erde der Sonne am nächsten ist, sollte es auf dem gesamten Globus Sommer sein und die wärmsten Temperaturen des Jahres gemessen werden. In Wirklichkeit ist dies jedoch nicht der Fall. In Wirklichkeit ist dies jedoch nicht der Fall. Die eisigen Niederungen der Antarktis bleiben für immer eine düstere Vorstellung, während nur ein paar tausend Meilen entfernt tropischer Sommer herrscht. Wie kann es sein, dass die Hitze der Sonne angeblich aus einer Entfernung von 93 Millionen Meilen stammen soll, um gleichzeitig die Haut von Strandurlaubern auf Hawaii zu verbrennen, während Antarktisforscher nur ein paar tausend Meilen entfernt fast erfrieren?

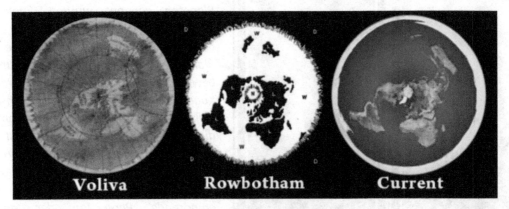

Abb. 360: FE- Modelle

„Es ist geometrisch nachweisbar, dass sich alle sichtbaren Gestirne am Firmament in einer Entfernung von wenigen tausend Meilen von der Erde befinden, nicht weiter als die Strecke zwischen dem Nordpol und dem Kap der Guten Hoffnung. Das Messverfahren - die plane Triangulation mit einer exakt bestimmten Basislinie - das diese wichtige Tatsache beweist, wird von keinem Mathematiker, der sich als Meister dieser Wissenschaft sieht, auch nur einen Moment lang bestritten. Alle diese Himmelskörper inklusive der Sonne, können im Vergleich zu der Erde, die wir bewohnen, nur sehr klein sein. Sie sind alle in Bewegung über der Erde, die als Einzige unbeweglich ist. Daher können sie nichts anderes sein als sekundäre und untergeordnete Strukturen, die dieser feststehenden Welt und ihren Bewohnern fortwährend zu Diensten sind. Dies ist eine schlichte, einfache und in jeder Hinsicht nachweisbare Philosophie, die mit den Eindrücken unserer Sinne übereinstimmt, die durch jedes ordnungsgemäß durchgeführte Experiment bestätigt wird und die niemals eine Verletzung jener Untersuchungsprinzipien erfordert, die der menschliche Geist seit jeher erkannt hat und auf die er sich in seinem täglichen Leben verlässt.

Die moderne oder Newton'sche Astronomie weist keine dieser Eigenschaften auf. Das gesamte System stellt eine ungeheuerliche Absurdität dar. Es ist grundlegend falsch, in seinen Einzelheiten irregulär, ungerecht und unlogisch; darüber hinaus ist es bezüglich seiner Schlussfolgerungen inkonsistent und widersprüchlich. Schlimmer noch, es ist eine ergiebige Quelle für Irreligion und Atheismus. Die Verfechter dieses Systems bringen die kritischeren und mutigeren Geister dazu, die in den heiligen Büchern enthaltene Kosmogonie und allgemeine Philosophie in Frage zu stellen und zu verhöhnen, indem sie ein System verteidigen, das in direktem Gegensatz zu dem steht, was in Bezug auf die jüdische und christliche Religion gelehrt wird. **Da die Theorie von Newton als wahr angesehen wird, werden sie dazu verleitet, die Heilige Schrift gänzlich zu verwerfen und die Existenz einer schöpferischen Instanz anzuzweifeln und zu leugnen.**"

-Dr. Samuel Rowbotham - Zetetic Astronomy, Seite 354

„Die bereits dargelegten Tatsachen und Experimente machen es unbestreitbar, dass die Oberfläche aller Gewässer der Erde horizontal ist. Die bereits dargelegten Tatsachen und Experimente machen es unbestreitbar, dass die Oberfläche aller Gewässer der Erde horizontal ist. Wie unregelmäßig auch immer der äußere Umriss des Festlandes selbst sein mag, so bildet die gesamte Masse, Land und Wasser zusammen, eine IMMENSE, NICHT BEWEGLICHE FLACHE EBENE. Wenn wir auf dem Land- oder Seeweg von irgendeinem Teil der Erde aus in Richtung einer beliebigen Meridianlinie und in Richtung des Polarsterns reisen, kommen wir zum selben Ort, einer Region aus Eis, wo der Stern, der uns geführt hat, direkt über uns oder senkrecht zu unserer Position steht. Diese Region ist wirklich DER MITTELPUNKT DER ERDE; Diese Region ist wirklich DER MITTELPUNKT DER ERDE; und jüngsten Observationen zufolge scheint es sich um ein riesiges zentrales Gezeitenmeer mit einem Durchmesser von fast tausend Meilen zu handeln, das von einer großen Wand oder Barriere aus Eis mit einer Breite von achtzig bis hundert Meilen umgeben ist. Wenn wir von dieser zentralen Region aus die Umrisse der Landstriche, die sich von ihr ausbreiten oder ausstrahlen und deren Oberfläche sich über dem Wasser befindet, verfolgen, so stellen wir fest, dass die gegenwärtige Form der Erde auch "Dry Land" genannt, im Unterschied zu den Gewässern der "großen Tiefe ("great deep"), ein unregelmäßiges Gebilde aus Landspitzen, Buchten und Inseln ist, die in großen Steilküsten oder Landzungen enden und sich grundsätzlich nach Süden oder zumindest in eine Richtung weg vom großen nördlichen Zentrum erstrecken.

Wenn wir nun mit dem Rücken zum Polarstern, dem Mittelpunkt der Erdoberfläche, segeln, kommen wir schließlich zu einer anderen Region aus Eis. Auf welchem Meridian wir auch immer segeln und dabei das nördliche Zentrum hinter uns lassen, wir werden in unserem Vorankommen von riesigen und hohen Eisklippen aufgehalten. Wenn wir uns nun nach rechts oder nach links von unserem Meridian drehen, werden wir während unserer gesamten Passage von diesen eisigen Barrieren begleitet. Wir haben also herausgefunden, dass es im Zentrum der Erde ein gewaltiges Meer mit Ebbe und Flut gibt, dessen Begrenzungsmauer aus Eis fast hundert Meilen dick ist und einen Umfang von dreitausend Meilen hat; dass von dieser eisigen Mauer unregelmäßige Landmassen ausgehen oder aus ihr herausragen, die sich nach Süden hin ausdehnen, wo eine trostlose Einöde aus stürmischen Gewässern die Kontinente umgibt und selbst von riesigen Eisgürteln und -schollen umgeben ist, die von gewaltigen gefrorenen Barrieren begrenzt werden, deren laterale Breite und Ausdehnung gänzlich unbekannt sind. Wie weit das Eis reicht, wo es endet und was jenseits der Eisdecke existiert, ist eine Frage, auf die keine menschliche Erfahrungswerte eine Antwort geben können. Alles, was wir derzeit wissen, ist, dass Schnee und Hagel, heulende Winde und unbeschreibliche Stürme und Wirbelstürme vorherrschen und dass der Zugang für Menschen in jeder Richtung durch Steilhänge aus ewigem Eis, die sich weiter erstrecken, als Auge oder Fernrohr eindringen können, und sich in Finsternis und Dunkelheit verlieren, versperrt ist."
-Dr. Samuel Rowbotham - Zetetic Astronomy, Seite 91

Was zurzeit unbekannt bleibt:
1) die Ausdehnung des antarktischen Eiswalls, wie weit dehnt sich das Eis südwärts des Walls aus? Ist es für immer nur Wasser, Schnee, Eis und Dunkelheit oder gibt es eine Grenze, wie die Glaswand in dem Film „Truman Show"?
2) Gibt es eine Barriere über uns am Himmel? Ist das Universum unendlich oder - wie es die Bibel sagt- ist es innerhalb eines physischen „Firmaments", dem "Himmelsgewölbe", eingegrenzt?
3) Was gibt es unter der „mächtigen Tiefe"? Gibt es da irgendwelche Begrenzungen?

„Wenn die Erde ein eigenständiges Gebilde ist, das sich in und auf dem Wasser der „großen Tiefe" befindet, so folgt daraus, dass die Tiefe unermesslich ist, es sei denn, es kann nachgewiesen werden, dass das Wasser von etwas anderem gestützt wird. Da es keinerlei Beweise dafür gibt, dass unter der "großen Tiefe" etwas existiert, und da in vielen Teilen des Atlantischen und Pazifischen Ozeans mit den wissenschaftlichsten und effizientesten Mitteln, die das menschliche Vorstellungsvermögen zu entwickeln vermochte, kein Meeresgrund gefunden werden konnte, sind wir zu dem Schluss gezwungen, dass die Tiefe unendlich ist."
-Dr. Samuel Rowbotham – "Earth Not a Globe" 2nd Edition, Seite 91

Abb. 361: Schaue über den Tellerrand hinaus

„Seit den frühesten Zeiten wurde geglaubt und gesagt, dass der Himmel kein leerer Raum sei, sondern eine feste Oberfläche. Die Chaldäer und die Ägypter betrachteten den Himmel als eine massive Decke der Welt. In Indien und Persien wurde der Himmel als metallischer Deckel betrachtet, flach, konvex oder sogar pyramidal. Bis zum 17. Jhd. wurde die Erde stets als die Mitte einer leeren Kugel mit festen Wänden betrachtet. Aus diesem Grund wurde sie immer mit einer Decke dargestellt. Dieses unentbehrliche Feature wurde jedoch der Annehmlichkeit halber, seit dem Zeitpunkt der Einführung der Gravitationstheorie abgeschafft, da eine den Raum um die Erde begrenzende feste Kuppel, die ausschweifenden Bewegungen der unendlich weit entfernten Planeten unmöglich

machen würde. Daher verschwand seit dieser Zeit nach und nach die seit Tausenden von Jahren akzeptierte Tatsache, dass der Himmel eine feste Oberfläche hat bzw. ist.

Nichtsdestotrotz ist die mögliche Existenz eines festen Gewölbes über der Erde eine Frage von großer Wichtigkeit, im Hinblick auf die schwerwiegenden Folgen, die sich ergeben würden, wenn es sich als wahr herausstellt. Es gibt keine Zweifel daran, dass die generelle Reaktion Ungläubigkeit sein würde. Andererseits jedoch muss man in Betracht ziehen, dass es nicht von ungefähr kommt, dass die antiken Völker an die Existenz eines materiellen Himmelsgewölbes glaubten und dass sich diese Vorstellung seit frühester Zeit bis zum 17. Jhd. hielt, in allen Teilen der Welt...

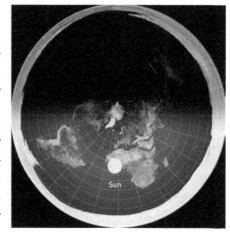

Abb. 362: FE-Modell mit der Sonne

" Bei Planeten handelt es sich nicht um feste, opake Materie, wie angenommen wird. Sie sind einfach immaterielle, leuchtende und durchsichtige Scheiben; und in Anbetracht dieser Tatsache wird deutlich, dass die Krater, Unebenheiten, Berge und Täler, die man auf der Oberfläche dieser vermeintlichen festen Körper zu finden glaubte, topographische Merkmale des festen Himmelsgewölbes darstellen. Diese werden von den leuchtenden und durchsichtigen Scheiben, die wir Planeten nennen, angestrahlt und ins rechte Licht gerückt. Es ist auch zu erkennen, dass die Linse des Teleskops eine konvexe Erscheinung erzeugt, die den Eindruck einer kugelförmigen Masse vermittelt, aber dieser konvexe Effekt ist lediglich eine optische Täuschung."
-Gabrielle Henriet – Heaven and Earth, Seite 22

Abb. 363: Beatus Karte

Flat-Earther waren in der Vergangenheit nicht nur heftigem Spott und Ausgrenzung ausgesetzt, viele wurden sogar bedroht und tätlich angegriffen, weil sie ihre Überzeugungen vertraten. Ich persönlich wurde mehrfach von Freimaurern bedroht, weil ich ihre Verschwörungen, Betrügereien und Manipulationen aufgedeckt habe. Der Präsident der Flat Earth Society Charles K. Johnson behauptete, ein Mann von der NASA habe versucht ihn umzubringen und später brannte verdächtigerweise ein großes Feuer sein Haus nieder, wahrscheinlich das Ergebnis von Brandstiftung. Seine ganze wissenschaftliche Bibliothek wurde zerstört, sowie sämtliche Unterlagen und Kontaktinformationen der Mitglieder der Flat Earth Society.

Der bekannteste Flach-Erdler der heutigen Zeit, Dr. Samuel Rowbotham, hatte ebenfalls seine Schwierigkeiten mit der gewalttätigen Gegenseite. Er sagte:

„Ich musste jede mögliche Art des Widerstandes über mich ergehen lassen, die erbittertsten Anschuldigungen – oft in Gewaltdrohungen und persönlichen Angriffen gipfelnd, die unflätigsten Verdrehungen, die rücksichtslosesten Verleumdungen und die wildesten Bemühungen meine Karriere zu vereiteln und meinen Lehren entgegenzuwirken. Es wurde zu meiner Pflicht mich ihnen zu stellen. Ich verkündete, dass ihre unwidersprochene Herrschaft der Täuschung vorbei ist und dass sie daher, wie ein gestürztes Königshaus, schrumpfen und verschwinden müssen, den Thron und das Zepter jenen erwachenden Geistern überlassend, deren Anzahl beständig steigt und deren Marsch rasch und unwiderstehlich ist. Die Kämpfer für Wahrheit und Vernunft haben ihr Schwert gezogen und ehe eine andere Generation ausgebildet wurde, wird sie die Thronräuber dazu zwingen, abzudanken."

„Ich könnte leicht andere gute Quellen mit ähnlichem Effekt zitieren, aber ich denke, es wurden bereits genug genannt, um aufzuzeigen, dass die Absurditäten der modernen Astronomie nicht ohne starken Protest seitens nachdenklicher Seelen in die Welt gesetzt wurden. Ich vertraue aufrichtig darauf, dass die folgenden Seiten sich für einige ehrliche Denker als nützlich erweisen, nicht nur, um die Irrtümer dieser illusorischen Wissenschaft zu entlarven, sondern auch, um die wahre

Anordnung der Erde, wie sie durch Tatsachen in der Natur bewiesen wird, zu zeigen ...
Ich vertraue aufrichtig darauf, dass der aufmerksame Leser nach der Betrachtung der Beweise, die ihm vorgelegt wurden, klar erkennen wird, dass diese unsere Welt kein Planet ist, wie von unseren Astronomen angenommen, sondern eine echte Terra Firma, die auf den Wassern der großen Tiefe gegründet ist, aus der die Flüsse der Erde kommen und zu der sie mit unaufhörlichem Fluss zurückkehren, in Übereinstimmung mit dem weisen und wohlwollenden Plan unseres göttlichen Schöpfers.“
-David Wardlaw Scott – „Terra Firma“, Seite 20 bzw. 271

Die Globus-Lüge oder das, was ich "Die Flache-Erde-Verschwörung" genannt habe, ist meiner bescheidenen Meinung nach, die größte Täuschung in der Geschichte der Menschheit und das wichtigste Tabuthema, das dringend aufgedeckt werden muss. Wenn die Menschen wüssten, in welchem Ausmaß sie von Geburt an belogen und einer Gehirnwäsche unterzogen wurden, gäbe es bis zum nächsten Morgen eine regelrechte Revolution des kritischen Denkens, der persönlichen Souveränität und des Glaubens an eine göttliche Schöpfungskraft.

Die „Globalisten“ der Neuen Weltordnung, Satan's prophezeite Eine-Welt-Regierung der Freimaurer sind überall. Sie verbreiten ihre „wissenschaftliche“ Desinformationen, „täuschen die Erlesenen“ und treiben die Schäfchen zu ihrer Schlachtbank.

Bitte verbreitet die Wahrheit bei Freunden, Familie, Nachbarn und Kollegen, leitet sie zur Netzseite AtlanteanConspiracy.com oder ifers.123.st und schickt ihnen Kopien dieses Buches, um ihnen beim Erwachen zu helfen und um meine lebenslangen Bemühungen zu unterstützen, denn die Flache-Erde-Wahrheit führt unweigerlich zu Freiheit, Frieden und Liebe!

Buchempfehlungen

Flatlantis

Flatlantis befasst sich mit der Geschichte der flachen Erde, der Mythologie von Atlantis und dem Geheimnis des Berges Meru, dem angeblich magnetischen Berg, an dessen Existenz am Nordpol antike Kulturen weltweit glaubten. Beginnend mit einer vollständigen Geschichte der geozentrischen Flat-Earth-Kosmologie und der anschließenden allmählichen Übernahme des heliozentrischen Erdkugelmodells, befasst sich Flatlantis dann mit antiken Polarmythologien, der frühen Polargeschichte/Kartografie, modernen Polarexpeditionen und den unzähligen Problemen, im Zusammenhang mit den Behauptungen von Cook, Peary, Byrd, Scott, Amundsen und  anderen Entdeckern. In einer metaphysischen Wendung endet das Buch schließlich mit Recherchen über die Freimaurerei, die christliche Esoterik, die Legende von Atlantis, Kundalini Yoga und vergangenen Hochkulturen. Dabei wird aufgezeigt, wie eng diese mit dem Nordpol zusammenhängen.

The Atlantean Conspiracy

The Atlantean Conspiracy Final Edition ist die ultimative Enzyklopädie, die die weltweite Verschwörung von Atlantis bis Zion aufdeckt. Finde heraus, wie die Königshäuser der Welt mit Hilfe von Geheimgesellschaften und des Vatikans buchstäblich jede Facette unseres Lebens hinter den Kulissen kontrollieren, und das schon seit Tausenden von Jahren. Zu den behandelten Themen gehören die Blutlinien der Präsidenten, die Neue Weltordnung, Big Brother, FEMA-Konzentrationslager, Geheimgesellschaften, die zionistische jüdische Weltordnung, False Flags und die Hegelsche Dialektik, die Lusitania und der Erste Weltkrieg, Pearl Harbor und der Zweite Weltkrieg, die 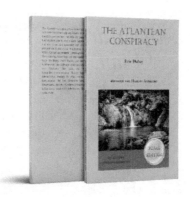 Operation Northwoods, der Golf von Tonkin und der Vietnamkrieg, die Bombardierung von Oklahoma City, 9/11, die Manipulation der Medien, die Gesundheitsverschwörung, Fluorid, Impfstoffe, AIDS, der Fleisch- und Milchmythos, Heilung für Alles, Freimaurerische Symbolik, Numerologie, Manipulation der Zeit, Christliche Verschwörung, Astrotheologie, Magic Mushrooms, Atlantis, Kundalini, Erleuchtung, Geozentrische Kosmologie, die NASA-Mond- und Marslande-Hoaxes, Aliens, Kontrollierte Opposition, und vieles mehr.

Flat Earth – F.A.Q.

Die flache Erde wurde lange Zeit als die verrückteste aller Verschwörungstheorien verunglimpft, verspottet und verhöhnt. Sie wurde jahrhundertelang als ignorante, veraltete und unwissenschaftliche Weltanschauung marginalisiert, verspottet und verhöhnt, aber die Tatsachen sind weit von dem entfernt, was uns weisgemacht wird. Bei gründlicher Untersuchung und sorgfältiger Recherche mit offenem Geist wird jeder skeptische, kritische Denker feststellen, dass die von der NASA propagierte und in den Schulen gelehrte gekippte, wackelnde, sich drehende Weltraumkugel Erde wirklich lächerlich und unwissenschaftlich ist. Flat Earth FAQ ist das ultimative Nachschlagewerk für prägnante, ausführliche Antworten auf die am häufigsten gestellten Fragen zur flachen Erde, begleitet von detaillierten Zeichnungen, Karten, Memes, Diagrammen und Farbfotos als hilfreiche visuelle Unterstützung. Geschrieben vom Präsidenten der International Flat Earth Research Society und Autor mehrerer anderer Flat-Earth-Bücher sowie von Dokumentarfilmen, empfiehlt Eric Dubay Flat Earth FAQ sowohl als ideale Einführung in das Thema für Anfänger als auch als perfektes Buch für etablierte Flat-Earth-Fans, die sich mit den typischen Diskussionspunkten auseinandersetzen wollen.

The Earth Plane

Das Kinderbuch „The Earth Plane" von Eric Dubay ist spätestens ab Herbst 2023 ebenfalls in deutscher Sprache erhältlich. Dieses Buch ist eine farbig illustrierte, wissenschaftliche Abenteuergeschichte, die einen kleinen Jungen und seinen Großvater durch eine Reihe von wissenschaftlichen Experimenten und Expeditionen begleitet. Sie führt zu der unglaublichen Entdeckung, dass unsere Welt ganz und gar nicht so ist, wie es uns vermittelt wurde!

Made in the USA
Monee, IL
18 December 2023

49726037R00111